Das afrikanische Jahrzehnt

Stefan Liebing

Das afrikanische Jahrzehnt

Warum wir einen neuen Blick auf Afrika brauchen

Stefan Liebing
Hamburg, Deutschland

ISBN 978-3-658-50091-7   ISBN 978-3-658-50092-4 (eBook)
https://doi.org/10.1007/978-3-658-50092-4

Die Deutsche Nationalbibliothek verzeichnet diese Publikation in der Deutschen Nationalbibliografie; detaillierte bibliografische Daten sind im Internet über http://dnb.d-nb.de abrufbar.

Springer ist ein Imprint der eingetragenen Gesellschaft Springer Fachmedien Wiesbaden GmbH und ist Teil von Springer Nature
Die Anschrift der Gesellschaft ist: Abraham-Lincoln-Str. 46, 65189 Wiesbaden, Germany

Wenn Sie dieses Produkt entsorgen, geben Sie das Papier bitte zum Recycling.

Vorwort

Es war wohl im Jahr 2008, als ich zum ersten Mal geschäftlich nach Afrika reiste. Wenn ich mich richtig erinnere, führte mich der Weg nach Angola. Gerade hatte ich bei einem deutschen Energieversorger eine neue Stelle angetreten mit dem Ziel, die Versorgung mit Erdgas neu zu organisieren und damit näher an die Förderquellen zu rücken. Die Idee war, in Ländern, die wirtschaftlich noch weitgehend unerschlossen sind, gemeinsam mit Partnern zu investieren, Erdgas zu fördern und dieses dann in verflüssigter Form nach Europa zu bringen. Ein wenig nervös war ich schon, als ich, frisch ausgestattet mit Gelbfieberimpfung und Visum, zum ersten Mal an Bord des Lufthansa-Fliegers ging, um über Nacht nach Luanda zu reisen. Wie wahrscheinlich die meisten in Deutschland hatte ich eine Landung in heißem Klima erwartet, eine Fahrt zu einem einfachen Hotel über staubige Straßen, bettelnde Kinder am Straßenrand und ein wenig Sorge hatte ich vor Malaria oder verschmutztem Trinkwasser. Was ich sah, war anders. Nach Ankunft in Luanda und zügiger Abwicklung der Einreiseformalitäten frühmorgens um fünf Uhr empfing mich kühle und frische Luft, an deren Geruch man die Nähe zum Atlantik erkennen konnte. Die Fahrt ging in modernen Autos über ordentlich ausgebaute und vor allem saubere Straßen zu einem Hotel, das auch in Europa vier oder fünf Sterne verdient hätte. Wie ich später sehen sollte, gehört beides zu Angola: moderne Infrastruktur und Wolkenkratzer, schön gestaltete Cafés am Strand, oft nur wenige hundert Meter davon entfernt aber auch Siedlungen mit Wellblechhütten, hoher Arbeitslosigkeit und Kindern, die zu wenig zu essen und kein sauberes Trinkwasser zur Verfügung haben. Afrika macht beides aus und dennoch nehmen wir oft nur die eine Seite wahr – die Seite der Armut, der fehlenden Infrastruktur, der Probleme mit Krankheiten und Instabilität.

Der erste Besuch war nicht so, dass mein späterer intensiver Weg mit Afrika vorgezeichnet gewesen wäre. Zum Zeitpunkt meiner Reise war Angola schlecht regiert und in der Hand der Familie von Präsident dos Santos. Luanda war gefühlt die Stauhauptstadt der Welt. Mehr als zwei oder drei Termine ließen sich an keinem Tag unterbringen. Oft musste man mit mehreren Stunden Fahrzeit innerhalb der Stadt rechnen. Ganze Unternehmen hatten ihre Arbeitszeiten so angepasst, dass die Mitarbeiter möglichst wenig während der Stoßzeiten unterwegs sein mussten. Deshalb war es nicht unüblich, dass Büros morgens um fünf ihren Betrieb aufnahmen. Hinzu kam, dass Termine, wenngleich Wochen vorher angefragt, oft nur sehr kurzfristig und nach wiederholter Rückfrage zugesagt wurden. Am Ort des Treffens angekommen, war es nicht selten, dass einem die Sekretariate lapidar mitteilten, der Gesprächspartner sei nun doch nicht im Haus. Und dennoch war gleich zu sehen, dass das Land riesige Chancen bietet. Freundliche, aufgeschlossene Menschen, eine tolle Landschaft, schöne Abende beim Essen am Strand; das Leben einer Großstadt mit Wolkenkratzern und Yachthafen, auch das ist Luanda.

Und auch wenn sich nach einigen Besuchen in Angola abgezeichnete, dass zum damaligen Zeitpunkt geschäftliche Erfolge nicht zu erreichen waren, hat mich Afrika seit diesem Zeitpunkt fasziniert und nie wieder losgelassen. Auf Angola folgten Besuche in Gabun, Nigeria, Kamerun und später dann auf der östlichen Seite des Kontinents in Mosambik, Tansania, Kenia und Uganda. Es ging rasend schnell. Etwa zwei Jahre nach meinem ersten Besuch auf dem Kontinent wurde ich in den Vorstand des Afrika-Vereins der deutschen Wirtschaft gewählt. Die Mitwirkung in demjenigen Außenhandelsverband, der seit fast hundert Jahren die wirtschaftlichen Beziehungen zwischen Afrika und Deutschland gestaltet, hat viele weitere Kontakte auf dem Kontinent ermöglicht. Zwei Jahre nach meinem Eintritt in den Vorstand haben mich die Kollegen des Gremiums zum Vorsitzenden gewählt und seither war ich mehr als 300 Mal auf dem afrikanischen Kontinent. Fast alle Länder konnte ich besuchen, in vielen Freunde gewinnen, tiefe Einblicke in Chancen und reale Verhältnisse erhalten, engen Austausch mit politischen und wirtschaftlichen Entscheidern pflegen. Dabei konnte ich auch sehen, welch wichtige Rolle die Diaspora spielt, also die afrikanischstämmigen Menschen in Deutschland, die weiterhin intensive Beziehungen zu ihrem Heimatland und zu ihren Familien unterhalten und die eine wichtige Brücke zwischen beiden Kontinenten bilden. Besonders intensiv war ich in Kamerun tätig, wo ich im Rahmen vieler Besuche vor Ort ein enges Netzwerk entwickeln und auch einige Projekte erfolgreich umsetzen konnte. Die Tätigkeit in Kamerun und mein ehrenamtliches Engagement für die Entwicklung des Landes hat dazu geführt, dass die Regierung mich gebeten hat, sie als Honorarkonsul für die norddeutschen Bundesländer zu unterstützen.

Und auch wissenschaftlich habe ich begonnen, mich mit Afrika und vor allem mit wirtschaftlichen und entwicklungspolitischen Fragestellungen zu befassen. So konnte ich an der Gründung des „Center for Business and Technology in Africa" an der Hochschule Flensburg mitwirken. Das Zentrum ist einzigartig in Deutschland, befasst es sich doch vor allem mit wirtschaftlichen und technologischen Fragestellungen und deren Besonderheiten für unseren Nachbarkontinent. Acht Professorinnen und Professoren unterschiedlichster

Disziplinen, von der Wirtschaftspädagogik bis zur Energietechnik kümmern sich vor allem um die Anwendung ihrer Forschungsgebiete in Afrika. Nach einigen Jahren als Lehrbeauftragter am Zentrum und nach vielen gemeinsamen Initiativen für Konferenzen, Publikationen und Forschungstransfer in die Wirtschaft hat mich die Hochschule zum Honorarprofessor am dortigen Zentrum ernannt.

Heute, mehr als 18 Jahre nach meinem ersten geschäftlichen Besuch in Afrika bin ich weiterhin kein Experte für den Kontinent. Dazu ist die Region mit ihren 54 Staaten, doppelt so viele wie in der Europäischen Union, viel zu vielfältig und komplex. Aber auch wenn ich mich selbst nicht als Experten bezeichnen würde, so habe ich doch vermutlich mehr Ausschnitte, Länder und Städte in Afrika gesehen als die meisten anderen in Deutschland. Der Kontinent ist weiterhin eine der wenigen Weltregionen, die wirtschaftlich in vielen Bereichen noch unerschlossen sind. Er steht vor riesigen Herausforderungen wie Bevölkerungswachstum und Armut, fehlende Gesundheitssysteme, aber auch vor großen Chancen: Wirtschaftswachstum, Klimawandel und Elektrifizierung, Mobilität sind nur einige Stichworte, die uns in den kommenden Jahren intensiv beschäftigen werden.

Dieses Buch richtet sich an interessierte Entscheidungsträger aus Politik und Wirtschaft, an Journalisten und an engagierte Bürger. Es soll einen Überblick über den aktuellen Stand und über Perspektiven für die deutsch-afrikanische Zusammenarbeit geben. Ausdrücklich erhebe ich nicht den Anspruch, eine wissenschaftliche Publikation vorzulegen. Wo notwendig, habe ich vereinfacht, um die großen Linien deutlich zu machen.

Afrika mit seinen Herausforderungen und vor allem mit den großen Chancen wird die globale Debatte immer stärker beeinflussen. Deshalb bin ich ganz sicher: Trotz aller aktuellen außen- und wirtschaftspolitischen Probleme, die uns in Deutschland derzeit mit unseren „traditionellen" Partnern in Nordamerika und Asien beschäftigen, wird das kommende

Jahrzehnt zum afrikanischen Jahrzehnt werden. Keine der großen politischen Herausforderungen werden wir lösen können, wenn wir Afrika nicht mitdenken. Was wir auf dem Kontinent tun müssen, um die großen Herausforderungen gemeinsam zu lösen, welche Fehler wir in der Vergangenheit gemacht haben, welche spannenden Entwicklungen und Erfolge uns bevorstehen, darüber möchte ich in diesem Buch berichten.

Afrika stand in den vergangenen Jahren immer wieder im Mittelpunkt der öffentlichen Aufmerksamkeit. Als Ausgangspunkt von befürchteten Migrationsbewegungen etwa, als Region der Unruhen und Bürgerkriege oder als Ursprung gefährlicher Krankheiten und Viren haben Medien und politische Öffentlichkeit den Kontinent bereits in den Fokus genommen. Selbst als Zielmärkte für unternehmerische Tätigkeiten spielten afrikanische Länder eine Rolle. Vor allem im Zusammenhang mit Reisen von Bundeskanzlern oder Präsidenten in die Region haben die Medien immer wieder auch über Erfolgsgeschichten berichtet. Doch diese kurzfristige Aufmerksamkeit für einzelne Aspekte, die schlaglichtartig im Mittelpunkt der medialen Berichterstattung stehen und dann genauso schnell verschwinden, wie sie gekommen sind, lässt wesentliche Entwicklungen auf dem Kontinent außer Acht. In Afrika mit seinem starken Bevölkerungswachstum wird sich die Bekämpfung des Klimawandels entscheiden. Weil immer mehr Menschen, denen es in den meisten Ländern wirtschaftlich immer besser geht, mehr Energie nachfragen und mobiler werden. Afrika wird eine entscheidende Rolle spielen bei der geopolitischen Neusortierung der Welt. Mehr als ein Viertel der Stimmen in der UN-Vollversammlung kommen von afrikanischen Regierungen. Eine Stärkung der regelbasierten globalen Wirtschafts- und Friedensordnung nach dem russischen Krieg in der Ukraine wird nicht gelingen, ohne die Regierungen des Kontinents einzubinden und zu überzeugen. Dass viele Länder unserer südlichen Nachbarregion grundsätzlich zu einer engagierten Mitarbeit in internationalen Organisationen bereit sind, zeigt, dass mit der Welthandelsorganisation WTO, der Weltgesundheitsorganisation WHO und der Internationalen Arbeitsorganisation ILO drei wichtige Körperschaften dieser Art von Menschen aus Afrika geführt werden.

Dieses Buch soll die Lage auf dem Kontinent realistisch beschreiben. Zwischen Zweckoptimisten und Dauerpessimisten findet sich oft wenig Realitätssinn. Das möchte dieses Buch ändern. Dabei muss ich gleich einige Einschränkungen machen. Die Lage in 54 Staaten individuell zu beschreiben, ist ein Ding der Unmöglichkeit. Die Schwierigkeit, Entwicklungen auf dem Kontinent zu erläutern und zu analysieren, liegt gerade darin, dass die Bandbreite so groß ist. In Afrika liegen einige der ärmsten Länder der Welt. Aber eben auch einige der Länder mit sehr hohen Pro-Kopf-Einkommen. In Afrika finden sich korrupte Regierungen, aber auch einige sehr engagierte Reformländer, die Korruption massiv bekämpfen und den Vergleich mit europäischen Staaten nicht zu scheuen brauchen. Der Kontinent beherbergt Länder mit einigen der schwächsten Gesundheitssysteme der Welt. Zugleich fand die erste Herztransplantation in Afrika statt. Man könnte die Liste beliebig fortsetzen. Während die Vielfalt der afrikanischen Staaten den Kontinent so spannend und faszinierend macht, erschwert sie eine objektive Beschreibung. Bei großer Bandbreite verbietet es sich, mit wenig aussagekräftigen Durchschnittswerten zu arbeiten. Daher versuche ich eine Annäherung über die Fokussierung auf verschiedene ausgewählte Aspekte und Sektoren. Subjektive persönliche Erfahrungen sollen dabei im Mittelpunkt stehen. Dabei ist mir bewusst, dass viele der Ereignisse und Eindrücke nicht zwingend repräsentativ sind. Dennoch glaube ich, dass sie dabei helfen, den Kontinent anders wahrzunehmen.

Eine realitätsnahe Beschreibung der Entwicklungen auf dem Kontinent ist die Basis für einige Überlegungen zur Rolle Afrikas im kommenden Jahrzehnt. Wer in Europa weiß schon, wie sich die Lebenserwartung und das Bevölkerungswachstum auf dem Kontinent derzeit entwickeln? Oder die Verschuldung der 54 Staatshaushalte? Und wer denkt darüber nach, was das für die Rolle Afrikas in der Welt bedeuten könnte? Meine wichtigste These für dieses Buch klang bereits an: Ohne Afrika werden wir keine der aktuellen globalen Herausforderungen erfolgreich lösen können. Ob Klimawandel oder Geopolitik, die Ausrottung gefährlicher Krankheiten oder die Verhinderung größerer Migrationsbewegungen, den Fachkräftemangel oder die Bekämpfung von Hunger und Armut in der Welt: Lösungen müssen immer mit Afrika gedacht und in Übereinstimmung mit afrikanischen politischen Institutionen umgesetzt werden. Ob wir es wollen oder nicht: Entwicklungen in Afrika werden in der kommenden Dekade mehr Einfluss auf Deutschland und Europa haben, als wir uns heute noch vorstellen können.

Nach meiner Erfahrung und vielen wissenschaftlichen Untersuchungen spielt die Entwicklungszusammenarbeit dabei leider eine eher unselige Rolle. Nicht umsonst rufen gerade afrikanische Akteure nach Zusammenarbeit „beyond aid", oder auch nach „trade, not aid". Dieser Aspekt ist einen vertieften Blick wert. Unzweifelhaft liegt ein Jahrzehnt vor uns, in dem Afrika eine entscheidende Rolle für die weitere globale Entwicklung spielen wird. Damit dieses Jahrzehnt erfolgreich wird, braucht es ganz neue Ansätze der entwicklungspolitischen und wirtschaftlichen Zusammenarbeit mit dem Kontinent. Auf Basis meiner Erfahrungen vor Ort will ich dazu in diesem Buch einige Anregungen geben und so Leser dazu motivieren, sich vertieft mit unserem Nachbarkontinent zu beschäftigen, ihn zu besuchen – und vielleicht ja auch unternehmerisch einen Beitrag zur gemeinsamen Weiterentwicklung zu leisten.

In diesem Sinne wünsche ich ein erfolgreiches afrikanisches Jahrzehnt!

Hamburg, im November 2025 Stefan Liebing

Dank

Es ist mir ein Bedürfnis, einigen Personen herzlich zu danken, die einen wichtigen Beitrag zur Entstehung dieses Buchs geleistet haben. Besten Dank an Cindylee Mbanya, die bei mir ihre Masterarbeit geschrieben und auch danach einen wichtigen Beitrag durch ihre Recherchen geleistet hat. Ich danke den Kolleginnen und Kollegen des Centre for Business and Technology in Africa an der Hochschule Flensburg, vor allem Prof. Dr. Thomas Schmidt und Prof. Dr. Kay Pfaffenberger, für wichtige Ideen und Anregungen aus langjähriger Zusammenarbeit. Gleiches gilt für das Team meines Unternehmens Conjuncta GmbH und für unzählige Gesprächspartner aus der deutschen Wirtschaft, aus Think Tanks und aus der Wissenschaft, die alle meine Ideen zu unserem Nachbarkontinent beeinflusst und geprägt haben. Eine besondere Rolle nehmen dabei die Beiratsmitglieder der ReThinking Africa Foundation ein.

Eine reibungslosere Kooperation mit dem Verlag Springer hätte ich mir nicht wünschen können. Vielen Dank dafür an Dr. Isabella Hanser und Birgit Borstelmann. Und natürlich wäre dieses Buch nie entstanden ohne die wunderbare Unterstützung durch meine Familie.

Vielen Dank schließlich an alle Freunde, Geschäftspartner und Entscheidungsträger aus Afrika, deren Offenheit es mir ermöglicht hat, so viel von ihnen zu lernen.

Der Autor hat keine für den Inhalt dieses Manuskripts relevanten Interessenkonflikte.

Über den Autor

Professor Dr. Stefan Liebing ist Geschäftsführender Gesellschafter der Conjuncta GmbH mit Sitz in Hamburg und Schleswig-Holstein. Das Unternehmen entwickelt Infrastruktur- und Energieprojekte und agiert auch als Investor in diesen Branchen. Vor seiner jetzigen Tätigkeit war Stefan Liebing in verschiedenen Managementpositionen bei deutschen und internationalen Energieunternehmen tätig. Liebing ist Gesellschafter und Gremienmitglied verschiedener Unternehmen im Energiesektor.

Von 2012 bis 2023 war er Vorsitzender des Afrika-Vereins der deutschen Wirtschaft e. V., einer Wirtschaftsvereinigung deutscher Unternehmen, die auf dem afrikanischen Kontinent tätig sind. Außerdem ist er ehemaliger Vorsitzender des European Business Council on Africa and the Mediterranean (EBCAM). Seit 2018 ist Stefan Liebing Honorarkonsul der Republik Kamerun mit Zuständigkeit für die fünf norddeutschen Bundesländer.

Darüber hinaus ist Stefan Liebing stellvertretender Vorsitzender des Center for Business and Technology in Africa e. V. an der Hochschule Flensburg und wurde dort zum Honorarprofessor ernannt. Er hat an der Universität Mannheim Betriebswirtschaftslehre studiert und wurde an der Universität Duisburg in Politikwissenschaft promoviert. Im Sommersemester 2025 nahm er zudem die Hiob-Ludolf-Gastprofessur an der Universität Hamburg wahr.

Inhaltsverzeichnis

1

Afrika zwischen Klischee und Wirklichkeit – 54 Länder, 54 Realitäten

Afrika. Kaum ein anderer Kontinent ist so von Vorurteilen und einseitigen Darstellungen geprägt. In vielen Köpfen existiert ein Bild, das irgendwo zwischen exotischer Wildnis, humanitärer Katastrophe und postkolonialem Chaos schwankt. Doch Afrika ist kein Land, sondern ein Kontinent von gewaltiger Größe und Vielfalt. 54 souveräne Staaten, über 1,4 Mrd. Menschen, mehr als 2000 Sprachen und unzählige ethnische, religiöse, wirtschaftliche und kulturelle Unterschiede – Afrika ist ein Kosmos für sich (Menozzi et al., 2024). Die Frage ist: Warum hält sich das vereinfachte Afrika-Bild so hartnäckig? Ein Grund liegt in der westlichen Wahrnehmung, die sich über Jahrhunderte in Schulbüchern, Medien und politischen Narrativen eingeschrieben hat. Hinzu kommt eine mediale Logik, die auf Krisen fokussiert. Bürgerkriege, Hunger, Armut, Flucht. Diese existieren – aber sie sind nicht die ganze Geschichte. Afrika ist auch wirtschaftliches Wachstum, Innovation, technologischer Fortschritt, kreative Kulturen, diplo-

© Der/die Autor(en), exklusiv lizenziert an
Springer Fachmedien Wiesbaden GmbH, ein Teil von Springer Nature 2026
S. Liebing, *Das afrikanische Jahrzehnt*, https://doi.org/10.1007/978-3-658-50092-4_1

matische Stärke und eine junge, ambitionierte Bevölkerung. In Nairobi werden Finanzgeschäfte längst per Mobiltelefon erledigt. In Kigali fahren Busse mit WLAN. In Accra entstehen Tech-Hubs, die künstliche Intelligenz für die lokale Landwirtschaft entwickeln. In Johannesburg setzen Künstler neue globale Trends. In Addis Abeba verhandeln afrikanische Staaten gemeinsame wirtschaftliche Interessen. Das ist auch Afrika. Und mit diesem Buch geht es mir darum, beide Seiten unseres Nachbarkontinents zu zeigen.

Es geht nicht darum, den Kontinent schönzureden. Afrika steht vor gewaltigen Herausforderungen. Viele Staaten kämpfen mit Armut, schlechter Regierungsführung, Konflikten, Klimarisiken und externen Abhängigkeiten. Aber es geht darum, beides zu sehen: die Probleme und die positiven Entwicklungen. Die Sackgassen und die neuen Wege. Die Krisen und die Antworten darauf. Keine Region der Welt polarisiert so wie der afrikanische Kontinent. Auf der einen Seite finden sich die Pessimisten. Sie argumentieren mit der verbreiteten Armut, mit politischer Instabilität, Krisen und Militärputschen, Bürgerkriegen und Unruhen, aber auch mit fehlender Infrastruktur und schlechter Gesundheitsversorgung. Das andere Extrem bilden die übertriebenen Optimisten, die vor allem das „Potential" in den Mittelpunkt stellen, die theoretisch vorstellbaren Wachstumsmöglichkeiten also. Sie sehen vor allem, dass Afrika das Zeug dazu hätte, viel stärkeres Wirtschaftswachstum zu generieren, über junge, innovative Arbeitskräfte verfügt, eine wachsende Mittelschicht und viel ungenutztes Land einsetzen kann, um sich mittelfristig selbst zu versorgen. Eine ganze Reihe afrikanischer Staaten verfügen mittlerweile über bessere Mobilfunknetze als Europa, versorgen ihre Energiesysteme überwiegend aus erneuerbaren Energieträgern und modernisieren ihre Großstädte.

Recht haben wohl beide Seiten. Und dafür gibt es mehrere Gründe. Der wohl wichtigste: Der Kontinent besteht aus 54 verschiedenen Staaten, die sehr unterschiedlich sind. Während es möglicherweise richtig ist, bei Betrachtung der Sahel-Staaten eher pessimistisch zu werden, was deren künftige Entwicklung angeht, so können Wachstumsraten in der Elfenbeinküste oder in Äthiopien optimistisch stimmen. Die Staaten Afrikas bilden eine große Bandbreite ab. Einige der reformfreudigsten Staaten gehören dazu, ebenso einige der am wenigsten funktionierenden Nationen. Solche Bandbreiten lassen sich nicht sinnvoll beschreiben, indem man Durchschnittswerte verwendet. Vielmehr reflektieren die unterschiedlichen Sichtweisen zwischen Afrika-Pessimisten und -Optimisten die Vielfalt der Staaten. Wer Botswana im Fokus hat, wird Afrika als weitgehend korruptionsfrei wahrnehmen, während das bei einem Blick auf die Demokratische Republik Kongo möglicherweise gegenteilig eingeschätzt wird.

Afrika, der zweitgrößte Kontinent der Welt, ist eine Schatzkammer in jeder Hinsicht. Von der politischen Landschaft über wirtschaftliche Strukturen bis hin zu sozialen Dynamiken und geografischen Gegebenheiten zeigt Afrika eine immense Bandbreite von Unterschieden zwischen seinen Ländern. Diese Unterschiede resultieren aus einer reichen Geschichte, kulturellen Einflüssen und den Herausforderungen der Moderne. Die politische Landschaft Afrikas ist geprägt von einer breiten Palette von Regierungsformen, von autoritären Regimen bis hin zu demokratischen Strukturen. Länder wie Simbabwe und Eritrea haben mit langanhaltenden autoritären Regierungen zu kämpfen, während andere wie Ghana und Südafrika relativ stabile demokratische Systeme aufgebaut haben. Postkoloniale Grenzziehungen haben oft zu ethnischen und politischen Spannungen geführt, die die politische Landschaft beeinflusst haben. Die jüngste Entwicklung des Afrikanischen Kontinentalen Freihandelsabkommens (AfCFTA) zeigt jedoch auch Anzeichen für eine zunehmende Zusammenarbeit und Integration auf politischer Ebene, auch wenn zwischen der Verabschiedung von Verträgen und der realen Umsetzung einer funktionierenden Freihandelszone auf dem Kontinent wohl noch Jahrzehnte liegen werden.

Die wirtschaftliche Vielfalt Afrikas spiegelt sich in der breiten Palette von Entwicklungsstufen und Wachstumsraten wider. Länder wie Nigeria und Südafrika sind wirtschaftliche Schwergewichte mit starken Rohstoffsektoren, während Länder wie Ruanda und Äthiopien durch Investitionen in Infrastruktur und Technologie ein bemerkenswertes Wachstum verzeichnen (Dabalen & Calderon, 2024). Die Wirtschaftsstruktur reicht von Agrarwirtschaft und Bergbau bis hin zu aufstrebenden Technologie- und Dienstleistungssektoren. Die soziale Vielfalt Afrikas ist eng mit seiner historischen und ethnischen Heterogenität verbunden. Die Bevölkerung ist in Hunderte von ethnischen Gruppen und Sprachen unterteilt, was zu einer breiten Palette von kulturellen Praktiken und sozialen Strukturen führt. Von den Massai in Ostafrika bis zu den Zulu im südlichen Teil des Kontinents gibt es eine unglaubliche Vielfalt an Bräuchen, Traditionen und Weltanschauungen. Soziale Herausforderungen wie Bildung oder Gesundheitsversorgung variieren stark zwischen den Ländern.

Afrika ist geographisch äußerst vielseitig, von den Wüsten Nordafrikas bis zu den üppigen Regenwäldern Zentralafrikas. Die Sahara erstreckt sich über Nordafrika und stellt eine der trockensten Regionen der Welt dar, während das Kongobecken eine der artenreichsten Regionen mit einer Fülle von Flora und Fauna ist. Die Vielfalt der Landschaften beeinflusst auch die landwirtschaftliche Produktion und die Modelle und Schwerpunkte wirtschaftlicher Aktivitäten. Die Unterschiede zwischen den afrikanischen Ländern bringen sowohl Herausforderungen als auch Chancen mit sich. Die enge Verbindung zwischen politischer Stabilität, wirtschaftlichem Wachstum und sozialem Fortschritt ist offensichtlich. Länder, die erfolgreich in Bildung, Gesundheit und Infrastruktur investieren, haben größere Chancen auf nachhaltige Entwicklung und

Wohlstand. Umgekehrt können vor allem diejenigen Staaten ihre Infrastruktur ausbauen, denen es gelingt, Arbeitsplätze zu schaffen und Investitionen anzureizen und damit Steuereinnahmen zu generieren. Die geographische Vielfalt eröffnet Möglichkeiten für den Tourismus und den Handel mit natürlichen Ressourcen.

Ziel und Aufbau des Buches

Dieses Buch ist keine Chronik von Katastrophen, aber auch kein Werbefilm. Es ist der Versuch, Afrika so darzustellen, wie es ist: widersprüchlich, dynamisch, verletzlich, stark. Ein Kontinent im Wandel. Ein Kontinent, dessen Entwicklungen entscheidend für die Zukunft der Welt sein werden. Denn die großen Fragen der Menschheit – Klima, Migration, Ernährung, Energie, Innovation, Demokratie – lassen sich ohne Afrika nicht lösen. Das Buch beginnt mit einem Rückblick auf die historischen Grundlagen, die das heutige Afrika prägen – Kolonialismus, Unabhängigkeit, internationale Partnerschaften. Danach folgt die Analyse wirtschaftlicher Entwicklungen (Teil I), von Wachstumsregionen über Digitalisierung bis hin zur Frage, wie (erneuerbare) Energie wirtschaftlichen Wandel ermöglicht. Teil II widmet sich der afrikanischen Gesellschaft im Wandel – Gesundheit, Bildung, kulturelle Erneuerung. Teil III beleuchtet die Infrastruktur – Straßen, Flughäfen, Datenleitungen und Stromnetze – das Rückgrat jeder Entwicklung. In Teil IV geht es um die drängendsten lokalen und globalen Herausforderungen – Armut, politische Instabilität, Verschuldung, externe Schocks, Klimakrise. Und schließlich blickt Teil V nach vorne. Wie kann eine nachhaltige, erfolgreiche Zukunft für Afrika aussehen? Was muss getan werden – von afrikanischen Regierungen, von der internationalen Gemeinschaft, von Unternehmen, zivilgesellschaftlichen Akteuren und der afrikanischen Bevölkerung selbst?

Dieses Buch richtet sich an Leser, die sich für Afrika interessieren – sei es beruflich, politisch oder persönlich. Es will informieren, aufklären, inspirieren. Es basiert auf aktuellen Daten, Fakten und wissenschaftlicher Literatur und nicht zuletzt auf der umfangreichen Erfahrung des Autors aus über 300 Reisen auf den Kontinent, aus langjähriger Tätigkeit als Unternehmer, Führungskraft in Wirtschaftsverbänden und als Hochschullehrer. Wichtig ist, dass mit diesem Buch zumindest indirekt viele Stimmen aus Afrika zu Wort kommen, deren Sicht auf die Dinge als Experten, Unternehmer oder als politische Führungskräfte in tausenden Gesprächen und Verhandlungen zum Ausdruck kam. Die Textform ist bewusst so gehalten, dass ein leichter Lesefluss möglich ist. Dieses Buch hat nicht den Anspruch, wissenschaftlich strukturiert zu sein. Vielmehr soll es einen – durchaus subjektiven – Einblick geben. Wo möglich, werden konkrete Beispiele, Geschichten und Anekdoten eingebaut. Denn Afrika lebt nicht von Statistiken, sondern von Menschen – und ihren Erfahrungen, Erfolgen und Kämpfen. Ebenfalls des guten Leseflusses halber habe ich mich entschieden, das generische Maskulinum zu verwenden – selbstverständlich sind immer beide Geschlechter gemeint. Dieses Buch lädt ein, Afrika mit neuen Augen zu sehen. Neugierig, offen, respektvoll – und mit dem Bewusstsein, dass sich hier die Zukunft mit großem Tempo formt. Ein Kontinent, der nicht länger im Schatten anderer steht, sondern seinen Platz im globalen Licht beansprucht.

2

Afrikas historisches Erbe prägt die Gegenwart

Afrikas Gegenwart ist nicht zu verstehen ohne die Last der Vergangenheit. Die Spuren kolonialer Herrschaft, imperialer Grenzziehungen, systematischer Ausbeutung und erzwungener Abhängigkeiten wirken bis heute nach – sichtbar in politischen Strukturen, wirtschaftlichen Abhängigkeiten und gesellschaftlichen Spannungen (Rodney, 1972.) Der Blick auf die Geschichte ist kein nostalgischer Rückgriff, sondern eine notwendige Grundlage, um heutige Entwicklungen zu begreifen. Zugleich sollten wir aufpassen, mehr als 60 Jahre nach der Unabhängigkeit von den früheren Kolonialmächten, nicht zu leicht aktuelle Probleme und heutiges Versagen von Entscheidern allzu leichtfertig nur auf die historischen Gegebenheiten zu schieben.

Die koloniale Expansion europäischer Mächte ab dem späten 19. Jahrhundert veränderte den afrikanischen Kontinent radikal. Die Berliner Konferenz von 1884/85 markierte einen Wendepunkt. Europa teilte Afrika in Einflusszonen auf, ohne Rücksicht auf bestehende politische, ethnische oder

© Der/die Autor(en), exklusiv lizenziert an
Springer Fachmedien Wiesbaden GmbH, ein Teil von Springer Nature 2026
S. Liebing, *Das afrikanische Jahrzehnt*, https://doi.org/10.1007/978-3-658-50092-4_2

kulturelle Strukturen (Pakenham, 1991). Traditionelle Herrschaftssysteme wurden zerschlagen, soziale Gefüge gestört, lokale Ökonomien umgebaut. Die neu gezogenen Grenzen – oft willkürlich und künstlich – prägen bis heute nationale Identitäten und innerstaatliche Konflikte (Herbst, 2000). Die wirtschaftliche Ausrichtung Afrikas wurde systematisch verändert. Kolonien dienten vor allem der Rohstoffgewinnung und als Absatzmärkte. Infrastruktur war nicht zuletzt auf den Abtransport von Ressourcen ausgerichtet, weniger auf Vernetzung innerhalb der Länder. Elitäre Verwaltungen förderten Abhängigkeit statt Eigenständigkeit. Gewalt, Zwangsarbeit und Ausbeutung gehörten zur kolonialen Realität.

Die Unabhängigkeitsbewegungen des 20. Jahrhunderts waren ein Aufbruch – getragen von der Sehnsucht nach Souveränität und Freiheit. Doch der Weg in die Unabhängigkeit war vielerorts blutig, mühsam und begleitet von neuen Abhängigkeiten. Postkoloniale Staaten übernahmen oft koloniale Strukturen, Verwaltungsapparate und Grenzen. Viele neue Regierungen sahen sich mit überzogenen Erwartungen, schwachen Institutionen und wirtschaftlicher Fremdbestimmung konfrontiert. Gleichzeitig formten sich in dieser Phase auch neue afrikanische Identitäten. Schriftsteller, Musiker, Intellektuelle und politische Führer entwickelten Visionen eines selbstbewussten, geeinten und zukunftsgerichteten Afrikas. Die panafrikanische Bewegung war Ausdruck dieses Strebens – auch wenn sie in der Praxis oft an politischen Realitäten und ideologischen Fehlern scheiterte. Heute wirkt die koloniale Vergangenheit in vielerlei Hinsicht nach: in fragilen Staatsgrenzen, in institutionellen Schwächen, in Bildungsplänen, die koloniale Perspektiven tradieren. Wer die Dynamiken heutiger afrikanischer Staaten analysiert – politisch, wirtschaftlich, gesellschaftlich –, muss diesen historischen Kontext mitdenken. Denn die koloniale Ordnung war nicht nur eine Zeit politischer Unterwerfung, sie war ein tiefgreifender Eingriff in die sozialen, kulturellen, ökonomischen und geistigen Strukturen des Kontinents.

2.1 Kolonialerbe und Unabhängigkeitsbewegungen (1880–1960)

Zwischen dem späten 19. und der Mitte des 20. Jahrhunderts teilten europäische Kolonialmächte nahezu den gesamten afrikanischen Kontinent unter sich auf. Die sogenannte Berliner Konferenz von 1884/85 war dabei kein isoliertes Ereignis, sondern der Ausdruck eines expansiven Denkens, das Afrika nicht als gleichwertigen Partner, sondern als zu verwertenden Raum betrachtete (Pakenham, 1991). Die Vertreter europäischer Nationen – allen voran Großbritannien, Frankreich, Deutschland, Belgien und Portugal – einigten sich in Berlin darauf, sich Territorien anzueignen, Grenzen zu ziehen und Einflusszonen zu definieren, ohne einen einzigen afrikanischen Repräsentanten zu konsultieren.

Das Ergebnis war eine Landkarte Afrikas, die sich über bestehende politische, ethnische und kulturelle Realitäten hinwegsetzte. Völker wurden auseinandergerissen, feindliche Gruppen in gemeinsame Gebilde gepresst, historische Handelsnetzwerke zerschlagen. Aus dieser willkürlichen Grenzziehung resultieren bis heute Konflikte – von lokalen Spannungen über Bürgerkriege bis hin zu Herausforderungen der nationalen Identitätsbildung. Die kolonialen Verwaltungssysteme waren nahezu überall autoritär organisiert. Europäische Verwalter installierten ein System der indirekten Herrschaft (z. B. über lokale Chiefs, die zur Durchsetzung kolonialer Interessen instrumentalisiert wurden) oder der direkten Kontrolle, oft unter Anwendung von Gewalt. Die Bevölkerung wurde unterdrückt, entrechtet und wirtschaftlich ausgebeutet. Menschen wurden zur Zwangsarbeit verpflichtet, Land enteignet, Ressourcen geplündert. Die koloniale Wirtschaft war stark extraktiv ausgerichtet. Rohstoffe wie Gold, Diamanten, Kupfer, Kautschuk, Kaffee, Kakao, Baumwolle oder Palmöl wurden für den Export gefördert.

Die Infrastruktur, die geschaffen wurde – Eisenbahnen, Straßen, Hafenanlagen – diente oft vor allem dem Zweck, Ressourcen aus dem Inneren des Kontinents zu den Küsten zu bringen. So entstanden wirtschaftliche Strukturen, die noch heute in vielen Ländern eine einseitige Exportorientierung und mangelhafte Binnenvernetzung bedingen. Auch die Bildungspolitik war ein Instrument der Machtausübung. Sie beschränkte sich in vielen Kolonien auf eine kleine Elite, deren Rolle es war, das System zu verwalten. Kritisches Denken, afrikanische Geschichte und Sprachen, traditionelle Wissenssysteme standen nicht auf dem Lehrplan. Dieser kulturelle und geistige Raub ist ein oft übersehener Teil des kolonialen Erbes. Die systematische Entwertung afrikanischer Identität, Religion und Sprache führte zu einer bis heute spürbaren Entfremdung. Noch heute ringen viele Gesellschaften mit Fragen wie: Welche Sprache ist Amtssprache? Was steht in den Schulbüchern? Wessen Geschichte wird erzählt?

Doch der Kolonialismus stieß früh auf Widerstand. Bereits im frühen 20. Jahrhundert entstanden Bewegungen – etwa in Senegal, Ghana oder Nigeria –, die koloniale Bestrebungen infrage stellten. Auf dem Land protestierten Bauern gegen Steuerlasten, Landenteignungen und Zwangsarbeit. Religiöse Gemeinschaften gründeten Unabhängigkeitskirchen oder verbanden spirituellen Protest mit politischem Widerstand.

Nach dem Zweiten Weltkrieg verstärkte sich der antikoloniale Kampf. Die Rückkehr afrikanischer Soldaten, die in Europa für „Freiheit" gekämpft hatten, traf auf koloniale Unfreiheit in der Heimat. Die Charta der Vereinten Nationen, der globale Wandel der politischen Werte und die wirtschaftliche Schwäche der Kolonialmächte beschleunigten den Prozess der Dekolonisierung. Ghana war 1957 das erste Land südlich der Sahara, das seine Unabhängigkeit erlangte – unter der charismatischen Führung von Kwame Nkrumah. Ihm folgten innerhalb weniger Jahre zahlreiche weitere Staaten. Manche erkämpften ihre Souveränität in langen Befreiungskriegen (z. B. Algerien, Angola, Mosambik), andere erreichten sie durch

Verhandlungen (z. B. Senegal, Tansania, Nigeria). Doch die politische Unabhängigkeit bedeutete nicht automatisch ökonomische Autonomie oder kulturelle Befreiung. Viele neue Regierungen übernahmen die kolonialen Verwaltungsstrukturen, Gesetze und wirtschaftlichen Orientierungen nahezu unverändert. Die Abhängigkeit von Rohstoffexporten, die Orientierung an ehemaligen Kolonialmächten, die Verschuldung – all das setzte sich unter neuen Vorzeichen fort. Hinzu kam, dass der Traum von Demokratie und nationaler Einheit häufig durch politische Machtkämpfe, ethnische Spannungen und geopolitische Interessen unterlaufen wurde. In zahlreichen Ländern etablierten sich autoritäre Einparteienregime, teils unter Berufung auf den antikolonialen Befreiungskampf, teils als Reaktion auf fragile Institutionen. Die Phase der 60er bis 90er Jahre war in vielen Staaten geprägt von Staatsstreichen, Klientelwirtschaft, Personenkult und innenpolitischer Repression.

2.2 Postkoloniale Entwicklung und innere Spannungen (1960–1990)

Viele der heutigen Herausforderungen afrikanischer Länder haben ihren Ursprung in den Staatskonstrukten der Kolonialzeit. Die willkürliche Grenzziehung hat dazu geführt, dass zahlreiche Staaten ethnisch, sprachlich und kulturell heterogen sind – teils mit Dutzenden verschiedener Gruppen, die selten eine gemeinsame Geschichte, Identität oder politische Tradition teilen. Nach der Unabhängigkeit standen viele Regierungen vor der Mammutaufgabe, aus diesen künstlichen Konstrukten funktionierende Nationalstaaten zu machen. Diese Herausforderung wurde oft unterschätzt. Viele neue Regierungen übernahmen zentralistische Verwaltungsapparate. In der Folge entstanden zahlreiche innere Spannungen zwischen städtischen Eliten und ländlicher Bevölkerung, zwischen dominanten Ethnien und marginalisierten Gruppen, zwischen säkularen und religiösen Kräften. Diese Spannungen entluden sich vielerorts in Konflikten, Bürgerkriegen oder Separatismus. Beispiele hierfür sind der Biafra-Krieg in Nigeria, die Krise in der Demokratischen Republik Kongo, der Völkermord in Ruanda oder die langanhaltenden Unruhen in der Sahelzone.

Ein besonders prägendes Element der kolonialen Struktur war das Bildungssystem. Kolonialmächte wie Frankreich, Großbritannien, Belgien oder Portugal errichteten Schulen vor allem in städtischen Zentren – mit dem primären Ziel, eine kleine, loyale Elite heranzubilden, die den kolonialen Apparat unterstützen konnte. Die Inhalte der Ausbildung basierten auf den Lehrplänen der Kolonialmächte. Afrikanische Geschichte, Sprachen oder Kulturen wurden ausgeklammert. Gebildete Afrikaner sollten sich weniger mit ihrer eigenen Herkunft identifizieren, sondern vielmehr mit den kulturellen Werten Europas. Auch nach der Unabhängigkeit blieb dieses System vielerorts erhalten. Zwar wurden neue Schulen gegründet und der Zugang verbessert, doch die Inhalte, Methoden und Sprachpolitik blieben oft unverändert. Noch heute lernen Millionen Kinder in Sprachen wie Englisch oder Französisch, die nicht ihre Muttersprache sind. In der postkolonialen Ära gab es zwar Bewegungen zur „Afrikanisierung" des Bildungswesens, doch diese blieben oft auf symbolische Maßnahmen beschränkt. Gleichzeitig setzte eine starke Akademikerabwanderung („Brain Drain") ein – gut ausgebildete junge Menschen verließen ihre Heimatländer in Richtung Europa oder Nordamerika. Die Ursachen lagen in fehlenden Perspektiven, instabilen politischen Verhältnissen oder einem Mangel an Bildungsinfrastruktur.

2.3   Die panafrikanische Bewegung – Idee, Realität, Zukunft

Parallel zum politischen Kampf gegen die Kolonialmächte entstand bereits im frühen 20. Jahrhundert eine intellektuelle Bewegung mit globaler Ausstrahlung – der Panafrikanismus.

Ihre Wurzeln reichen bis in die Diaspora zurück – zu Intellektuellen wie W.E.B. Du Bois oder Marcus Garvey, die in den USA und der Karibik für die Einheit afrikanischer Menschen kämpften (Adi & Sherwood, 2003). In Afrika selbst wurde der Panafrikanismus von Persönlichkeiten wie Nkrumah, Nyerere, Kenyatta oder Sékou Touré getragen. Sie sahen in einem vereinten Afrika nicht nur ein politisches Ideal, sondern eine strategische Notwendigkeit. Nur durch politische und wirtschaftliche Integration, so ihre These, könne der Kontinent den Herausforderungen der Nachkolonialzeit begegnen. 1963 wurde die Organisation für Afrikanische Einheit (OAU) gegründet, der Vorläufer der heutigen Afrikanischen Union. Zwar scheiterte die politische Integration in weiten Teilen, doch der panafrikanische Gedanke überlebte – als kulturelle Bewegung, als wirtschaftliche Vision und als diplomatische Orientierung. In den vergangenen Jahren hat die Idee neuen Auftrieb erfahren. Künstler, Unternehmer und Intellektuelle greifen panafrikanische Narrative auf, fordern mehr Austausch innerhalb des Kontinents, sprechen sich für Freizügigkeit, gemeinsame Märkte und eine stärkere afrikanische Identität aus. Digitale Netzwerke, afrikanische Startups und Medienplattformen fördern diese Verbindungen. Der Panafrikanismus des 21. Jahrhunderts ist weniger staatszentriert, dafür dynamischer und kulturell vielfältiger.

Drei exemplarische Länder verdeutlichen die unterschiedlichen Kolonialerfahrungen und ihre langfristigen Folgen:

1. Algerien war formal Teil Frankreichs und wurde mit brutaler Gewalt regiert. Der Unabhängigkeitskrieg (1954–1962) war einer der blutigsten Entkolonialisierungskonflikte, bei dem über eine Million Menschen starben. Der Algerienkrieg prägte nicht nur die politische Identität Algeriens, sondern auch die französische Gesellschaft tief.

2. Der Kongo wurde zunächst als Privatbesitz von König Leopold II. von Belgien geführt – mit unfassbarer Brutalität. Millionen starben unter dem Zwangsregime des Kautschuk-

handels. Auch nach der offiziellen Kolonialverwaltung (ab 1908) blieb der Kongo ein Beispiel für koloniale Ausbeutung ohne institutionellen Aufbau. Nach der Unabhängigkeit 1960 stürzte das Land in Chaos, Putsche und jahrzehntelange Konflikte. Bis heute leidet die Demokratische Republik Kongo unter struktureller Schwäche und Gewalt.

3. Kenia erlebte in den 1950er Jahren den Mau-Mau-Aufstand gegen die britische Kolonialmacht. Tausende starben, viele wurden gefoltert oder in Lagern interniert. Nach der Unabhängigkeit entwickelte sich Kenia zu einer der stabileren Volkswirtschaften Ostafrikas – wenn auch mit erheblichen politischen und sozialen Spannungen.

Diese Beispiele zeigen: Die koloniale Vergangenheit wirkt je nach Kontext unterschiedlich fort – sie prägt das politische Denken in Afrika bis heute.

2.4   Globalisierung und neue Partnerschaften (1990–2020)

Mit dem Ende des Kalten Krieges und dem Zusammenbruch der Sowjetunion Anfang der 90er-Jahre trat Afrika in eine neue Ära ein. Die geopolitischen Koordinaten verschoben sich. Der ideologische Wettstreit zwischen Ost und West, der in der Vergangenheit oft als Legitimationsgrundlage für autoritäre Regime auf dem Kontinent diente, war beendet. An seine Stelle trat eine Dominanz westlicher Demokratien und liberaler Wirtschaftspolitik, die sich in den politischen und wirtschaftlichen Beziehungen zu afrikanischen Staaten deutlich niederschlug. Internationale Institutionen wie der Internationale Währungsfonds (IWF), die Weltbank und westliche Geberländer begannen, wirtschaftliche Liberalisierung, Privatisierung und Deregulierung als Voraussetzung für finanzielle Unterstützung durchzusetzen. Unter dem Schlagwort der „Strukturanpassung" mussten viele afrikanische Länder tiefgreifende Reformen umsetzen. So wurden Subventionen gestrichen oder zumindest deutlich reduziert, staatliche Unternehmen privatisiert und die Ausgaben für Bildung, Gesundheit und soziale Sicherung an die jeweiligen finanziellen Möglichkeiten angepasst. Gleichzeitig weitete sich die Globalisierung aus. Neue Akteure traten auf den Plan. Neben den traditionellen westlichen Gebern begannen China, Indien, die Türkei, Brasilien, Russland und einige Golfstaaten, sich verstärkt in Afrika zu engagieren. Sie investierten nicht nur in Rohstoffe, sondern zunehmend auch in Infrastruktur, Telekommunikation, Landwirtschaft und Industrie. Besonders Chinas Rolle wurde dabei prägend. Mit seiner Politik der „Nicht-Einmischung" bot es afrikanischen Staaten Infrastrukturprojekte, Kredite und Technologie ohne die politischen Bedingungen westlicher Institutionen.

Diese neue Partnerschaft mit China war nicht nur ökonomisch motiviert, sondern hatte auch geopolitische Dimensionen. China sicherte sich langfristig Zugang zu Ressourcen, baute Handelsbeziehungen aus und gewann politischen Einfluss. Im Gegenzug profitierten viele afrikanische Länder von Projekten wie dem Bau von Eisenbahnlinien, Staudämmen, Regierungsgebäuden oder Fußballstadien. Die neue Süd-Süd-Kooperation versprach Entwicklung ohne Belehrung – doch sie brachte auch neue Abhängigkeiten und Schulden. Neben China entwickelten sich auch Indien, die Türkei und Brasilien zu wichtigen Partnern. Sie kombinierten wirtschaftliches Engagement mit kulturellem Austausch und Bildungsinitiativen. Indische Pharmaunternehmen, brasilianische Agrartechnologien und türkische Bauunternehmen wurden zu festen Größen auf dem Kontinent.

Doch nicht nur externe Akteure veränderten die Dynamik – auch afrikanische Staaten begannen, sich zunehmend als eigenständige Player zu positionieren. Länder wie Äthiopien, Nigeria, Südafrika, Ghana oder Marokko entwickelten strategische Außenpolitiken, knüpften bilaterale Handelsabkommen, investierten in Nachbarstaaten und engagierten sich aktiv in multilateralen Organisationen. Die Afrikanische Union (AU), 2002 als Nachfolgerin der OAU gegründet, übernahm eine stärkere koordinierende Rolle in politischen, sicherheitspolitischen und wirtschaftlichen Fragen. Regionale Organisationen wie die Wirtschaftsgemeinschaft Westafrikanischer Staaten (ECOWAS), die Ostafrikanische Gemeinschaft (EAC) oder die Entwicklungsgemeinschaft des Südlichen Afrika (SADC) förderten wirtschaftliche Integration, Konfliktlösung und politische Abstimmung. Die globale Wahrnehmung Afrikas begann sich ebenfalls zu verändern. Vom „Krisenkontinent" entwickelte sich Afrika zu einem umworbenen Markt mit jungen Bevölkerungen, urbanem Wachstum und wachsender Mittelschicht. Internationale Unternehmen, Tech-Konzerne, Entwicklungsagenturen und Think Tanks entdeckten Afrika als Zukunftsmarkt – nicht nur wegen seiner Rohstoffe, sondern auch wegen seiner Innovationskraft, digitalen Transformation und kulturellen Vielfalt. Afrika ist nicht mehr nur Objekt geopolitischer Interessen, sondern zunehmend ein aktiver Akteur.

2.5   Vom „vergessenen Kontinent" zur globalen Bühne

Afrika galt über Jahrzehnte hinweg in der öffentlichen Wahrnehmung vieler Industrieländer als Krisenregion – als ein Kontinent, der vor allem mit Kriegen, Armut, Krankheiten und humanitären Katastrophen assoziiert wurde. Das Schlagwort vom „vergessenen Kontinent" spiegelte nicht nur eine mediale Vernachlässigung wider, sondern auch eine gewisse eurozentrische Perspektive, die Afrikas Erfolgsgeschichten und Entwicklungswege ausblendete. Doch dieses Bild hat sich in den vergangenen zwei Jahrzehnten spürbar gewandelt. In einer multipolaren Welt mit neuen Machtzentren und globalen Herausforderungen rückte Afrika zunehmend ins Zentrum geopolitischer, wirtschaftlicher und kultureller Debatten. Der Kontinent ist heute nicht mehr nur Objekt internationaler Hilfe oder Intervention, sondern ein eigenständiger Akteur – mit wachsenden Ansprüchen, Strategien und Ressourcen.

Ein zentraler Treiber dieses Wandels ist die demografische Dynamik. Mit über 1,4 Mrd. Menschen und einer durchschnittlichen Geburtenrate von etwa vier Kindern pro Frau ist Afrika der am schnellsten wachsende Kontinent der Welt. Bis 2050 wird sich die Bevölkerung voraussichtlich nahezu verdoppeln. Bereits heute ist mehr als die Hälfte der Bevölkerung unter 20 Jahre alt. Dieses „demografische Kapital" birgt gewaltige Chancen – etwa ein enormes Arbeitskräftepotenzial –, aber auch große Herausforderungen in den Bereichen Bildung, Arbeitsmarkt, und Gesundheitsversorgung. Die Frage ist nicht nur, ob der Kontinent dieses Wachstum bewältigen kann, sondern wie er es in wirtschaftlichen und sozialen Fortschritt übersetzen wird. Die Schaffung von Arbeitsplätzen, Investitionen in Bildung und Infrastruktur sowie die Förderung von Unternehmertum und Innovation sind entscheidend, um den demografischen Bonus nicht in eine soziale Belastung umschlagen zu lassen.

Parallel zur demografischen Entwicklung ist ein tiefgreifender kultureller Aufbruch zu beobachten. Afrikanische Stimmen gewinnen international an Sichtbarkeit und Einfluss. Musikrichtungen wie Afrobeats, Künstlerinnen wie Burna Boy oder Tems, Filmproduktionen aus Nollywood, Modemarken aus Lagos oder Johannesburg, Literatur von Autorinnen wie Chimamanda Ngozi Adichie oder Tsitsi Dangarembga – sie alle stehen für eine kreative Renaissance, die weit über den Kontinent hinausstrahlt. Digitale Plattformen, Streamingdienste und soziale Medien tragen dazu bei, afrikanische Inhalte global zugänglich zu machen. Auch auf diplomatischer Ebene fordert Afrika zunehmend Mitsprache und Gleichberechtigung. Afrikanische Staaten treten heute entschiedener in multilateralen Foren auf – etwa bei Klimakonferenzen, in Handelsverhandlungen oder bei Forderungen nach Reformen des UN-Sicherheitsrats. Die Kritik ist klar: Globale Institutionen müssen die demografische, wirtschaftliche und geopolitische Realität des 21. Jahrhunderts abbilden – und dazu gehört ein stärkeres afrikanisches Gewicht.

Die Gründung der Afrikanischen Kontinentalen Freihandelszone (AfCFTA), die mit 54 Unterzeichnerstaaten den größten Binnenmarkt der Welt bildet, ist ein Meilenstein in Richtung wirtschaftlicher Eigenständigkeit. Ziel ist es, Handelshemmnisse abzubauen, regionale Wertschöpfungsketten zu stärken und den innerafrikanischen Handel zu fördern, der derzeit bei nur etwa 16 % des gesamten afrikanischen Handelsvolumens liegt – im Vergleich zu über 60 % innerhalb der EU. Afrika erhebt Anspruch auf Gestaltung, nicht nur Beteiligung. Der Kontinent beginnt, seine Narrative selbst zu definieren, seine Interessen durchzusetzen und seine Zukunft eigenständig zu gestalten. Dabei geht es nicht nur um wirtschaftliches Wachstum oder geopolitische Einflussnahme, sondern um eine neue Rolle in der Welt.

Mit dieser bewegten Geschichte in vorkolonialer Zeit, den gravierenden Eingriffen während der Kolonialherrschaft, der Unabhängigkeit mit all ihren Herausforderungen in den 60er- bis 90er-Jahren, dem wirtschaftlichen Aufbruch seit dem Ende des kalten Krieges und den neuen Entwicklungen seit Beginn der multiplen Krisen Anfang der 2020er-Jahre und all ihren verschiedenen Ausprägungen in 54 verschiedenen Staaten ist es nicht einfach, Afrika gerecht zu werden. Der vielfältige und faszinierende Kontinent ist oft von Klischees und Stereotypen geprägt, die sowohl seine Schönheit als auch seine Komplexität nur unzureichend widerspiegeln. Es ist wichtig, die Vielfalt und Realität Afrikas jenseits der gängigen Vorurteile zu erkennen. Wo man selbst Afrika zwischen Klischees und Wirklichkeit einordnet, hängt also immer davon ab, welche Ausschnitte dieser großen Vielfalt wir sehen. Einen möglichst breiten Blick auf den Kontinent zu schaffen, ist darum eine wichtige Voraussetzung dafür, die Zusammenarbeit neu zu definieren.

Teil I

Wie entwickelt sich Afrika wirtschaftlich?

3

Eine Wachstumsgeschichte

Afrika wurde lange Zeit von außen als wirtschaftlich rückständig betrachtet – ein Kontinent, dessen Bild von Armut, Krisen und Hilfsbedürftigkeit geprägt war. In den vergangenen zwei Jahrzehnten hat sich dieses Bild grundlegend verändert. Viele Länder des Kontinents haben beeindruckende wirtschaftliche Entwicklungen durchlaufen, die sich nicht nur in Zahlen widerspiegeln, sondern auch in der Art und Weise, wie Afrika heute wirtschaftlich wahrgenommen und politisch eingebunden ist. Afrikas Gesamtwirtschaft wuchs zwischen 2000 und 2015 mit durchschnittlich rund 5 % pro Jahr – eine der dynamischsten Regionen weltweit (Roxburgh et al., 2016). Länder wie Äthiopien, Ruanda, Ghana und Côte d'Ivoire gehörten zeitweise zu den am schnellsten wachsenden Volkswirtschaften überhaupt. Sie galten lange Zeit als aufstrebende Wirtschaftsräume mit robuster makroökonomischer Steuerung. Dieses Wachstum basierte auf Rohstoffexporten, steigenden Investitionen, einer wachsenden Mittelschicht und verstärk-

© Der/die Autor(en), exklusiv lizenziert an
Springer Fachmedien Wiesbaden GmbH, ein Teil von Springer Nature 2026
S. Liebing, *Das afrikanische Jahrzehnt*, https://doi.org/10.1007/978-3-658-50092-4_3

tem Handel. Doch die Entwicklung verlief ungleichmäßig. Während rohstoffreiche Länder wie Angola oder Nigeria in Boomphasen stark profitierten, brachen ihre Wachstumsraten bei fallenden Ölpreisen massiv ein.

Die afrikanische Mittelschicht wuchs zwischen 2000 und 2020 um über 60 % – ein Indikator für steigende Kaufkraft, Konsum und Investitionspotenzial (Ncube et al., 2011). Gleichzeitig führten digitale Technologien, allen voran der Zugang zu mobilen Zahlungsmethoden und Internetdiensten, zu einer beschleunigten wirtschaftlichen Einbindung weiter Bevölkerungsteile. Besonders in den urbanen Zentren entwickelte sich eine lebendige Startup-Szene, die Innovationen in den Bereichen FinTech, Agritech, E-Commerce oder Bildung hervorbrachte. Auch die makroökonomischen Rahmenbedingungen verbesserten sich vielerorts. Inflationsraten wurden gesenkt, Währungsstabilität gefördert, Schulden restrukturiert und Handelsdefizite reduziert. Internationale Ratingagenturen stuften mehrere afrikanische Länder positiv ein, Investitionsfonds und Unternehmen folgten. Infrastrukturprojekte – etwa in Straßenbau, Energieversorgung und Logistik – legten die Basis für weiteres Wachstum.

Trotz dieser positiven Entwicklungen ist das Wachstum jedoch nicht gleichmäßig verteilt. Einige Länder, etwa die Demokratische Republik Kongo, Südsudan oder Simbabwe, kämpfen weiterhin mit politischen Krisen, wirtschaftlicher Instabilität oder schwachen Institutionen. Auch innerhalb wachsender Volkswirtschaften bleibt die soziale Ungleichheit ein zentrales Problem. Vom Aufschwung profitieren oft städtische Eliten, während ländliche Regionen abgehängt bleiben. Die Corona-Pandemie führte 2020 erstmals seit 25 Jahren zu einer Rezession in Subsahara-Afrika (Dabalen & Calderon, 2020). Seither hat sich das wirtschaftliche Wachstum in vielen afrikanischen Ländern merklich verlangsamt. Während vor 2020 zahlreiche Staaten durch robuste Wachstumsraten, steigende Investitionen und eine dynamische Startup-Szene auf sich aufmerksam machten, führte die Pandemie zu massiven Einbrüchen in Schlüsselsektoren. Reisebeschränkungen, Lockdowns und unterbrochene Lieferketten brachten insbesondere den Tourismus, den Handel und die verarbeitende Industrie zum Erliegen. Die Einnahmen aus Rohstoffexporten sanken zeitweise drastisch, da die globale Nachfrage zurückging.

Ein wesentlicher Grund für die Verlangsamung ist die hohe Abhängigkeit vieler Volkswirtschaften von wenigen Exportgütern. Als die Weltmärkte ins Stocken gerieten, fehlten alternative Einkommensquellen. Hinzu kamen steigende Verschuldung, da Regierungen ihre Haushalte mit Krediten stützen mussten, sowie eine hohe Inflation, die Kaufkraft und Investitionsbereitschaft schwächte. Internationale Investoren hielten sich zurück, Projekte wurden verschoben oder abgesagt. Gleichzeitig stiegen die Preise für Energie, Lebensmittel und Dünger – teils infolge globaler Krisen wie dem Ukrainekrieg –, was Haushalte und Unternehmen zusätzlich belastete. Seitdem ist das Wachstum zwar zurückgekehrt, bleibt jedoch hinter den Erwartungen zurück und reicht vielerorts nicht aus, um mit dem Bevölkerungswachstum Schritt zu halten. Während der Kontinent über zwei Jahrzehnte lang auf einem stabilen Wachstumspfad war, haben die Krisen der vergangenen Jahre und die in Reaktion darauf getroffenen politischen Entscheidungen ihn deutlich zurückgeworfen. Insofern bleibt die wirtschaftliche Entwicklung fragil, vor allem die Verfügbarkeit von ausländischen Investorengeldern und die durch deutliche Schuldenaufnahme reduzierte Kreditwürdigkeit afrikanischer Regierungen machen die erfolgreiche Realisierung neuer Investitionsvorhaben schwieriger. Das Kapitel über Afrikas Wachstumsgeschichten ist daher noch nicht abgeschlossen – es wird aktuell geschrieben. Es erzählt nicht nur von Zahlen, sondern von Strategien, von Visionen und von der Fähigkeit eines Kontinents, sein wirtschaftliches Schicksal zunehmend selbst in die Hand zu nehmen, aber eben auch von Rückschlägen gerade in jüngerer Zeit.

3.1 Boomländer und Wachstumszentren

Afrikas Volkswirtschaften haben in den vergangenen zwei Jahrzehnten sehr unterschiedliche Wachstumsverläufe gezeigt. Äthiopien verzeichnete beispielsweise zwischen 2004 und 2019 durchschnittlich rund 9 % jährliches Wachstum. 2022 lag das BIP bei rund 126 Mrd. US-Dollar. Nigeria, die größte Volkswirtschaft Afrikas, hatte 2022 ein BIP von rund 477 Mrd. US-Dollar. Südafrika, lange Zeit die führende Wirtschaftsmacht des Kontinents, wuchs in den vergangenen Jahren deutlich langsamer. 2022 lag das BIP bei 399 Mrd. US-Dollar, die jährlichen Wachstumsraten lagen meist nur bei einem bis zwei Prozent. Neben Äthiopien wurde auch das starke Wachstum in Ruanda, Ghana, Côte d'Ivoire und einer ganzen Reihe kleinerer Länder zum Symbol eines neuen afrikanischen Aufbruchs, getragen von ehrgeizigen Reformprogrammen, gezielten Investitionen und einer Vision wirtschaftlicher Transformation. Äthiopien etwa verfolgte eine staatsgelenkte Entwicklungsstrategie, die stark auf Infrastrukturprojekte und den Aufbau von Industrieparks setzte. Der Aufbau des Industrieparks Hawassa oder die Erweiterung des Schienennetzes durch die Addis Abeba-Dschibuti-Bahnstrecke sind Beispiele für eine gezielte Industrialisierungspolitik. Trotz innenpolitischer Spannungen wurde Äthiopien international als Modell für rasche wirtschaftliche Entwicklung wahrgenommen.

Ruanda hingegen setzte nach dem Völkermord von 1994 auf institutionelle Stabilität, Korruptionsbekämpfung und technologische Modernisierung. Das Land positionierte sich als innovationsfreundlicher Standort mit Investitionssicherheit und entwickelte sich zu einem regionalen Zentrum für Konferenzen, digitale Dienstleistungen und Finanztechnologie. Die Hauptstadt Kigali gilt heute als eine der am besten verwalteten Städte Afrikas – mit Smart-City-Initiativen, sauberer Infrastruktur und einer aktiven Startup-Kultur. Ghana etablierte sich als eine der stabilsten Demokratien Westafrikas. Dank transparenter Wahlen, politischer Kontinuität und einer soliden Rechtsordnung konnte das Land ausländische Direktinvestitionen anziehen, nicht zuletzt im Öl- und Gassektor, aber etwa auch aus der deutschen Automobilindustrie. Seit dem Beginn der Ölproduktion im Jahr 2010 verzeichnete Ghana mehrfach Wachstumsraten von über 7 % – unterstützt von einer jungen, dynamischen Bevölkerung und einem expandierenden Dienstleistungssektor. Côte d'Ivoire erholte sich nach einem Jahrzehnt politischer Instabilität und Bürgerkrieg erstaunlich schnell. Mit einer diversifizierten Wirtschaft – einschließlich Kakaoproduktion, Exportindustrie und öffentlicher Infrastrukturprogramme – wuchs das Bruttoinlandsprodukt jährlich um rund 8 % zwischen 2012 und 2019. Die Regierung investierte massiv in Transport, Bildung und Gesundheitswesen, wodurch neue Arbeitsplätze entstanden und die wirtschaftliche Basis verbreitert wurde.

Auch andere Länder wie Senegal, Kenia, Tansania oder Benin zeigten bemerkenswerte Wachstumsimpulse. Senegal etwa investierte in den Bau einer neuen Hauptstadt und einen modernen Flughafen, während Kenia mit dem Projekt Vision 2030 und seinem florierenden Tech-Sektor („Silicon Savannah") internationale Aufmerksamkeit auf sich zog. Neben diesen nationalen Erfolgsbeispielen entwickelten sich in vielen Ländern dynamische urbane Zentren, die als wirtschaftliche Motoren fungieren. Städte wie Lagos, Nairobi, Accra, Dakar, Johannesburg oder Abidjan sind heute weit mehr als Zentren für Verwaltungen und Behörden. Sie sind regionale Wirtschaftszentren mit wachsender Mittelschicht, Innovationsclustern, internationalen Unternehmen und florierenden Immobilienmärkten. Lagos, Nigerias Wirtschaftsmetropole, beherbergt mehr als 20 Mio. Menschen und ist ein Zentrum für Banken, Telekommunikation, Film und Handel. Die Medienwirtschaft von „Nollywood" ist nach Indien zweitgrößter Standort des Sektors, noch vor den USA („Hollywood").

Nairobi gilt als technologisches Epizentrum Ostafrikas mit Unternehmen wie Safaricom, die mobile Zahlungsdienste wie M-Pesa global bekannt machten. Dakar kombiniert historische Bedeutung mit unternehmerischem Aufschwung, Abidjan ist Westafrikas wichtigster Handelshafen und Wirtschaftsknoten. Diese Boomstädte ziehen nicht nur Kapital, sondern auch Talente an. Sie fördern unternehmerisches Denken, bieten kreative Räume und ermöglichen neue soziale Mobilität. Gleichzeitig stehen sie vor gewaltigen Herausforderungen: Wohnraummangel, Verkehrsstaus, soziale Probleme und Umweltprobleme nehmen zu. Afrikas Boomländer und Wachstumszentren zeigen, dass der Kontinent kein monolithischer Block ist, sondern eine Vielfalt an Erfahrungen, Strategien und Erfolgspfaden bietet. Die entscheidende Frage bleibt, wie sich diese Dynamik auf den ganzen Kontinent – insbesondere auf ländliche Räume und abgelegene Regionen – übertragen lässt, um breites Wachstum zu ermöglichen.

3.2 Volkswirtschaftliche Indikatoren sind uneinheitlich

Neben der bereits beschriebenen Entwicklung des Inlandsprodukts lohnt ein Blick auf einige weitere volkswirtschaftliche Kennzahlen, um die wirtschaftliche Lage auf dem Kontinent besser zu verstehen. Die Inflationsentwicklung zeigt große Unterschiede, die sich seit den Krisenjahren ab 2020 weiter verschärft haben. Länder in der CFA-Franc-Zone profitieren von einer stabilen Anbindung an den Euro und weisen vergleichsweise niedrige Inflationsraten auf. Dagegen leiden Volkswirtschaften wie Nigeria, Ghana oder Simbabwe regelmäßig unter hohen Preissteigerungen, verursacht durch Währungsschwächen, Importabhängigkeit und externe Schocks. Ghana kämpfte 2022/23 mit einer massiven Inflation von teils über 50 %, die durch eine Währungsschwäche und hohe Importkosten getrieben wurde. Tansania hingegen konnte seine Inflation relativ stabil halten und lag 2022 bei etwa 4 %. Simbabwe erlebte dagegen wiederholt Hyperinflation, zuletzt über 250 % im Jahr 2020, was die Kaufkraft der Bevölkerung drastisch einschränkte und das Vertrauen in die nationale Währung massiv erschütterte.

Globale Krisen – etwa der Ukrainekrieg – führten in vielen Ländern zu steigenden Lebensmittel- und Energiepreisen, was vor allem einkommensschwache Haushalte hart trifft. Die Preisstabilität bleibt daher eine der größten Herausforderungen für wirtschaftliche Planungssicherheit. Die Staatsverschuldung vieler afrikanischer Länder ist in den vergangenen zwei Jahrzehnten stark angestiegen. Während um das Jahr 2000 Schuldenerlasse durch internationale Initiativen wie HIPC (Heavily Indebted Poor Countries) für Entlastung sorgten, haben seitdem neue Kreditaufnahmen – oft für Infrastrukturprojekte – die Schuldenstände wieder erhöht. Besonders problematisch ist die Kombination aus niedrigen Steuereinnahmen, ineffizienter Verwaltung und hohen Zinslasten. Das hat sich mit den Krisen seit dem Jahr 2020 verschärft. Länder wie Sambia oder Ghana gerieten zuletzt in Zahlungsschwierigkeiten. Kenia hatte 2022 eine Schuldenquote von rund 67 % des BIP, vor allem bedingt durch hohe kreditfinanzierte Infrastrukturprojekte wie den Bau von Eisenbahn- und Straßennetzen. Mosambik geriet 2016 in eine Schuldenkrise, als „versteckte Schulden" von über 2 Mrd. US-Dollar ans Licht kamen. Auch Südafrika kämpft mit einer hohen Staatsverschuldung von rund 70 % des BIP im Jahr 2022, verstärkt durch die finanziellen Belastungen staatlicher Unternehmen und ineffiziente Strukturen. Senegal liegt nach aktuellen Veröffentlichungen bei einer Schuldenquote von über 110 % des BIP. Internationale Gläubiger, darunter China, der IWF und multilaterale Entwicklungsbanken, spielen eine zentrale Rolle bei Umschuldungen und neuen Finanzierungsprogrammen. Die Gefahr einer neuen Schuldenkrise ist real, wenn keine nachhaltigen Finanzstrategien entwickelt werden.

Die Stabilität nationaler Währungen ist für Import- und Exportmärkte, Investitionen und die Lebenshaltungskosten der Bevölkerung entscheidend. Wechselkursinstabilitäten wirken oft als Hemmschuh für Investoren und belasten die Bevölkerung durch steigende Preise. Doch viele afrikanische Währungen sind von hoher Volatilität geprägt. In Nigeria hat der Naira in den vergangenen Jahren massiv an Wert verloren, was Importe verteuerte und Inflation anheizte. Seit 2020 lag der Verlust bei mehr als der Hälfte seines Wertes gegenüber dem US-Dollar. Auf dem Schwarzmarkt lag der Wechselkurs zeitweise doppelt so hoch wie der offizielle Kurs, was enorme Unsicherheit für Unternehmen und Verbraucher schuf. Ähnlich dramatisch war die Situation in Ghana, wo der Cedi 2022 um über 40 % an Wert verlor und dadurch Importe erheblich verteuerte, was wiederum die Inflation zusätzlich antrieb. Simbabwe kämpft seit Jahren mit Hyperinflation und fehlendem Vertrauen in die Landeswährung. Im Gegensatz dazu bietet der Franc CFA, der in West- und Zentralafrika an den Euro gekoppelt ist, seit Jahren eine gewisse Stabilität. Diese Stabilität geht jedoch mit dem Nachteil einher, dass die Länder nur über eine begrenzte geldpolitische Souveränität verfügen.

Ein zunehmend wichtiger Faktor ist schließlich die Zinsentwicklung. Afrikanische Zentralbanken mussten in den vergangenen Jahren stark reagieren, um die Inflation einzudämmen und die Stabilität ihrer Währungen zu sichern. In Ghana hob die Zentralbank den Leitzins 2022 auf über 29 % an – den höchsten Stand seit Jahrzehnten –, um die Inflation einzubremsen. In Nigeria lag der Leitzins im Jahr 2023 bei rund 18,75 %, ebenfalls ein historisch hoher Wert. Südafrika hingegen bewegte sich mit einem Leitzins von etwa 8,25 % auf einem mittleren Niveau, während Länder wie Kenia oder Ägypten ebenfalls zweistellige Zinssätze verzeichneten. Diese hohen Zinsen verteuern Kredite, hemmen Investitionen und belasten Unternehmen sowie Haushalte, sind aber kurzfristig notwendig, um makroökonomische Stabilität zu sichern.

Die Analyse dieser Indikatoren macht deutlich: Afrikas wirtschaftliche Entwicklung ist von enormem Potenzial, zugleich aber auch von hoher Fragilität geprägt. Positiv sind die Wachstumsdynamiken in einzelnen Boomländern. Während etwa Äthiopien oder Ruanda starke Fortschritte erzielen, stehen andere Länder wie Ghana oder Nigeria unter Druck durch Inflation, Währungsverfall und hohe Verschuldung. Entscheidend für die kommenden Jahre wird sein, ob afrikanische Länder fiskalische Disziplin, diversifizierte Wirtschaftsstrategien und institutionelle Stabilität miteinander verbinden können. Nur dann lassen sich Krisen abfedern und nachhaltiger Wohlstand aufbauen.

3.3   Abhängigkeit von Rohstoffexporten und die neue Diversifizierung

Die afrikanische Wirtschaft war über viele Jahrzehnte hinweg stark von der Ausfuhr unraffinierter Rohstoffe geprägt. Öl, Gas, Gold, Kupfer, Diamanten und landwirtschaftliche Produkte wie Kakao, Kaffee oder Baumwolle bildeten das Rückgrat staatlicher und privater Einnahmen. Diese Rohstofforientierung bedeutete jedoch auch eine strukturelle Verwundbarkeit gegenüber globalen Preisschwankungen, begrenzte industrielle Entwicklung und fehlende lokale Wertschöpfung. Die Abhängigkeit von externen Märkten sorgte immer wieder für Krisen, sobald die Weltmarktpreise einbrachen. Heute ist klar: Dieses Modell ist nicht zukunftsfähig. Immer mehr afrikanische Länder setzen daher auf wirtschaftliche Diversifizierung – das heißt, sie versuchen, neue Industriezweige aufzubauen, Dienstleistungen zu entwickeln und innovative Technologien zu fördern, um ihre Volkswirtschaften breiter aufzustellen. Nigeria etwa – Afrikas bevölkerungsreichstes Land und lange Zeit stark vom Erdölexport abhängig – investiert zunehmend in die petrochemische

Industrie, um durch Verarbeitung von Rohöl höhere Einnahmen und lokale Arbeitsplätze zu schaffen. Gleichzeitig werden Sektoren wie Landwirtschaft, verarbeitende Industrie und Filmwirtschaft systematisch gefördert. Angola, traditionell ebenfalls stark vom Öl abhängig, verfolgt ehrgeizige Pläne zur Entwicklung einer wettbewerbsfähigen Agrarwirtschaft und des Tourismus. Durch Investitionen in Bewässerung, Saatguttechnologie und Exportlogistik soll das Potenzial des Landes als landwirtschaftlicher Produzent besser genutzt werden. Kenia wiederum positioniert sich als führender Standort für Informations- und Kommunikationstechnologie in Ostafrika, insbesondere durch die Förderung digitaler Startups, E-Government-Initiativen und Bildungsprogramme in MINT-Fächern. In Ghana und der Elfenbeinküste – weltweit die zwei größten Produzenten von Kakaobohnen – entstehen gezielt lokale Wertschöpfungsketten. Anstatt nur Rohbohnen zu exportieren, werden zunehmend Schokoladenfabriken gebaut, Arbeitsplätze geschaffen und Exporterlöse gesteigert. Diese Entwicklung ist ein Schritt hin zu mehr wirtschaftlicher Eigenständigkeit und einer Stärkung der lokalen Märkte. Äthiopien verfolgt mit dem Aufbau einer Textil- und Bekleidungsindustrie eine ähnliche Strategie. Durch niedrige Löhne, günstige Strompreise und staatlich entwickelte Industrieparks wurden internationale Marken angelockt, die dort für den Export produzieren. Die Textilindustrie gilt als Türöffner für breitere Industrialisierung. Ruanda wiederum setzt auf Dienstleistungen, Konferenzen und IT. Das Land investiert in digitale Infrastruktur, Innovationszentren und internationale Partnerschaften, um sich als modernes, vernetztes Wissenszentrum zu etablieren. So wurden inzwischen 50.000 Programmierer nach internationalen Standards ausgebildet, die darauf warten, Aufträge auch europäischer Unternehmen zu realisieren. Dass mit dem „Eliteinternat" Stiftung Louisenlund aus Schleswig-Holstein nun ein Bildungsinstitut von Rang seine weltweit einzige Auslandsniederlassung ausgerechnet in Ruanda etabliert hat, ist eine weitere Bestätigung eines größeren Trends.

Ein eindrucksvolles Beispiel technologiebasierter Diversifizierung ist Ruandas Einsatz von Drohnentechnologie zur Lieferung von Blutkonserven und Medikamenten in abgelegene Regionen – in Zusammenarbeit mit dem Unternehmen Zipline. Das System ermöglicht es, in weniger als einer Stunde wichtige medizinische Produkte in schwer zugängliche Dörfer zu bringen und gilt heute als globales Modell für technologiegestützte Gesundheitsversorgung. Südafrika verfügt über den fortschrittlichsten Finanzsektor des Kontinents und hat mit Unternehmen wie Naspers, Discovery und TymeBank innovative Akteure im Bereich digitale Finanzdienstleistungen hervorgebracht. Der Sektor trägt nicht nur zum Wirtschaftswachstum bei, sondern bietet Millionen von Menschen Zugang zu Banking-Dienstleistungen, die zuvor vom formellen Finanzsystem ausgeschlossen waren.

Auch die Landwirtschaft erlebt eine stille Revolution. Mehr als 60 % der afrikanischen Bevölkerung sind in der Landwirtschaft tätig – überwiegend in kleinen, informellen Strukturen. Dennoch werden in vielen Ländern Schritte unternommen, um die Produktivität und Effizienz des Agrarsektors zu steigern. Dazu gehören die Mechanisierung durch Traktoren oder Erntemaschinen, digitale Dienstleistungen wie SMS-basierte Wetterdienste oder Marktinformationen, neue Finanzierungsmodelle über Mikrokredite oder mobile Banken sowie Investitionen in Lagerung, Verarbeitung und Logistik. Zunehmend setzen Agrar-Startups auf digitale Marktplätze, über die Bauern ihre Produkte direkt an Konsumenten, Restaurants oder Großhändler verkaufen können. Dies reduziert Zwischenhändler, erhöht Einkommen und stärkt regionale Märkte. Plattformen wie Twiga Foods (Kenia) oder FarmCrowdy (Nigeria) zeigen, wie Technologie traditionelle Strukturen durchbrechen und neue Marktmodelle schaffen kann. Laut der Ernährungs- und Landwirtschaftsorganisation der Vereinten Nationen (FAO) produziert Afrika derzeit etwa 10 % der globalen landwirtschaftlichen Erzeugung – ein

Anteil, der deutlich steigerbar wäre. Der Kontinent verfügt über etwa 60 % der weltweit noch ungenutzten, fruchtbaren Ackerflächen. Dieses immense Landreservoir, kombiniert mit wachsender Nachfrage nach Lebensmitteln, macht Afrika zu einem entscheidenden Akteur bei der globalen Ernährungssicherheit. Die wirtschaftliche Diversifizierung ist damit kein abstraktes Ziel, sondern ein konkreter Prozess, der in vielen Ländern bereits in vollem Gange ist. Der Weg ist nicht ohne Herausforderungen – etwa mangelhafte Infrastruktur, Bürokratie oder Zugang zu Kapital – aber das Ziel ist klar: weg von Rohstoffabhängigkeit, hin zu innovativen, produktiven, resilienten Wirtschaftssystemen mit lokaler Wertschöpfung und globaler Wettbewerbsfähigkeit.

3.4   Die urbane Revolution – Megastädte und die neue Mittelschicht

Afrika erlebt derzeit eine der schnellsten Urbanisierungsraten weltweit. Laut den Vereinten Nationen wird sich die städtische Bevölkerung des Kontinents bis 2050 auf über 60 % erhöhen – ein massiver Anstieg gegenüber dem derzeitigen Anteil von rund 43 % (Menozzi et al., 2024). Diese Entwicklung bringt gewaltige Herausforderungen mit sich, bietet aber zugleich enorme Chancen. Städte wie Lagos, Kairo, Kinshasa, Addis Abeba, Duala und Nairobi wachsen mit einer Geschwindigkeit, die mit anderen Weltregionen kaum vergleichbar ist. Teils geschieht dieser Wandel chaotisch und ungeplant, teils basierend auf nationalen Entwicklungsplänen, die gezielt auf städtische Zentren als Motoren wirtschaftlicher Entwicklung setzen. In diesen Metropolen entstehen neue Stadtviertel, Industrieparks, Einkaufszentren, Technologiezentren (Tech-Hubs) und Dienstleistungscluster. In Nairobi zum Beispiel hat sich das Viertel Westlands zu einem Zentrum digitaler Startups entwickelt. In Lagos entstehen moderne Wohnanlagen, internationale Hotels und Shopping Malls, während sich in Kigali ganze Smart-City-Konzepte materialisieren. Diese Urbanisierung schafft Arbeitsplätze, zieht Talente an und fördert Innovationen.

Doch auf der Kehrseite dieser Entwicklung stehen massive soziale Herausforderungen. Der rapide Zuzug aus ländlichen Gebieten überfordert vielerorts die bestehende Infrastruktur. Slums wachsen schneller als offizielle Stadtviertel; in Städten wie Kinshasa, mit über 15 Mio. Einwohnern, lebt ein Großteil der Bevölkerung in informellen Siedlungen ohne gesicherten Zugang zu Wasser, Strom oder medizinischer Versorgung. Müllentsorgung, Verkehrschaos, Luftverschmutzung und ein Mangel an bezahlbarem Wohnraum belasten die Lebensqualität und verschärfen soziale Spannungen. Gleichzeitig wächst in den Städten eine neue urbane Mittelschicht heran – ein Phänomen, das zunehmend als Schlüssel für Afrikas wirtschaftliche und gesellschaftliche Transformation gilt. Diese Schicht besteht aus Menschen mit regelmäßigen Einkommen, besserer Schulbildung, digitaler Vernetzung, Konsumkraft und wachsendem politischem Bewusstsein. Laut African Development Bank zählen rund ein Drittel der Stadtbevölkerung Afrikas zur sogenannten unteren Mittelschicht – eine Gruppe, die noch anfällig für wirtschaftliche Rückschläge ist, aber dennoch als Triebkraft für Wandel fungiert.

Diese urbane Mittelschicht nutzt lokale Mode- und Kosmetikmarken, konsumiert afrikanische Filme und Musik über Streamingdienste, gründet Unternehmen, beteiligt sich an zivilgesellschaftlichen Initiativen und engagiert sich in politischen Debatten. Sie ist vernetzt, sichtbar, aktiv – und sie stellt Ansprüche an Regierungen, Infrastruktur und Rechtsstaatlichkeit. Ihre Erwartungen an gute Regierungsführung, effiziente Verwaltung und transparente Institutionen wachsen stetig. Dennoch sind Statistiken, wonach über 300 Mio. Menschen auf dem Kontinent, der Mittelschicht angehören, mit Vorsicht zu genießen. Wenngleich nicht falsch, so bedeutet doch die Zugehörigkeit zur Mittelschicht in Afrika etwas anderes als bei uns. Schon bei fünf bis zehn Dollar verfügbaren Einkommens pro Tag liegen die entsprechenden Kriterien. Unstrittig ist, dass die neue Mittelschicht des Kontinents eine spannende Zielgruppe auch für deutsche und europäische Unternehmen bildet. Man darf sich jedoch nicht vorstellen, dass die afrikanische Mittelschicht in ähnlichen Verhältnissen lebt wie bei uns. Richtig ist jedoch: In vielen Städten zeigt sich ein neuer Unternehmergeist. Co-Working-Spaces, Maker Labs, Social Startups und FinTech-Plattformen entstehen rasant. Digitale Dienste für Mobilität, Gesundheit, Bildung und Konsum sind in urbanen Ballungsräumen am erfolgreichsten – nicht zuletzt, weil dort Infrastruktur, Nachfrage und digitale Kompetenz zusammenkommen. Der informelle Sektor bleibt zwar stark ausgeprägt, doch es entwickeln sich zunehmend formalisierte Geschäftsmodelle, die Wachstum und Innovation vorantreiben. Die urbane Dynamik ist jedoch ein zweischneidiges Schwert. Die Herausforderungen sind enorm. Verkehrskollaps und Überlastung von Bildungs- und Gesundheitseinrichtungen. Gleichzeitig eröffnet die Urbanisierung die Chance, neue städtische Lebensmodelle zu erproben. Die urbane Revolution Afrikas ist nicht nur eine demografische oder ökonomische Entwicklung – sie ist ein kultureller, gesellschaftlicher und politischer Umbruch, der das Gesicht des Kontinents dauerhaft verändern wird.

4

Fortschritt durch Innovationskraft

Afrika ist heute nicht nur ein Ort der Anwendung neuer Technologien, sondern entwickelt sich zunehmend zu einem Ort der eigenständigen technologischen Gestaltung. Der Kontinent hat sich in vielen Bereichen vom reinen Konsumenten westlicher oder asiatischer Technologien zu einem aktiven Innovationsraum gewandelt. Zwar kämpfen zahlreiche Regionen weiterhin mit grundlegenden Versorgungsproblemen – etwa beim Zugang zu stabilem Strom, Internet oder moderner Infrastruktur –, doch gleichzeitig entstehen Technologien und Geschäftsmodelle, die weltweit Beachtung finden und in manchen Fällen sogar als Vorbild für andere Regionen dienen. Besonders hervorzuheben ist dabei das Phänomen des sogenannten Leapfrogging. Damit ist gemeint, dass afrikanische Gesellschaften ganze Entwicklungsphasen überspringen – etwa die Festnetztelefonie – und direkt moderne, mobile Technologien übernehmen (Aker & Mbiti, 2010). So hat sich beispielsweise das mobile Bezahlen auf dem Konti-

© Der/die Autor(en), exklusiv lizenziert an
Springer Fachmedien Wiesbaden GmbH, ein Teil von Springer Nature 2026
S. Liebing, *Das afrikanische Jahrzehnt*, https://doi.org/10.1007/978-3-658-50092-4_4

nent mit einer Geschwindigkeit durchgesetzt, die weltweit einzigartig ist. Dienste wie M-Pesa in Kenia oder MTN Mobile Money in Ghana und Uganda ermöglichen es Millionen Menschen, ohne Bankkonto zu sparen, zu überweisen oder zu investieren. In einigen Ländern nutzen mehr Menschen mobile Zahlungssysteme als klassische Bankdienstleistungen. Darüber hinaus entstehen technologische Lösungen, die speziell auf die Herausforderungen afrikanischer Realitäten zugeschnitten sind. Im Gesundheitsbereich etwa kommen in ländlichen Regionen Drohnen zum Einsatz, um Impfstoffe, Medikamente oder Blutkonserven zu liefern – ein Ansatz, der heute weltweit Nachahmer findet. In der Landwirtschaft helfen SMS-basierte Plattformen Kleinbauern bei der Planung von Anbauzyklen, dem Zugang zu Mikrokrediten oder der Bewertung von Bodenqualität.

In der Bildungslandschaft entstehen digitale Lernplattformen, die Unterrichtsmaterialien auch ohne stabile Internetverbindung bereitstellen – beispielsweise über Offline-Apps oder Bluetooth-Sharing. Schüler können so auch in abgelegenen Regionen von digitalen Inhalten profitieren. Solche Lösungen sind nicht nur technologisch clever, sondern auch sozial relevant. Sie schließen Lücken, wo staatliche Versorgung fehlt. Auch im Energiesektor findet Leapfrogging statt. Statt auf zentrale Stromnetze zu warten, nutzen viele Haushalte dezentrale Solarsysteme. Anbieter wie M-KOPA (Kenia) oder BBOXX (Ruanda) bieten sogenannte Pay-as-you-go-Lösungen an. Solaranlagen mit Akkus und LED-Leuchten werden auf Kreditbasis verkauft, die Nutzer zahlen per Mobiltelefon in kleinen Raten. Diese Modelle ermöglichen Elektrifizierung in entlegenen Gebieten ohne teure Großinvestitionen in Infrastruktur.

Die Startup-Szene Afrikas wächst rasant. Im Jahr 2021 flossen über 4,6 Mrd. US-Dollar an Wagniskapital in afrikanische Startups – eine Vervierfachung im Vergleich zum schwierigen Coronajahr 2020. Die Schwerpunkte liegen in FinTech, Agritech, HealthTech, Mobilität und Bildung. Lagos, Nairobi, Kapstadt und Kairo gelten als technologische Hotspots, in denen junge Unternehmerinnen und Unternehmer neue Lösungen entwickeln, von der digitalen Patientenakte bis zur urbanen Mobilitäts-App. Seit 2023 gehen die Investitionen und die Verfügbarkeit von Risikokapital jedoch zurück – nicht zuletzt als Reaktion auf die seit der Corona-Krise aufgetretenen wirtschaftlichen Einbrüche. Technologische Sprünge haben auch eine politische Dimension. Digitale Plattformen fördern Transparenz, ermöglichen zivilgesellschaftliches Engagement und schaffen neue Formen der politischen Partizipation. Technologie in Afrika ist kein „importiertes Heilmittel", sondern zunehmend ein selbstbestimmtes Werkzeug, um lokale Probleme mit kreativen Mitteln zu lösen. Der technologische Aufbruch auf dem Kontinent ist ein zentrales Element der wirtschaftlichen, gesellschaftlichen und kulturellen Transformation – und er beginnt gerade erst, sein volles Potenzial zu entfalten.

4.1 Die digitale Revolution

Eines der sichtbarsten Zeichen für die digitale Transformation Afrikas ist das Mobile Banking. In Ländern wie Kenia, Tansania, Uganda oder Ghana gehört es heute zum Alltag, per Mobiltelefon Geld zu überweisen, Rechnungen zu bezahlen, Versicherungen abzuschließen oder Kredite aufzunehmen – ganz ohne klassischen Bankzugang. Dieses Modell, das insbesondere Menschen in abgelegenen Regionen oder mit niedrigem Einkommen einschließt, hat sich in nur wenigen Jahren tief in den Alltag vieler Millionen Menschen eingeschrieben.

Der Pionier dieser Entwicklung ist der Dienst M-Pesa, der 2007 in Kenia eingeführt wurde. Ursprünglich als einfaches System zur Überweisung kleiner Geldbeträge konzipiert, zählt M-Pesa heute über 50 Mio. Nutzer in mehreren afrikanischen Ländern. Der Erfolg dieses Modells hat zu einer Vielzahl ähnlicher Dienste geführt, die auf lokalen Gegebenheiten aufbauen. Mobile Geldbörsen sind mittlerweile eine zentrale Säule des

Finanzsystems in vielen afrikanischen Staaten und ermöglichen wirtschaftliche Teilhabe auf breiter Basis.

Die sozialen Effekte sind dabei ebenso bedeutsam wie die wirtschaftlichen. Studien zeigen, dass Mobile Money-Systeme Haushalte robuster gegenüber wirtschaftlichen Schocks machen, die finanzielle Unabhängigkeit von Frauen fördern und Kleinunternehmen Zugang zu Kredit und Kapital verschaffen. In Regionen, in denen Banken fehlen oder kein Vertrauen genießen, ersetzen mobile Finanzlösungen traditionelle Institutionen – oft effizienter und transparenter. Parallel dazu erlebt der Kontinent einen regelrechten Boom an Startups. Laut dem African Tech Startups Funding Report 2023 erhielten afrikanische Startups im Jahr 2022 über 3,5 Mrd. US-Dollar an Investitionen – ein klares Zeichen für das Vertrauen in das unternehmerische Potenzial der Region, trotz globaler wirtschaftlicher Unsicherheiten. Die Investitionen konzentrieren sich insbesondere auf die großen Innovationszentren wie Nigeria, Kenia, Südafrika und Ägypten. Doch auch kleinere Ökonomien wie Senegal, Ghana oder Ruanda holen rasch auf und entwickeln eigene Tech-Ökosysteme.

Der inhaltliche Fokus vieler afrikanischer Startups liegt auf praktischen, alltagsnahen Lösungen für zentrale gesellschaftliche Herausforderungen: Zugang zu Gesundheitsversorgung, Bildung, Finanzdienstleistungen und landwirtschaftlicher Effizienz. Andela bildet afrikanische Softwareentwickler aus und vermittelt sie an internationale Unternehmen. 54gene nutzt Genomdaten, um medizinische Forschung auf afrikanische Realitäten zuzuschneiden – ein zentraler Schritt zu mehr Relevanz in der globalen Biotechnologie, litt dann allerdings unter Finanzierungsproblemen. Auch im Bereich der Künstlichen Intelligenz (KI) entstehen spannende Initiativen. InstaDeep aus Tunesien entwickelt KI-Algorithmen für komplexe Industrieanwendungen, DataProphet aus Südafrika bringt KI in die Produktionsoptimierung. Diese Unternehmen zeigen: Afrika ist nicht nur Nutzer, sondern zunehmend

Entwickler fortgeschrittener Technologien. Der kontinentale Austausch wird gefördert durch Plattformen wie AI4D Africa oder das African AI Research Network, die Wissen, Daten und Ressourcen bündeln. Die Richtung ist eindeutig: Die digitale Revolution verändert Afrikas Wirtschaftsstruktur, Gesellschaft und Politik grundlegend. Sie schafft neue Berufe, neue Geschäftsmodelle, neue Formen der Kommunikation und Mitwirkung. Was heute in einem Innovationszentrum in Lagos oder Kigali beginnt, kann morgen global relevant sein. Afrika zeigt, dass Digitalisierung kein Luxus für entwickelte Märkte ist – sondern ein Motor für Entwicklung, Teilhabe und Zukunft.

4.2 Leapfrogging – Mit Riesenschritten an die Spitze

Leapfrogging ist in Afrika längst keine theoretische Zukunftsvision mehr, sondern vielerorts gelebte Realität. Es beschreibt das Überspringen traditioneller Entwicklungsschritte, um direkt moderne Technologien und Lösungen einzusetzen. Anstatt etwa erst flächendeckend Festnetztelefonnetze aufzubauen, setzten viele Länder sofort auf den Mobilfunk – eine Entscheidung, die Millionen Menschen in kurzer Zeit miteinander vernetzte. Ähnlich verhält es sich mit der Stromversorgung. Statt jahrzehntelang auf teure, zentralisierte Netze zu warten, greifen Haushalte in abgelegenen Regionen direkt zu dezentralen, solarbetriebenen Lösungen. Beispiele für diesen technologischen Pragmatismus finden sich in zahlreichen Sektoren. In der Energieversorgung bieten Unternehmen wie d.light, Zola Electric oder M-KOPA kleine, erschwingliche Heimsysteme an, die Solarzellen, Akkus, LED-Leuchten und Anschlussmöglichkeiten für Radios oder Fernseher umfassen. Das Pay-as-you-go-Modell, bei dem die Raten bequem per Mobiltelefon bezahlt werden, macht diese Systeme für breite Bevölkerungsschichten zugänglich. So wird Elektrizität zur Realität für Familien, die nie an ein zentrales Netz angeschlossen waren.

Im Gesundheitswesen nutzen Startups und NGOs Leapfrogging-Ansätze, um strukturelle Lücken zu schließen. Mobile Apps ermöglichen Telemedizin, Terminbuchungen und Diagnosen per Mobiltelefon. In Nigeria hat LifeBank ein GPS-basiertes System entwickelt, das Blutkonserven in Kliniken lokalisiert und schnell verfügbar macht. In Südafrika setzen KI-gestützte Systeme Radiologiebilder zur schnellen Tuberkulose-Diagnose ein – eine Lösung, die sowohl Zeit spart als auch Menschenleben schützt.

Auch in der Landwirtschaft zeigt sich dieser Sprung. Landwirte erhalten Wetterprognosen, Marktpreise und Anbauhinweise per SMS. Digitale Plattformen verbinden Produzenten direkt mit Käufern, umgehen Zwischenhändler und erhöhen so die Einnahmen der Bauern. Doch Leapfrogging hat Grenzen. Es erfordert eine stabile digitale Infrastruktur, verlässliche Energiequellen und politischen Willen. Ohne Internetzugang oder Investitionsbereitschaft bleibt der technologische Sprung lokal begrenzt. Zudem können technologische Lösungen grundlegende Probleme wie unzureichende Bildung, Korruption oder mangelnde institutionelle Kapazitäten nicht allein beheben. Trotz dieser Einschränkungen zeigt Afrika: Der Kontinent ist kein reiner Nachzügler im globalen Technologiegeschehen, sondern eine Quelle origineller Innovationen. Viele dieser Lösungen entstehen aus der Not heraus, sind aber so effizient, kostengünstig und anpassungsfähig, dass sie weltweit Anwendung finden könnten – und damit auch außerhalb Afrikas Entwicklungssprünge ermöglichen.

5

Afrikas grüne Energie – Lieferant für die Welt?

Energie ist eine der zentralen Voraussetzungen für jede Form wirtschaftlicher und gesellschaftlicher Entwicklung – ohne verlässliche Stromversorgung gibt es weder industrielle Produktion noch flächendeckende Gesundheitsversorgung oder eine funktionierende digitale Infrastruktur. Für Afrika bedeutet das: Der wachsende Energiebedarf muss nicht nur gedeckt werden, sondern zugleich nachhaltig, bezahlbar und langfristig sicher verfügbar sein. Der Kontinent steht dabei vor einer doppelten Herausforderung. Einerseits benötigen hunderte Millionen Menschen, vor allem in ländlichen Gebieten, überhaupt erst Zugang zu Elektrizität – derzeit leben nach Schätzungen der Internationalen Energieagentur (IEA) rund 600 Mio. Afrikaner ohne Strom (Birol & Afrane-Okese, 2022). Andererseits gilt es, bestehende Netze auszubauen, zu modernisieren und mit erneuerbaren Energiequellen zu speisen, um die Abhängigkeit von Kohle, Öl und Gas zu reduzieren.

© Der/die Autor(en), exklusiv lizenziert an
Springer Fachmedien Wiesbaden GmbH, ein Teil von Springer Nature 2026
S. Liebing, *Das afrikanische Jahrzehnt*, https://doi.org/10.1007/978-3-658-50092-4_5

Afrika verfügt über gewaltige Potenziale im Bereich erneuerbarer Energien. Die Sonneneinstrahlung in vielen Regionen gehört zu den höchsten der Welt, die Windkraftressourcen sind in Küsten- und Hochlandgebieten beachtlich, und Wasserkraftwerke könnten in Flusssystemen wie dem Kongo, dem Nil oder dem Sambesi enorme Mengen sauberen Stroms liefern. Länder wie Marokko, Ägypten und Südafrika investieren bereits massiv in Solar- und Windparks. Marokko betreibt mit Noor Ouarzazate einen der größten Solarkomplexe der Welt, während Kenia über 80 % seiner Elektrizität aus erneuerbaren Quellen bezieht – hauptsächlich aus Geothermie und Wasserkraft. Einige Länder – Ghana etwa oder Uganda – haben so viele neue Erzeugungsanlagen hinzugebaut, dass sie über Stromüberschüsse verfügen und sich nun in Nachbarländern nach Abnehmern für grüne Energie umsehen müssen. Gleichzeitig spielen dezentrale Lösungen eine Schlüsselrolle. Off-Grid-Solarsysteme, Mini- und Mikro-Netze versorgen Dörfer, Schulen und kleine Unternehmen direkt, ohne auf langwierige und teure Netzanbindungen angewiesen zu sein. Diese Lösungen sind nicht nur schneller umsetzbar, sondern auch oft resilienter gegenüber Ausfällen.

Die Energiewende in Afrika ist jedoch nicht nur eine technische, sondern auch eine politische und wirtschaftliche Aufgabe. Sie erfordert Investitionen in Milliardenhöhe, stabile rechtliche Rahmenbedingungen und eine enge Zusammenarbeit zwischen Regierungen, Privatsektor und internationalen Partnern. Es wird später noch zu zeigen sein, dass derzeit vor allem die Finanzierungsrisiken eine große Hürde darstellen.

5.1   Solar, Wind und grüne Initiativen

Afrika ist reich an Sonne, Wind, Wasser und geothermischen Ressourcen – ein natürlicher Vorteil, der dem Kontinent die Möglichkeit bietet, seine Energieversorgung grundlegend nachhaltig zu gestalten. In den vergangenen Jahren haben zahlreiche

Länder ehrgeizige Programme gestartet, um diesen Reichtum zu nutzen. Große Solarparks wie der Noor-Ouarzazate-Komplex in Marokko, einer der größten seiner Art weltweit, versorgen mehr als eine Million Menschen mit Strom und sind ein Symbol für Afrikas Fähigkeit, bei erneuerbaren Energien in der Weltspitze mitzuspielen. Ähnliche Großprojekte entstehen in Südafrika, Ägypten und Kenia, wo Solarfarmen ganze Regionen versorgen. Neben den Großanlagen gewinnen auch dezentrale, kleinskalige Lösungen an Bedeutung. Photovoltaik-Heimsysteme, Solarlampen oder solarbetriebene Wasserpumpen erreichen Haushalte in abgelegenen Dörfern, oft über flexible Ratenzahlungsmodelle. Diese Technologien verbessern nicht nur die Lebensqualität, sondern schaffen auch neue wirtschaftliche Möglichkeiten, etwa für kleine Werkstätten oder Kühlanlagen für landwirtschaftliche Produkte. Auch die Windkraft entwickelt sich dynamisch. Länder wie Äthiopien, Südafrika und Marokko haben Windparks in Betrieb genommen, die mehrere hundert Megawatt ins Netz einspeisen. Im Bereich Wasserkraft setzen vor allem ost- und zentralafrikanische Staaten auf den Ausbau kleiner und mittlerer Anlagen, um regionale Netze zu stabilisieren.

Laut der Internationalen Agentur für Erneuerbare Energien (IRENA) lag die installierte Kapazität erneuerbarer Energien in Afrika 2022 bei rund 59 Gigawatt – mit starkem Wachstumspotenzial. Internationale Investoren, darunter die Vereinigten Arabischen Emirate, China, die EU, die USA und private Stiftungen, finanzieren einen erheblichen Teil dieser Projekte, doch auch afrikanische Unternehmen und Startups treten zunehmend als Treiber der Energiewende auf. Ein besonders zukunftsweisendes Feld ist die grüne Wasserstoffproduktion. Länder wie Namibia, Angola, Mauretanien, Südafrika und Marokko planen, mithilfe großer Solar- und Windparks Wasserstoff zu erzeugen und diesen als sauberen Energieträger zu exportieren. Dies könnte Afrika eine Schlüsselrolle in der globalen Energiewirtschaft sichern. Parallel dazu entstehen Initiativen für Energieeffizienz, nachhaltige Bauweisen und die Entwicklung „grüner Städte". Beispiele sind Kigali in Ruanda oder Addis Abeba in Äthiopien, wo Programme für energieeffiziente Gebäude, moderne Nahverkehrssysteme und urbane Begrünung umgesetzt werden. Diese Ansätze zeigen, dass Afrikas Energiewende nicht nur eine Frage der Erzeugung, sondern auch der intelligenten Nutzung von Energie ist.

5.2   Energie als Voraussetzung für Wachstum

Ohne eine stabile, verlässliche und bezahlbare Energieversorgung bleiben nahezu alle Sektoren einer Volkswirtschaft eingeschränkt – von Industrie und Landwirtschaft über Bildung und Gesundheitsversorgung bis hin zur Digitalisierung. Laut Weltbank hatten im Jahr 2023 rund 600 Mio. Menschen in Afrika keinen Zugang zu Elektrizität – der überwiegende Teil davon lebt in ländlichen Regionen südlich der Sahara. Die Elektrifizierungsrate variiert stark. Während Nordafrika nahezu flächendeckend versorgt ist, liegen viele Länder in Subsahara-Afrika noch immer unter 50 %. In einigen Staaten wie Tschad oder Burundi haben weniger als 15 % der Bevölkerung Stromzugang. Um diese Versorgungslücken zu schließen, setzen Regierungen, Unternehmen und internationale Partner zunehmend auf innovative Modelle. Mini-Grids – kleine, lokale Stromnetze, die oft auf Solar- oder Windkraft basieren und mit Batteriespeichern kombiniert werden – können ganze Dörfer oder Gemeinden zuverlässig mit Energie versorgen. Off-Grid-Lösungen, also völlig netzunabhängige Systeme, sind besonders in abgelegenen Regionen ein entscheidender Fortschritt. Pay-as-you-go-Modelle ermöglichen es Haushalten, den Energieverbrauch flexibel zu bezahlen, was die Einstiegshürde erheblich senkt.

Technologische Entwicklungen wie verbesserte Batterietechnologien, kostengünstige Photovoltaikmodule und intelligente Steuerungssysteme beschleunigen diesen Wandel. Projekte wie „Light for the World" in Tansania oder „Powerhive" in Kenia zeigen, dass sich lokale Energieversorgung und wirtschaftliche Entwicklung gegenseitig verstärken können. Mit Strom lassen sich Kühlketten aufbauen, Werkstätten betreiben, digitale Dienstleistungen anbieten oder Bildungsangebote erweitern. Gleichzeitig wächst das Bewusstsein für die ökologischen und wirtschaftlichen Risiken einer konventionellen Energieversorgung, die auf fossilen Brennstoffen basiert. Luftverschmutzung, Treibhausgasemissionen, steigende Importkosten für Öl und Gas sowie die Abhängigkeit von volatilen Weltmärkten setzen viele afrikanische Staaten unter Druck. Der Umstieg auf erneuerbare Energien ist daher nicht nur eine ökologische, sondern auch eine strategische und geopolitische Entscheidung. Eine erfolgreiche Energiewende in Afrika könnte weit über die eigenen Grenzen hinauswirken. Sie würde nicht nur Millionen Menschen Zugang zu Strom ermöglichen, sondern auch neue Industrien, Arbeitsplätze und Exportchancen schaffen – von der Herstellung von Solarmodulen über die Wartung von Windturbinen bis hin zur Produktion von grünem Wasserstoff. Damit kann Energie in Afrika nicht nur als Grundlage wirtschaftlicher Transformation dienen, sondern auch als Schlüssel zur politischen Selbstbestimmung und globalen Wettbewerbsfähigkeit.

6

Afrika zwischen Erstarrung und Aufbruch

Afrikas Entwicklung wird gegenwärtig von drei Spannungsfeldern geprägt: einem politischen Generationenwechsel, ökonomischen Gegensätzen und globalen Kriseneffekten. Der Aufstieg junger, international geprägter Eliten eröffnet Chancen für Reformen, Modernisierung und neue Formen politischer Kommunikation. Gleichzeitig behindern alte Machtstrukturen in vielen Staaten institutionelle Erneuerung und zementieren Abhängigkeiten. Wirtschaftlich reicht die Realität von dynamischem Wachstum in urbanen Zentren bis zu anhaltender Armut in peripheren Regionen – ein Muster, das durch schwache Institutionen, Konflikte und ungleiche Verteilung verstärkt wird (Cheeseman, 2018). Hinzu kommen externe Schocks seit 2020, die Währungen destabilisierten, Verschuldung erhöhten und soziale Systeme an ihre Grenzen brachten. Ob der Kontinent diese Belastungen als temporäre Delle überwindet oder ob sich eine längerfristige Wachstumsbremse etabliert, hängt von drei Faktoren ab: der Fähigkeit, politische

© Der/die Autor(en), exklusiv lizenziert an
Springer Fachmedien Wiesbaden GmbH, ein Teil von Springer Nature 2026
S. Liebing, *Das afrikanische Jahrzehnt*, https://doi.org/10.1007/978-3-658-50092-4_6

Erneuerung mit institutioneller Kontinuität zu verbinden, wirtschaftliche Dynamik auf breitere Gesellschaftsschichten auszudehnen und globale Krisen in resiliente Strukturen umzuwandeln. Die Zukunft Afrikas wird somit nicht allein durch äußere Einflüsse, sondern maßgeblich durch die innere Balance zwischen Aufbruch und Erstarrung entschieden.

6.1   Zwischen jungen und alten politischen Eliten

Afrika erlebt einen Generationswechsel in der politischen Führung – zumindest in Teilen des Kontinents. Eine wachsende Zahl junger Politiker, oft im Alter zwischen 35 und 50 Jahren, tritt in den Vordergrund. Viele von ihnen haben an renommierten internationalen Universitäten in den USA, Europa oder Asien studiert, verfügen über Erfahrung in internationalen Organisationen oder globalen Unternehmen und bringen ein modernes, vernetztes Verständnis von Politik und Wirtschaft mit. Sie sprechen mehrere Sprachen, nutzen soziale Medien aktiv zur Kommunikation mit der Bevölkerung und setzen sich für Reformen, Transparenz und Innovation ein. Konkrete Beispiele sind Bogolo Kenewendo aus Botswana, eine ehemalige Ministerin für Handel und Industrie, die als jüngste Ministerin ihres Landes wirtschaftliche Diversifizierung vorantrieb; oder Yusuf Maitama Tuggar, Außenminister Nigerias, zuvor selbst Unternehmer und ausgestattet mit einem Masterabschluss der Cambridge University. In Mali stach Kamissa Camara hervor, die als jüngste Außenministerin weltweit versuchte, die Konflikte in der Region friedlich zu lösen und die seit dem Militärputsch im Land in den USA lehrt. Und auch Samia Suluhu Hassan, die 65-jährige Präsidentin Tansanias, stand anfänglich für eine offenere Wirtschaftspolitik, wenngleich sich das mit ihrer umstrittenen Wiederwahl änderte.

Gleichzeitig existiert ein Kontrast zu Staaten, in denen die politische Führung noch stark von langjährigen Machthabern oder traditionellen Herrschaftsstrukturen geprägt ist. Beispiele hierfür sind Teodoro Obiang Nguema Mbasogo in Äquatorialguinea, der seit 1979 im Amt ist, oder Paul Biya in Kamerun, der seit 1982 regiert und über 90 Jahre alt ist. Diese Führungsgeneration beruft sich auf historische Verdienste und Stabilität, wird jedoch oft für mangelnde Reformbereitschaft, politische Erstarrung oder die Festigung persönlicher Macht kritisiert. Eine interessante Erfahrung des Autors ist, dass häufig die Realität anders aussieht als die klischeehafte Zuschreibung zu Ländern und Personen. So ist es uns etwa häufig besser gelungen, Projekte und Investitionen mit Ugandas Langzeitpräsidenten Yoweri Museveni zu besprechen und zu realisieren als mit seinen oftmals deutlich jüngeren kenianischen Amtskollegen. Zwischen diesen beiden Polen – den dynamischen, international geprägten jungen Eliten und den traditionellen, oftmals alternden Führungsfiguren – entsteht ein Spannungsfeld, das die politische Zukunft Afrikas maßgeblich prägen wird. Die Frage, wie es gelingt, frische Ideen und langjährige Erfahrung produktiv zu verbinden, könnte entscheidend für den Weg des Kontinents in den kommenden Jahrzehnten sein.

6.2 Zwischen dynamischem Wachstum und bleibender Armut

Afrikas wirtschaftliche Realität ist von starken Gegensätzen geprägt. Neben den Erfolgsgeschichten – Ländern, die in den vergangenen zwei Jahrzehnten beachtliches Wachstum, Modernisierung und internationale Investitionen verzeichnen konnten – gibt es Staaten, die am anderen Ende der Skala stehen. Während in einigen Metropolen wie Kigali, Nairobi oder Accra ein dynamisches Unternehmertum floriert und neue Technologien Einzug halten, kämpfen andere Länder mit wirtschaftlichem Stillstand, hoher Verschuldung oder wiederkehrenden Krisen. Diese Extreme zeigen sich nicht nur im Vergleich zwischen Ländern, sondern oft auch innerhalb derselben Nation. Wohlhabende urbane Zentren mit wachsender Mittelschicht stehen ländlichen Regionen gegenüber, in denen Armut, Infrastrukturmängel und fehlende wirtschaftliche Perspektiven den Alltag prägen. Ursachen für diese Diskrepanzen reichen von politischer Stabilität und guter Regierungsführung bis hin zu Konflikten, Korruption und schwachen Institutionen.

Beispiele für dynamische Wachstumsmärkte sind Äthiopien, Angola, Ghana oder die Elfenbeinküste, die in der Vergangenheit von Infrastrukturprojekten, Rohstoffverarbeitung und verstärkten Exporten profitierten, jedoch seit der Corona-Krise auch zunehmend unter schwächerem Wachstum und Währungsinstabilität leiden mussten. Am anderen Ende stehen Länder wie der Südsudan oder die Zentralafrikanische Republik, deren Wirtschaft durch anhaltende Konflikte, fehlende Investitionen und geringe staatliche Handlungsfähigkeit stark eingeschränkt ist. Diese Koexistenz von wirtschaftlichem Aufbruch und tief verwurzelter Stagnation macht Afrikas Entwicklung zu einem komplexen Mosaik. Sie verdeutlicht, dass pauschale Einschätzungen dem Kontinent nicht gerecht werden und dass erfolgreiche Entwicklungsstrategien differenziert, lokal angepasst und langfristig angelegt sein müssen.

6.3 Krisen seit 2020: Langfristige Trendwende oder kurzfristige Verlangsamung?

Seit dem Ausbruch der multiplen Krisen ab 2020 – darunter die COVID-19-Pandemie, der Krieg in der Ukraine, globale Lieferkettenprobleme und klimabedingte Extremereignisse – hat sich das wirtschaftliche Tempo in vielen afrikanischen Ländern spürbar verlangsamt. Währungsinstabilität, steigende Staatsverschuldung, rückläufige Auslandsinvestitionen, hohe Inflation und zunehmende Armut prägen vielerorts das Bild. Besonders hart traf es Länder, deren Wirtschaft stark von Rohstoffexporten, Tourismus oder einzelnen Handelspartnern abhängig ist. In Staaten wie Ghana, Nigeria oder Ägypten führten Währungseinbrüche und steigende Importkosten zu einer massiven Verteuerung von Lebensmitteln und Treibstoffen. Gleichzeitig mussten Regierungen höhere Zinsen auf ihre Schulden zahlen, was den fiskalischen Spielraum einschränkte. Viele Infrastrukturprojekte wurden verschoben oder ganz gestoppt, während soziale Sicherungssysteme an ihre Grenzen stießen.

Ob es sich bei dieser Entwicklung um eine langfristige Trendwende oder um eine vorübergehende Krise handelt, ist noch nicht abschließend zu beurteilen. Optimisten verweisen auf strukturelle Stärken wie die junge Bevölkerung, wachsende Binnenmärkte und fortschreitende regionale Integration durch die AfCFTA. Pessimisten hingegen sehen in der Verschärfung von Verschuldung, Inflation und Kapitalflucht Anzeichen einer länger anhaltenden wirtschaftlichen Belastung. Die kommenden Jahre werden entscheidend sein. Gelingt es, Währungen zu stabilisieren, Investitionen wieder anzuziehen, Schulden tragfähig zu gestalten und Inflation zu senken, könnte der Kontinent den Wachstumspfad der 2000er- und 2010er-Jahre wieder aufnehmen. Bleiben jedoch strukturelle Schwächen ungelöst, droht eine Phase geringeren Wachstums, die ganze Generationen in ihren Entwicklungschancen einschränken könnte.

Teil II

Wie verändert sich die afrikanische Gesellschaft?

7

Steigende Lebensqualität – bessere Gesundheit?

Die Entwicklung und Zukunftsfähigkeit eines Landes lässt sich nicht allein an makroökonomischen Daten wie dem Bruttoinlandsprodukt ablesen. Wirtschaftliches Wachstum allein sagt wenig darüber aus, ob es den Menschen im Alltag tatsächlich besser geht. Ebenso entscheidend ist, wie sich die Lebensumstände konkret gestalten. Haben Familien Zugang zu einer funktionierenden Gesundheitsversorgung? Stehen genügend Ärzte bereit, um Krankheiten rechtzeitig zu behandeln? Sind Kinder und Erwachsene ausreichend ernährt und mit sauberem Trinkwasser versorgt? Und wie hoch ist die durchschnittliche Lebenserwartung – ein Gradmesser dafür, wie robust ein Gesundheitssystem wirklich ist? Gesundheit und Lebensqualität sind daher untrennbar mit gesellschaftlichem Fortschritt verbunden. In vielen afrikanischen Ländern gehören sie bis heute zu den größten Herausforderungen.

Oft wird die Gesundheitsversorgung Afrikas nur im Zusammenhang mit Krisen wahrgenommen. Wenn Ebola ausbricht, wenn neue Virusvarianten entstehen oder wenn HIV/AIDS dramatische Folgen zeigt, berichten die internationalen Medien ausführlich. Doch zwischen diesen Schlagzeilen bleiben viele langfristige Entwicklungen verborgen. Zwar sind Defizite unübersehbar, gleichzeitig aber hat Afrika in den vergangenen zwei Jahrzehnten bemerkenswerte Fortschritte gemacht. Dennoch sind die strukturellen Schwächen tiefgreifend. In weiten Teilen des Kontinents gibt es zu wenig medizinisches Personal. Nach Angaben der Weltgesundheitsorganisation liegt die Ärztedichte in manchen Ländern bei weniger als einem Arzt pro 10.000 Einwohner. Zum Vergleich: In Deutschland kommen etwa 44 Ärzte auf die gleiche Einwohnerzahl. Krankenhäuser sind oft überfüllt, schlecht ausgestattet oder nur in Großstädten vorhanden. Wer auf dem Land lebt, muss häufig viele Kilometer zurücklegen, um überhaupt medizinische Hilfe zu erhalten (Anyangwe & Mtonga, 2007).

Die Ausstattung ist vielerorts unzureichend. Es fehlen Operationsräume, moderne Diagnoselabore, eine verlässliche Sauerstoffversorgung oder einfachste Medikamente. Selbst da, wo Kliniken existieren, ist die Versorgung häufig lückenhaft, und Patienten müssen grundlegende Dinge wie Spritzen oder Schmerzmittel selbst mitbringen. Hinzu kommt, dass viele Behandlungen privat bezahlt werden müssen – für große Teile der Bevölkerung ist das nicht finanzierbar. Ein zusätzliches Problem ist die Abwanderung von Fachkräften. Tausende Ärzte, Krankenschwestern und Spezialisten verlassen jedes Jahr den Kontinent in Richtung Europa, Nordamerika oder die Golfstaaten. Niedrige Gehälter, fehlende Karrieremöglichkeiten, unzureichende Ausstattung und instabile politische Rahmenbedingungen treiben sie fort. Dieser „Brain Drain" verschärft die Engpässe und führt dazu, dass selbst gut ausgebildete Fachkräfte für die lokale Bevölkerung fehlen.

Die Krankheitslast ist immens und vielfältig. Afrika ist mit einer doppelten Bürde konfrontiert. Einerseits sind Infektionskrankheiten wie Malaria, Tuberkulose und HIV/AIDS nach wie vor weit verbreitet. Millionen Menschen infizieren sich jedes Jahr, und trotz internationaler Programme gelingt es nicht, diese Krankheiten flächendeckend einzudämmen. Andererseits nehmen nichtübertragbare Erkrankungen wie Herz-Kreislauf-Leiden, Diabetes oder Krebs rasant zu – häufig ohne entsprechende Vorsorgeprogramme oder spezialisierte Behandlungszentren. Besonders gravierend ist die Lage bei Kindern. In Teilen der Sahelzone oder am Horn von Afrika leiden Millionen Minderjährige unter Mangel- und Unterernährung. Das wirkt sich nicht nur auf das körperliche Wachstum aus, sondern beeinträchtigt auch die kognitive Entwicklung, die Schulleistungen und die späteren Chancen auf dem Arbeitsmarkt. Trotz all dieser Probleme ist das Bild nicht ausschließlich negativ. Afrika hat in den vergangenen Jahrzehnten beachtliche Verbesserungen erzielt. Die Kindersterblichkeit ist gesunken, die Lebenserwartung gestiegen – laut WHO von etwa 50 Jahren im Jahr 2000 auf über 64 Jahre im Jahr 2020. Impfprogramme gegen Masern und Polio haben Millionen Leben gerettet. In vielen Regionen sind Basisgesundheitsdienste aufgebaut worden, die wenigstens grundlegende Versorgung gewährleisten.

Technologische Innovationen spielen dabei eine Schlüsselrolle. In Ruanda etwa liefern Drohnen Medikamente in abgelegene Dörfer. Telemedizin ermöglicht Konsultationen, auch wenn kein Arzt vor Ort ist. Mobile Kliniken bringen Impfstoffe in Regionen, die bisher unzugänglich waren. Solche Ansätze zeigen, dass kreative Lösungen Versorgungslücken schließen können – und dass afrikanische Länder nicht nur Empfänger von Hilfe, sondern auch Treiber eigener Innovation sind. Die Unterschiede zwischen den Staaten sind enorm. Südafrika besitzt ein vergleichsweise modernes Gesundheitssystem mit Hunderten Krankenhäusern, zehntausenden Betten und einem dualen System aus öffentlicher und privater Versorgung. Doch auch hier sind die Unterschiede groß. Während 16 % der Bevölkerung private Kliniken nutzen können, sind

84 % auf den öffentlichen, chronisch unterfinanzierten Sektor angewiesen. Mit dem National Health Insurance Act von 2024 will die Regierung diese Ungleichheit verringern und allen Bürgerinnen und Bürgern den gleichen Zugang ermöglichen. Mali zeigt die andere Seite des Spektrums. Zwar gibt es dort über 1400 medizinische Einrichtungen, doch die meisten sind kleine Gesundheitsstationen. Nur 18 große Krankenhäuser stehen dem gesamten Land zur Verfügung. Die Ärztedichte ist dramatisch niedrig, die Kindersterblichkeit hoch, die Finanzierung schwach. Viele Menschen müssen ihre Behandlungen selbst bezahlen, was in einem Land mit weit verbreiteter Armut kaum möglich ist.

Dieser Kontrast verdeutlicht, dass es „das afrikanische Gesundheitssystem" nicht gibt. Vielmehr existiert eine enorme Bandbreite – von relativ entwickelten Strukturen bis hin zu massiven Versorgungslücken. Große Epidemien haben die Schwächen und Stärken gleichermaßen offengelegt. Die Ebola-Krise von 2014 bis 2016 brachte die Systeme in Guinea, Sierra Leone und Liberia an den Rand des Zusammenbruchs. Gleichzeitig führte sie zu einer beispiellosen internationalen Hilfsaktion, zur Entwicklung neuer Impfstoffe und zum Aufbau von Strukturen wie Gesundheitskontrollen an Flughäfen, die bis heute Bestand haben. Die Corona-Pandemie wirkte wie ein globaler Stresstest. Viele Beobachter erwarteten, dass Afrika besonders stark betroffen sein würde. Doch das Gegenteil trat ein. Dank einer jungen Bevölkerung, schneller Maßnahmen wie Grenzschließungen und der Erfahrung im Umgang mit früheren Epidemien verlief die Pandemie weniger dramatisch als befürchtet. Schwächen blieben jedoch sichtbar: unzureichende Laborkapazitäten, Abhängigkeit von Impfstoffimporten und unvollständige Daten. Gleichzeitig entstanden neue Ansätze. In Nigeria entwickelten Startups Apps zur Kontaktverfolgung, in Südafrika digitale Plattformen zur Impfkoordination.

Die Lehren sind klar. Afrika braucht widerstandsfähige, digital unterstützte Gesundheitssysteme, die nicht nur auf Behandlung setzen, sondern auch auf Prävention. Dazu gehören Investitionen in lokale Produktion von Medikamenten und Impfstoffen, eine bessere Ausbildung von Fachkräften und eine stärkere Vernetzung zwischen staatlichen und privaten Anbietern. Internationale Partnerschaften sind dabei wichtig, doch ebenso entscheidend ist die Eigenverantwortung afrikanischer Regierungen, ihre Gesundheitssysteme nachhaltig zu stärken. Afrika darf nicht länger ausschließlich als Krisenkontinent betrachtet werden, der passiv auf Hilfe von außen angewiesen ist. Der Kontinent verfügt über Innovationskraft, Anpassungsfähigkeit und eine junge, dynamische Bevölkerung. Wer die Gesundheitssysteme Afrikas betrachtet, sieht nicht nur Defizite, sondern auch enorme Chancen: für mehr Resilienz, für neue Formen der Zusammenarbeit und für eine Zukunft, in der Gesundheit nicht nur Kostenfaktor, sondern Motor gesellschaftlicher Entwicklung ist.

8

Starke Jugend als treibende Kraft

Afrika ist der jüngste Kontinent der Welt – und genau darin liegt eine seiner größten Chancen. Mehr als 60 % der Bevölkerung sind jünger als 25 Jahre, das Durchschnittsalter liegt bei rund 19 Jahren. Zum Vergleich: In Europa beträgt das Durchschnittsalter 44 Jahre, in Deutschland sogar fast 47 Jahre. Diese demografische Struktur ist weltweit einzigartig. Sie bedeutet, dass jedes Jahr Millionen junge Menschen neu auf den Arbeitsmarkt drängen. Dieses Wachstum kann zu einer enormen wirtschaftlichen Dynamik führen – oder, wenn Chancen fehlen, zu sozialen Spannungen, Instabilität und Abwanderung. Die Zahlen verdeutlichen die Dimension. Afrikas Bevölkerung liegt derzeit bei etwa 1,4 Mrd. Menschen und könnte laut UN-Prognosen bis 2050 auf 2,5 Mrd. und bis 2100 sogar auf rund 4 Mrd. anwachsen. Allein Nigeria, das bevölkerungsreichste Land Afrikas, hat heute rund 230 Mio. Einwohner und könnte bis Mitte des Jahrhunderts die 400-Millionen-Marke überschreiten. Äthiopien, derzeit etwa 125 Mio. Einwohner, wächst ebenfalls stark, wenngleich die Geburtenrate dort bereits sinkt. In Ländern wie Niger liegt die Fertilitätsrate dagegen noch immer bei mehr als sieben Kindern pro Frau – der weltweit höchste Wert. Nordafrikanische Länder wie Tunesien, Algerien oder Marokko haben ihre Geburtenraten dagegen deutlich reduziert und liegen inzwischen auf einem ähnlichen Niveau wie Südeuropa.

Diese junge Bevölkerung bringt kulturelle und gesellschaftliche Dynamik hervor. Afrikanische Musik prägt längst die globale Popkultur. Genres wie Afrobeats oder Amapiano stürmen die internationalen Charts, Künstler wie Burna Boy, Wizkid oder Angélique Kidjo füllen Stadien von Lagos bis London. Die Modeindustrie wächst rasant. In Städten wie Dakar, Nairobi oder Johannesburg entstehen eigene Trends, die über Instagram, TikTok oder YouTube ein weltweites Publikum erreichen. Afrikanisches Kino, das „Nollywood" in Nigeria oder die Filmindustrie in Südafrika und Kenia, produziert jährlich Tausende Filme und hat sich zu einem der größten Medienmärkte der Welt entwickelt. Die Jugend ist nicht nur Konsument, sondern auch Produzent von Innovation. Startups entstehen überall auf dem Kontinent: in Lagos, Nairobi, Kigali oder Kapstadt. Besonders dynamisch ist die Tech-Szene. Die meisten Gründer sind unter 35 Jahre alt.

Doch die Herausforderungen sind immens. Die Jugendarbeitslosigkeit liegt in vielen Ländern bei über 30 %; in Südafrika sind es sogar über 50 %. Jedes Jahr kommen etwa 12 Mio. junge Menschen neu auf den Arbeitsmarkt, doch nach Schätzungen der Afrikanischen Entwicklungsbank entstehen nur rund 3 Mio. formelle Jobs. Diese Diskrepanz führt dazu, dass viele junge Menschen im informellen Sektor arbeiten oder in prekäre Beschäftigung gedrängt werden. Für gut ausgebildete, aber perspektivlose junge Menschen wächst damit die Gefahr von Frustration, Protest oder Migration. Zugleich steigt der Druck auf die Städte. Der Kontinent erlebt die schnellste Urbanisierung der Welt. 1960 lebte noch weniger als ein Viertel der Bevölkerung in Städten, heute ist es bereits knapp die Hälfte, und bis 2050 könnten es über 60 % sein. Lagos, die Metropole Nigerias, zählt heute über 20 Mio. Einwohner; Kinshasa im Kongo liegt bei rund 17 Mio. und könnte bis 2050 auf über 35 Mio. anwachsen. Diese Megastädte bieten enorme wirtschaftliche Chancen, kämpfen jedoch mit Wohnungsknappheit, Verkehrskollaps, fehlender Infrastruktur und wachsender sozialer Ungleichheit.

Bildung entscheidet darüber, ob die demografische Dynamik in Wohlstand übersetzt werden kann. Viele afrikanische Länder haben deutliche Fortschritte erzielt. Die Einschulungsraten in der Grundschule liegen inzwischen bei über 80 %, die Alphabetisierungsrate ist auf knapp 70 % gestiegen. Die Zahl der Studierenden an Universitäten hat sich seit 2000 verdreifacht. Länder wie Ghana, Senegal oder Äthiopien investieren massiv in ihre Bildungssysteme, häufig unterstützt durch internationale Partner. Dennoch sind die Defizite gravierend. In vielen Regionen herrscht Lehrermangel, Klassen sind überfüllt, und die Qualität des Unterrichts ist oft unzureichend. In ländlichen Gebieten fehlen nicht nur Schulen, sondern auch grundlegende Infrastruktur wie Strom oder Wasser. Digitale Bildungslösungen erreichen vor allem die Städte, während ländliche Regionen abgehängt bleiben. Noch immer haben rund 30 Mio. Kinder in Afrika keinen Zugang zu Grundbildung. Positive Beispiele zeigen jedoch, wie Fortschritte möglich sind. Ruanda hat mit dem Programm „One Laptop Per Child" digitale Lernmöglichkeiten geschaffen und die Einschulungsrate auf fast 98 % erhöht. Kenia setzt mit Projekten wie „BRCK Education" mobile Lösungen ein, um Lernmaterialien auch in entlegene Dörfer zu bringen. Uganda hat mit seinem „Village Health Team"-Ansatz ehrenamtliche Gemeindearbeiter geschult, die auch Bildungsaufgaben übernehmen. Südafrika verfügt über Universitäten von internationalem Rang, kämpft jedoch mit sozialen Ungleichheiten beim Zugang.

Die demografische Entwicklung ist ambivalent. Sie kann zur größten Chance oder zur größten Belastung des Kontinents werden. Investitionen in Bildung, Arbeitsplätze, Infrastruktur und Gesundheit sind die Schlüssel, um den „youth bulge" in einen „demografischen Bonus" zu verwandeln. Geschieht dies nicht, drohen Instabilität, Abwanderung und soziale Spannungen. Auch für Europa ist diese Entwicklung von zentraler Bedeutung. Eine junge, wachsende Bevölkerung in Afrika bedeutet potenziell Arbeitskräfte für alternde Gesellschaften, neue Märkte für Handel und Investitionen sowie kulturelle Impulse. Gleichzeitig wächst die Verantwortung, durch Partnerschaften und gezielte Investitionen dazu beizutragen, dass Afrikas Jugend Perspektiven in ihrer Heimat findet. Afrika erlebt derzeit eine kulturelle Blütezeit, die weit über den Kontinent hinausstrahlt. Musiker wie Burna Boy, Wizkid, Tems oder Angelique Kidjo prägen globale Charts und gewinnen internationale Auszeichnungen. Nollywood – Nigerias Filmindustrie – ist vor Hollywood nach Bollywood die zweitgrößte der Welt, produziert jährlich hunderte Filme und hat ein Millionenpublikum auf dem ganzen Kontinent und in der Diaspora. Afrikanische Modemarken setzen Trends in New York, Paris oder Mailand, und Designer wie Laduma Ngxokolo oder Lisa Folawiyo verbinden traditionelle Muster mit moderner Ästhetik. Literatur aus Nigeria, Kenia oder Südafrika – von Chimamanda Ngozi Adichie bis Ngũgĩ wa Thiong'o – findet breite Anerkennung und wird in zahlreiche Sprachen übersetzt.

Diese kulturelle Entwicklung wirkt auf mehreren Ebenen. Sie ist Ausdruck von Identität, Stolz, Protest und Kreativität. Sie schafft Arbeitsplätze und wirtschaftliche Wertschöpfung, stärkt die Soft Power Afrikas und verändert das globale Narrativ – weg vom Bild eines Kontinents der Krisen hin zu einem Kontinent der Ideen, Talente und Visionen. Durch soziale Medien, Streamingdienste und Festivals wird dieser kulturelle Output global sichtbar, ohne dass er durch westliche Filter laufen muss. Die aktuelle Renaissance ist kein Zufallsprodukt, sondern das Ergebnis eines zunehmend selbstbewussten, gut vernetzten kreativen Sektors, der von afrikanischen Produzenten, Regisseuren, Musikern, Designern und Autoren gesteuert wird. Unterstützt durch neue Technologien, digitale Plattformen und internationale Kooperationen exportiert Afrika heute nicht nur Rohstoffe, sondern kulturelle Innovation – und prägt damit die Weltkultur nachhaltig.

Teil III

Kann die Infrastruktur Afrikas mithalten?

9

Verkehrs- und Logistiknetze

Eine leistungsfähige Infrastruktur ist das Rückgrat jeder wirtschaftlichen Entwicklung – ohne funktionierende Verkehrs- und Logistiksysteme bleiben Handel, Investitionen und industrielle Produktion gehemmt. In Afrika jedoch ist die Infrastruktur vielerorts ein kritischer Engpass. Straßen, Bahnlinien, Flughäfen und Häfen sind oft unzureichend ausgebaut, schlecht gewartet oder schlicht überlastet. Dies erhöht Transportkosten, verlangsamt den Warenfluss und schränkt die Wettbewerbsfähigkeit ein. Dennoch entstanden in den vergangenen Jahren bemerkenswerte Fortschritte. Panregionale Infrastrukturprojekte wie das „Programme for Infrastructure Development in Africa" (PIDA) der Afrikanischen Union zielen darauf ab, den Kontinent besser zu vernetzen – nicht nur innerhalb einzelner Länder, sondern auch zwischen Regionen (Foster & Briceño-Garmendia, 2010). Moderne Schnellstraßen verbinden wirtschaftliche Zentren, Eisenbahnprojekte verkürzen Transportzeiten drastisch, und Investitionen in Flughafenkapazitäten von Addis Abeba bis Johannesburg stärken den interkontinentalen Luftverkehr. Auch der Hafenbereich erlebt eine Dynamik: Erweiterungen und Modernisierungen von Häfen wie Mombasa, Durban oder Tanger-Med erhöhen die Umschlagskapazität und verbessern die Integration Afrikas in globale Lieferketten. Private und staatliche Investoren – darunter China, die EU, arabische Investoren und regionale Entwicklungsbanken – finanzieren zunehmend groß angelegte Projekte, die sowohl den Export von Rohstoffen als auch den Import von Industriegütern erleichtern.

Ein entscheidender Faktor für die Zukunft ist die Kombination traditioneller Infrastruktur mit moderner Logistiktechnologie. Digitale Plattformen optimieren Frachtabwicklung, GPS-gestützte Systeme verbessern die Routenplanung, und E-Logistik-Startups wie Kobo360 oder Lori Systems schaffen flexible, marktorientierte Transportlösungen. Solche Innovationen sind besonders in Märkten mit schnell wachsendem urbanem Konsum unverzichtbar. Dennoch bleibt der Weg zu einem flächendeckend effizienten Verkehrs- und Logistiknetz lang. Politische Koordination, regionale Harmonisierung von Zoll- und Grenzformalitäten, nachhaltige Finanzierung und langfristige Wartungsstrategien sind unerlässlich, um aus punktuellen Projekten ein zusammenhängendes, leistungsfähiges Netz zu machen. Nur so kann Afrika die Chancen der Afrikanischen Kontinentalen Freihandelszone (AfCFTA) voll ausschöpfen und seine Rolle im globalen Handel stärken (Jedwab & Storeygard, 2021).

9.1   Straßen und regionale Vernetzung

Die Straßen- und Autobahnnetze in Afrika sind von großer Bedeutung für die wirtschaftliche Entwicklung, den Handel, die Mobilität der Bevölkerung und die regionale Integration. Allerdings gibt es erhebliche Unterschiede in Bezug auf die Qualität und Abdeckung dieser Infrastrukturen in verschiedenen Teilen des Kontinents. Straßen sind das wichtigste Transportmittel in Afrika – rund 80 % aller Güter- und Personentransporte erfolgen auf der Straße. Doch mehr als die Hälfte aller Straßen auf dem Kontinent sind nicht asphaltiert, was gravierende Folgen hat. Transporte dauern länger, sind teurer und stark wetterabhängig. In der Regenzeit werden ganze Regionen von der Außenwelt abgeschnitten, was den Zugang zu Märkten, medizinischer Versorgung und Bildung massiv einschränkt. Besonders ländliche Gebiete leiden unter dieser Isolation, die wirtschaftliche Entwicklung bremst und Armut verfestigt.

Trotz dieser Defizite gibt es Fortschritte. Große Projekte wie der Trans-African Highway, der über 50.000 km an Verbindungen quer durch den Kontinent schaffen soll, schreiten voran und verbessern die regionale Integration. Auf nationaler Ebene investieren Länder wie Äthiopien, Kenia oder Nigeria massiv in den Bau und die Modernisierung von Straßen, Schnellstraßen und Brücken. In Äthiopien wurden zwischen 2010 und 2020 über 120.000 km neue Straßen gebaut oder saniert. In Westafrika verbinden neue Schnellstraßen Handelszentren wie Lagos, Accra und Abidjan, was den grenzüberschreitenden Warenverkehr erleichtert.

Darüber hinaus entstehen öffentlich-private Partnerschaften, um Infrastrukturprojekte schneller umzusetzen. Internationale Entwicklungsbanken und Investoren beteiligen sich an Finanzierung und Planung, während digitale Tools wie GIS-Kartierung und Drohnentechnologie den Bau und die Wartung effizienter gestalten. Diese Fortschritte zeigen, dass der Ausbau moderner, widerstandsfähiger Straßennetze nicht nur eine logistische, sondern eine strategische Entwicklungsaufgabe ist, die Afrika enger miteinander und mit der Welt verbindet. Es gibt viele Herausforderungen, die die Effizienz und Sicherheit des Straßenverkehrs in Afrika beeinträchtigen. Dazu gehören mangelnde Wartung, unzureichende Beschilderung, ungesicherte Straßen und fehlende Infrastruktur zur Verkehrsregulierung. Viele Straßen und Verkehrsinfrastrukturen in Afrika wurden während der Kolonialzeit entwickelt, um den Zugang zu Rohstoffen und die Ausfuhr von Waren zu erleichtern. Die meisten dieser Straßen waren jedoch oft auf die Bedürfnisse der Kolonialmächte ausgerichtet und weniger auf die lokalen Bedürfnisse. Nach der Unabhängigkeit vieler afrikanischer Länder in den 60er und 70er Jahren wurden Bemühungen unternommen, regionale Straßenverbindungen zu verbessern, um den Handel und die Integration zu fördern. In den folgenden Jahrzehnten führten politische Instabilität, begrenzte Ressourcen und wirtschaftliche Herausforderungen oft dazu, dass die Infrastrukturentwicklung vernachlässigt wurde. Dies führte zu einem Mangel an Instandhaltung und neuen Entwicklungen.

9.2   Luftverkehr – Afrikas wachsende Verbindungen

Afrikas Luftverkehr hat sich in den vergangenen zwei Jahrzehnten dynamisch entwickelt. Während in der Vergangenheit viele afrikanische Länder kaum direkte Flugverbindungen untereinander hatten, ist heute ein deutlich dichteres Netz an Inlands- und Regionalflügen entstanden. Metropolen wie Addis Abeba, Nairobi, Johannesburg, Kairo oder Kigali dienen als wachsende Drehkreuze, die Geschäftsreisen, Tourismus und Handel erleichtern. Ethiopian Airlines hat sich dabei zum führenden Carrier Afrikas entwickelt und verbindet Addis Abeba mit Dutzenden Zielen auf dem Kontinent sowie mit internationalen Destinationen in Europa, Asien und Amerika. Auch South African Airlines, RwandAir, EgyptAir, Air Côte d'Ivoire und Kenya Airways bauen ihr Streckennetz kontinuierlich aus und erschließen neue Märkte. Die Einführung und Umsetzung der African Continental Free Trade Area (AfCFTA) befeuert diese Entwicklung, da Mobilität und interregionale Verbindungen zu strategischen Prioritäten geworden sind.

Einige afrikanische Flughäfen fungieren als wichtige Drehkreuze für internationale Flüge, wodurch der Kontinent mit anderen Teilen der Welt verbunden wird. Diese Flughäfen erleichtern den internationalen Handel und den Tourismus. Viele Flughäfen in Afrika kämpfen mit Herausforderungen wie veralteter Infrastruktur, begrenzter Kapazität, unzureichender Sicherheit und ineffizienten Betriebsabläufen. Nach der Unabhängigkeit vieler afrikanischer Länder in den 60er und 70er Jahren wurden einige Flughäfen modernisiert und ausgebaut, um den wachsenden Anforderungen gerecht zu werden. In den folgenden Jahrzehnten wurden viele Flughäfen jedoch aufgrund begrenzter Ressourcen, politischer Instabilität und mangelnder Investitionen vernachlässigt. Dies führte zu einem Rückgang der Qualität und Effizienz vieler Flughäfen. In den vergangenen Jahren haben einige afrikanische Länder begonnen, verstärkt in die Entwicklung und Modernisierung von Flughäfen zu investieren. Dies umfasst den Ausbau von Infrastruktur, die Verbesserung von Sicherheitsstandards und die Einführung moderner Technologien.

Terminal 3 am Kotoka International Airport (Ghana):
Ghana hat den Terminal 3 am Kotoka International Airport in Accra eröffnet, um die Kapazität des Flughafens zu erhöhen und den internationalen Tourismus zu fördern.

Blaise Diagne International Airport (Senegal):
Senegal hat den Blaise Diagne International Airport in Dakar eröffnet, um den wachsenden Anforderungen des internationalen Flugverkehrs gerecht zu werden.

Lamu Airport (Kenia):
Kenia plant den Bau des Lamu Airports, der die Anbindung der Region an den internationalen Tourismus verbessern soll.

Kigali International Airport (Ruanda):
Ruanda hat den Kigali International Airport modernisiert und erweitert, um das Land als Geschäfts- und Tourismusziel zu fördern.

Jomo Kenyatta International Airport (Kenia):
Kenia hat Pläne zur Erweiterung des Jomo Kenyatta International Airport, um die Kapazität für den wachsenden Flugverkehr zu erhöhen.

Diese Projekte spiegeln den aktuellen Trend wider, in die Modernisierung und Erweiterung der Flughafeninfrastruktur in Afrika zu investieren, um die wirtschaftliche Entwicklung, den Tourismus und die regionale Integration zu fördern. Trotz dieser positiven Entwicklungen bleibt das Fliegen in Afrika oft teuer und für viele Menschen unregelmäßig oder schwer zugänglich. Dies liegt unter anderem daran, dass viele nationale Märkte noch nicht vollständig liberalisiert sind und hohe Betriebskosten den Wettbewerb einschränken. Die vollständige Umsetzung des „Single African Air Transport Market" (SAATM) ist daher von zentraler Bedeutung. SAATM würde nicht nur den Wettbewerb erhöhen, sondern auch Ticketpreise senken, Flugfrequenzen steigern und damit die wirtschaftliche Integration Afrikas weiter vorantreiben. Langfristig könnten Investitionen in moderne Flughäfen, effiziente Abfertigungssysteme und den Einsatz neuer Technologien im Ticket- und Passagiermanagement den afrikanischen Luftverkehr konkurrenzfähiger gestalten.

9.3   Eisenbahn – alte Trassen, neue Chancen

Afrikas Eisenbahnsysteme sind weitgehend ein Erbe der Kolonialzeit. Sie wurden ursprünglich vor allem für den Abtransport von Rohstoffen aus dem Landesinneren zu den Küsten gebaut – nicht, um Volkswirtschaften zu verbinden oder den Personenverkehr zu fördern. Viele dieser Strecken verfielen im Laufe der Jahrzehnte oder wurden stillgelegt, da mangelnde Wartung, fehlende Investitionen und ineffiziente Verwaltung ihren Betrieb unrentabel machten. In den vergangenen Jahren erlebt die Eisenbahn in Afrika jedoch eine Renaissance. Mehrere Länder investieren gezielt in die Modernisierung alter Strecken und den Bau neuer, leistungsfähiger Bahnverbindungen. Ein prominentes Beispiel ist das Standard-Gauge-Railway-Projekt zwischen Nairobi und Mombasa in Kenia, das von China finanziert und technisch unterstützt wurde. Diese Verbindung hat die Transportzeiten drastisch verkürzt und den Güterverkehr zwischen Hafen und Hinterland deutlich effizienter gemacht, ist allerdings bis heute kaum wirtschaftlich. Die Qualität der Eisenbahn- und Schienennetze variiert in Afrika stark. Einige Länder verfügen über moderne und gut gewartete Schienennetze, während andere mit veralteter Infrastruktur, mangelnder Wartung und begrenzter Kapazität zu kämpfen haben. In den vergangenen Jahren haben einige afrikanische Länder begonnen, in die Entwicklung und Modernisierung von Eisenbahnnetzen zu investieren. Dies schließt die Erneuerung von Infrastruktur, die Einführung moderner Technologien und die Förderung von sicherem und effizientem Betrieb ein.

Trans-African Railway Network (TARN):

Dies ist ein ehrgeiziges Projekt der Afrikanischen Union, das darauf abzielt, ein umfassendes Schienenverkehrsnetzwerk über den gesamten Kontinent zu schaffen. Das Netzwerk soll die Verbindungen zwischen den afrikanischen Ländern verbessern und den Handel sowie die wirtschaftliche Integration fördern.

Kenia-Uganda Standard Gauge Railway (SGR):

Dieses Projekt beinhaltet den Bau eines modernen Standard Gauge Railway zwischen Kenia und Uganda. Es soll den Güter- und Personenverkehr zwischen den beiden Ländern erleichtern und die Handelsverbindungen im östlichen Afrika stärken.

Ethiopian-Djiboutian Railway:
Die neu gebaute Eisenbahnverbindung zwischen Äthiopien und Dschibuti verbindet das Binnenland Äthiopien mit dem Hafen von Dschibuti. Dieses Projekt erhöht die Effizienz des Warentransports und stärkt die Handelsverbindungen der Region.

Nigerian Railway Modernisation:
Nigeria investiert stark in die Modernisierung seiner Eisenbahninfrastruktur. Das Lagos-Kano Railway Modernisation Project zielt darauf ab, die Verbindung zwischen den Städten Lagos und Kano zu verbessern und den Personen- und Güterverkehr zu erleichtern.

Tansania Standard Gauge Railway (SGR):
Tansania entwickelt das Projekt, um das Schienennetzwerk des Landes zu modernisieren. Die erste Phase verbindet die Hauptstadt Dar es Salaam mit den Städten Morogoro und Dodoma.

West African Rail Loop:
Dieses ehrgeizige Projekt zielt darauf ab, ein Schienennetzwerk zu schaffen, das mehrere westafrikanische Länder miteinander verbindet. Es soll den Handel, den Personenverkehr und die wirtschaftliche Integration in der Region fördern.

Auch Marokko hat mit dem Hochgeschwindigkeitszug Al Boraq zwischen Casablanca und Tanger Maßstäbe gesetzt. Es handelt sich um den ersten Hochgeschwindigkeitszug des Kontinents, der Geschwindigkeiten von bis zu 320 km/h erreicht und die Reisezeit zwischen den beiden Städten erheblich reduziert. In großen Dimensionen denkt auf diesem Gebiet auch Ägypten. Die Herausforderungen sind beträchtlich. Hohe Bau- und Betriebskosten, komplexe Finanzierungsstrukturen, die Notwendigkeit regionaler Kooperation und die Sicherstellung langfristiger Wartung. Dennoch bestehen riesige Möglichkeiten. Moderne Eisenbahnnetze können nicht nur Handels- und Transportkosten senken, sondern auch zur regionalen

Integration beitragen, neue wirtschaftliche Korridore schaffen und komfortable Alternativen zum Straßenverkehr bieten.

9.4   Häfen als Tor zur Welt

Afrikas Häfen sind zentrale Knotenpunkte des globalen Handels – doch vielerorts sind sie chronisch überlastet, technologisch rückständig oder schlecht an das Hinterland angebunden. In Häfen wie Lagos, Mombasa, Durban oder Abidjan stauen sich regelmäßig Container, weil die Kapazitäten begrenzt sind, Zollprozesse ineffizient ablaufen oder die Digitalisierung der Logistik unzureichend ist. Solche Engpässe führen zu Verzögerungen, erhöhen die Transportkosten und mindern die Wettbewerbsfähigkeit afrikanischer Exporteure. Gleichzeitig entstehen neue, hochmoderne Hafenanlagen, die das Gesicht der maritimen Infrastruktur des Kontinents verändern. Der Hafen von Lamu in Kenia ist Teil eines groß angelegten Entwicklungsprojekts, das Ostafrika stärker an globale Handelsrouten anschließen soll. In Nigeria wurde der Lekki Deep Sea Port eröffnet, der dank größerer Wassertiefe auch die größten Containerschiffe der Welt abfertigen kann. Marokko hat mit dem kontinuierlichen Ausbau von Tanger Med einen der leistungsfähigsten Häfen des Mittelmeerraums geschaffen, der inzwischen zu einem globalen Umschlagplatz für Container geworden ist. Einige der großen aktuellen Vorhaben sind:

Bagamoyo Port (Tansania):
Tansania plant den Bau des Bagamoyo Ports, der als Tiefseehafen fungieren soll und die Handelskapazität des Landes stärken wird.

Lamu Port (Kenia):
Kenia entwickelt den Lamu Port als Teil des LAPSSET-Korridors, der die Handelsverbindungen mit Äthiopien und Südsudan stärken soll.

Djibouti International Free Trade Zone:
Djibouti hat die Djibouti International Free Trade Zone entwickelt, um den Handel und die Industrie in der Region zu fördern.

Abidjan Port Expansion (Elfenbeinküste):
Die Elfenbeinküste plant die Erweiterung des Abidjan Ports, um die Handelskapazität des Landes zu erhöhen und seine Position als Handelsdrehscheibe zu stärken.

Port of Mombasa Expansion (Kenia):
Kenia erweitert den Port of Mombasa, um die Kapazität für den steigenden Handelsverkehr zu erhöhen.

Private Betreiber wie DP World, APM Terminals oder Bolloré Logistics spielen dabei eine wachsende Rolle. Sie investieren in Automatisierung, moderne Krantechnik, digitale Hafenmanagementsysteme und bessere Anbindungen an Straßen- und Schienennetze. Solche Maßnahmen verkürzen die Verweildauer von Schiffen im Hafen, optimieren den Warenfluss und schaffen neue Arbeitsplätze. Die maritime Infrastruktur ist für Afrikas Rolle im Welthandel von strategischer Bedeutung – nicht nur für den Export von Rohstoffen, sondern auch für den Import von Maschinen, Konsumgütern und Vorprodukten, die für die Industrialisierung nötig sind. Zukunftsweisend sind dabei Initiativen zur Digitalisierung der Logistik, zur Vereinfachung grenzüberschreitender Zollprozesse und zur Einführung umweltfreundlicher Hafenbetriebe, etwa durch Landstromversorgung für Schiffe oder den Einsatz alternativer Treibstoffe. Wer Afrikas Häfen modernisiert, investiert damit nicht nur in Infrastruktur, sondern in die Grundlage für nachhaltiges wirtschaftliches Wachstum und stärkere globale Wettbewerbsfähigkeit.

10

Energie- und Datennetze – die neuen Lebensadern

Ohne eine zuverlässige Energieversorgung und moderne digitale Infrastruktur ist eine zeitgemäße wirtschaftliche und gesellschaftliche Entwicklung kaum möglich. In Afrika haben sich beide Sektoren in den vergangenen Jahren dynamisch entwickelt, doch die Unterschiede zwischen urbanen Zentren und ländlichen Regionen sind nach wie vor gravierend. Während in vielen Großstädten eine wachsende Mittelschicht Zugang zu stabilem Strom und schnellem Internet hat, sind ländliche Gebiete oft noch von instabilen Netzen, hohen Kosten und fehlender Anbindung geprägt (Birol & Afrane-Okese, 2022). Der Zugang zu bezahlbarer, verlässlicher Energie ist nicht nur eine technische Frage, sondern eine Grundvoraussetzung für Produktivität, Bildung, Innovation und wirtschaftliches Wachstum. Ohne Strom können Schulen keine digitalen Lernmethoden einsetzen, Krankenhäuser keine moderne Medizintechnik betreiben und Unternehmen keine kontinuierliche Produktion aufrechterhalten. Investitionen in dezentrale Energiesysteme,

© Der/die Autor(en), exklusiv lizenziert an
Springer Fachmedien Wiesbaden GmbH, ein Teil von Springer Nature 2026
S. Liebing, *Das afrikanische Jahrzehnt*, https://doi.org/10.1007/978-3-658-50092-4_10

erneuerbare Energien und intelligente Netze (Smart Grids) bieten hier große Chancen, insbesondere um abgelegene Regionen zu versorgen.

Gleichzeitig gewinnt der Ausbau leistungsfähiger Datennetze rasant an Bedeutung. Schnelles Internet und mobile Konnektivität sind Treiber für digitale Wirtschaft, E-Government, Online-Bildung und Telemedizin. Länder wie Kenia, Ruanda oder Südafrika investieren massiv in Glasfasernetze, 4G- und 5G-Ausbau sowie in Rechenzentren, um die digitale Transformation zu beschleunigen. Internationale Kabelprojekte wie das 2Africa-Seekabel, das mehrere afrikanische Küstenländer mit dem globalen Internet verbindet, erweitern die Bandbreite und reduzieren die Kosten für Datenübertragung. Ein weiteres Schlüsselelement ist die Integration von Energie- und Datennetzen. Smart-City-Konzepte, digitale Stromzähler und intelligente Verkehrssteuerungssysteme verknüpfen beide Infrastrukturen und erhöhen die Effizienz. Hier kann Afrika durch gezieltes Leapfrogging moderne, nachhaltige Systeme etablieren, die sowohl wirtschaftlich als auch ökologisch zukunftsfähig sind.

10.1 Stromversorgung und Versorgungssicherheit

Laut Weltbank hatten 2021 rund 600 Mio. Menschen in Afrika keinen Zugang zu Elektrizität – das entspricht fast der Hälfte der Bevölkerung südlich der Sahara. Der Stromverbrauch pro Kopf liegt im globalen Vergleich extrem niedrig. In Nigeria, dem bevölkerungsreichsten Land Afrikas, beträgt der jährliche Pro-Kopf-Verbrauch weniger als 150 Kilowattstunden – in Deutschland sind es rund 2000. Dieser Unterschied verdeutlicht die gewaltige Lücke in der Energieversorgung und die Herausforderungen für Wirtschaft und Alltag. Die Stromversorgung ist zudem häufig instabil. Stromausfälle gehören in vielen Ländern zum Alltag, teils mehrmals täglich. Das betrifft nicht nur Privathaushalte, sondern auch Unternehmen, Krankenhäuser, Schulen und Verwaltungen. Um diese Ausfälle zu kompensieren, greifen viele auf Dieselgeneratoren zurück – eine teure und umweltschädliche Lösung, die die Abhängigkeit von importierten Treibstoffen verstärkt.

In den vergangenen Jahren haben Investitionen in Stromnetze, Energieproduktion und dezentrale Lösungen zugenommen. Neben großen Kraftwerken entstehen zunehmend Off-Grid-Systeme – etwa Solaranlagen für einzelne Haushalte, Mikro-Grid-Projekte für Dorfgemeinschaften oder Hybridlösungen für kleine Unternehmen. Länder wie Marokko, Äthiopien und Südafrika investieren massiv in erneuerbare Energien, darunter Solar-, Wind- und Wasserkraft, um den Energiemix zu diversifizieren. Viele dieser Projekte entstehen in Kooperation mit internationalen Partnern wie China, der EU oder multilateralen Entwicklungsbanken. Einige der großen Projekte, die derzeit realisiert werden:

Grand Ethiopian Renaissance Dam (Äthiopien):
Äthiopien baut den Grand Ethiopian Renaissance Dam, ein riesiges Wasserkraftwerk am Blauen Nil, um die Energieerzeugung des Landes zu steigern.

Noor Solar Complex (Marokko):
Marokko hat den Noor Solar Complex entwickelt, eines der größten Solarkraftwerke der Welt.

Lake Turkana Wind Power Project (Kenia):
Kenia hat das Lake Turkana Wind Power Project entwickelt, eines der größten Windkraftwerke in Afrika, um saubere Energie in das nationale Stromnetz einzuspeisen.

Ruzizi III Hydropower Project (Burundi, Kongo, Ruanda):
Dieses Projekt zielt darauf ab, die Energieerzeugung aus Wasserkraft am Ruzizi-Fluss zu erhöhen und die Energieversorgung in den beteiligten Ländern zu verbessern.

Cahora Bassa Hydroelectric Plant Expansion (Mosambik):
Mosambik erweitert die Cahora Bassa Hydroelectric Plant, um die Energieerzeugung und den Export von Elektrizität in die Region zu steigern.

Benban Solar Park (Ägypten):
Der Benban Solar Park in Ägypten ist eines der größten Solarenergieprojekte der Welt. Er umfasst mehrere Solaranlagen und trägt dazu bei, die Abhängigkeit von fossilen Brennstoffen zu reduzieren.

Azura-Edo Gas and Power Project (Nigeria):
Obwohl nicht rein erneuerbar, kombiniert dieses Projekt Gaskraftwerke mit Solarenergie und trägt zur Diversifizierung der Energieerzeugung in Nigeria bei.

Inga III Hydroelectric Project (Demokratische Republik Kongo):
Das Inga III Projekt ist Teil eines großen Plans zur Entwicklung der Wasserkraft am Inga-Wasserfall im Kongo.

Die Entwicklung erneuerbarer Energien, darunter Solarenergie, Windenergie und Wasserkraft, in Afrika hat in den vergangenen Jahren erhebliche Fortschritte gemacht. Die Nutzung dieser sauberen Energiequellen ist von großer Bedeutung, um die Energieversorgung zu diversifizieren, die Umweltauswirkungen zu reduzieren und den Energiezugang für die Bevölkerung zu verbessern. Im 21. Jahrhundert hat die Entwicklung erneuerbarer Energien in Afrika deutlich zugenommen, unterstützt durch verbesserte Technologien, politische Unterstützung und zunehmendes Bewusstsein für Umwelt- und Energiefragen. Erneuerbare Energien haben dazu beigetragen, den Energiezugang in entlegenen Gebieten zu verbessern, in denen der Ausbau konventioneller Energieinfrastruktur schwierig oder kostspielig ist.

Die Wasserstofferzeugung könnte eine bedeutende Rolle bei der wirtschaftlichen Entwicklung Afrikas spielen, insbesondere im Hinblick auf erneuerbare Energien, industrielle Prozesse und den internationalen Handel. Wasserstoff wird als vielversprechender Energieträger betrachtet, der eine saubere, nachhaltige Energieversorgung ermöglichen kann. Afrika verfügt über natürliche Ressourcen und Potenziale, die für die Wasserstofferzeugung genutzt werden könnten. Wasserstoff kann als Energiespeicher dienen, um den intermittierenden Charakter dieser erneuerbaren Quellen auszugleichen und eine kontinuierliche Energieversorgung sicherzustellen. Wasserstoff kann in verschiedenen Industriezweigen als sauberer Brennstoff oder Rohstoff eingesetzt werden. Afrika könnte grünen Wasserstoff erzeugen und exportieren, um internationale Märkte zu bedienen.

10.2 Digitale Infrastruktur und mobile Revolution

Afrikas digitale Transformation ist in vieler Hinsicht rasant verlaufen. In weniger als zwei Jahrzehnten hat sich der Kontinent von einer geringen Festnetzabdeckung zu einem mobilen Ökosystem mit Milliarden Verbindungen entwickelt. Über 70 % der Erwachsenen in Subsahara-Afrika besitzen ein Mobiltelefon, und der Anteil der Internetnutzer steigt jährlich deutlich. In einigen Ländern gibt es mehr aktive SIM-Karten als Einwohner – ein Zeichen für die Bedeutung mobiler Kommunikation. Diese Entwicklung hat nicht nur die Art der Kommunikation verändert, sondern auch Wirtschaft, Bildung, Gesundheit und Politik grundlegend beeinflusst. Mobile Banking-Dienste, digitale Marktplätze, E-Learning-Plattformen und Telemedizin basieren auf der Verfügbarkeit mobiler Netze und haben Millionen Menschen Zugang zu Dienstleistungen verschafft, die zuvor unerreichbar waren. Die Telekommunikationsinfrastruktur in Afrika hat in den vergangenen Jahren erhebliche Fortschritte gemacht, aber es gibt immer noch Herausforderungen hinsichtlich der Abdeckung, Konnektivität und des Zugangs in einigen Teilen des Kontinents. Die Verfügbarkeit von Breitbandinternet ist ungleichmäßig verteilt. Städtische Gebiete haben in der Regel besseren Zugang zu Breitband, während ländliche und abgelegene Gebiete oft nur über eingeschränkte Konnektivität verfügen.

Die nächste große Herausforderung ist der Ausbau schneller und stabiler Internetverbindungen. Glasfasernetze, 4G- und 5G-Technologien sowie leistungsstarke Untersee-Datenkabel sind dabei zentrale Investitionsfelder. Großprojekte wie das Google-Equiano-Kabel oder Facebooks 2Africa-Initiative sollen enorme Datenmengen mit hoher Geschwindigkeit an die afrikanischen Küsten bringen. Entscheidend ist jedoch, diese Kapazitäten effizient ins Landesinnere zu verteilen, um auch abgelegene Regionen zu erreichen. In den vergangenen Jahren wurden verstärkt Unterwasser-Glasfaserkabelnetzwerke entlang der afrikanischen Küsten verlegt, um die Internetanbindung zu verbessern und die Abhängigkeit von Satellitenkommunikation zu verringern. Verschiedene innovative Projekte wurden gestartet, um die Telekommunikationsinfrastruktur in abgelegenen Gebieten zu verbessern, darunter Ballon-gestützte Internetdienste, Solarenergie-betriebene Ladestationen und Gemeinschafts-WLANs. Parallel dazu entstehen Rechenzentren in Ländern wie Südafrika, Nigeria und Kenia, aber auch in Ruanda und der Elfenbeinküste, die Cloud-Dienste und lokale Datenverarbeitung ermöglichen. Sie bieten Startups, Universitäten, Behörden und Unternehmen neue Möglichkeiten – vorausgesetzt, Stromversorgung und Netzanbindung sind stabil. Der Aufbau einer robusten digitalen Infrastruktur ist deshalb ein Schlüsselfaktor für wirtschaftliche Wettbewerbsfähigkeit. Einige Länder gehen auf diesem Weg schnell voran:

Projekt S'nothile:
Dies ist ein Projekt zur Bereitstellung von Breitbandinternetzugang in ländlichen Gebieten Südafrikas. Es nutzt TV-White-

Spaces-Technologie, um abgelegene Gemeinschaften mit Internet zu versorgen.

Kenia hat eine fortschrittliche Telekommunikationsinfrastruktur und gilt als Vorreiter im Bereich der mobilen Finanzdienstleistungen. **M-Kopa Solar:** Dies ist ein Projekt, das Solarenergie mit Mobilfunktechnologie verbindet, um Solarstromprodukte in ländlichen Gebieten zu vertreiben und gleichzeitig mobile Zahlungen zu ermöglichen.

Nigeria hat eine der größten Mobilfunknutzerpopulationen in Afrika und verfügt über eine weit verbreitete Mobilfunkabdeckung. **Nigeria Open Government Data Portal:** Dies ist eine Initiative, die darauf abzielt, öffentliche Daten für die Öffentlichkeit zugänglich zu machen und die Transparenz durch digitale Kommunikation zu fördern.

Ghana hat sich bemüht, seine Telekommunikationsinfrastruktur zu verbessern, um einen breiteren Zugang zu Mobil- und Internetdiensten zu ermöglichen. **National Data Centre Project:** Dieses Projekt zielt darauf ab, ein nationales Datenzentrum in Ghana zu etablieren, um die digitale Infrastruktur und Datenverarbeitungskapazitäten des Landes zu stärken.

Marokko hat in den vergangenen Jahren erhebliche Investitionen in die Telekommunikationsinfrastruktur getätigt und verfügt über eine starke Internet- und Mobilfunkabdeckung. **Smart-City-Projekte in Rabat:** Marokko hat Smart-City-Initiativen in der Hauptstadt Rabat gestartet, um digitale Technologien zur Verbesserung der Lebensqualität und Effizienz in städtischen Gebieten einzusetzen.

Afrikas Dateninfrastruktur ist der Nerv des künftigen Wachstums. Wer heute in ihre Stärkung investiert, legt das Fundament für Innovation, globale Wettbewerbsfähigkeit und mehr Selbstbestimmung im digitalen Zeitalter.

11

Wasserversorgung – ein kritisches Thema

Die Trinkwasserversorgung in Afrika ist eine komplexe Herausforderung, die sowohl städtische als auch ländliche Gebiete betrifft. Obwohl Fortschritte erzielt wurden, gibt es immer noch erhebliche Defizite bei der Verfügbarkeit von sicherem und sauberem Trinkwasser für die Bevölkerung (Bain et al. 2021). Ein beträchtlicher Teil der afrikanischen Bevölkerung hat keinen Zugang zu sicherem Trinkwasser. Dies führt zu gesundheitlichen Problemen und einer höheren Prävalenz von Krankheiten wie Durchfall. Der Zugang zu Trinkwasser ist in städtischen Gebieten oft besser als in ländlichen Gebieten. Arme ländliche Gebiete haben oft weniger Möglichkeiten, an sichere Wasserquellen zu gelangen. Veraltete oder mangelhafte Wasserinfrastruktur, die unzureichende Wartung und begrenzte Kapazitäten sind häufige Probleme, die die Versorgung beeinträchtigen. Die Erfahrung zeigt, dass Wasserversorger häufig unter sehr instabilen Einnahmen leiden und daher in der Regel nicht aus eigenen Mitteln in den Ausbau von Wasserinfra-

© Der/die Autor(en), exklusiv lizenziert an
Springer Fachmedien Wiesbaden GmbH, ein Teil von Springer Nature 2026
S. Liebing, *Das afrikanische Jahrzehnt*, https://doi.org/10.1007/978-3-658-50092-4_11

struktur investieren können. Der Sektor ist in der Regel stark reguliert und oft in staatlichen Monopolen organisiert. Daher ist der Bereich Wasserversorgung oft auch für private Investitionen nicht geöffnet oder nicht besonders attraktiv. Daraus ergibt sich, dass häufig Vorhaben zur Verbesserung der Wasserversorgung nur von internationalen Entwicklungshilfegebern oder privaten Hilfsorganisationen vorgenommen werden. Das wiederum sorgt für chronische Unterfinanzierung des Sektors. Eine Änderung dieser Lage lässt sich wohl nur durch die Anpassung von Regulierung und finanzieller Stabilität der Wasserversorger erreichen. Einige innovative Projekte auf dem Gebiet der Wasserversorgung:

PlayPumps International:
Dies ist ein Projekt, das in einigen afrikanischen Ländern installiert wurde. Die PlayPumps sind Wasserpumpen, die mit Spielgeräten für Kinder kombiniert sind. Wenn Kinder auf den Geräten spielen, wird Wasser aus dem Boden gepumpt und in Wassertanks gespeichert, um Gemeinden mit sauberem Trinkwasser zu versorgen.

Borehole Wells:
Viele NGOs und Regierungsprogramme haben Tiefbrunnen in ländlichen Gebieten installiert, um Gemeinden mit Wasser zu versorgen. Diese Brunnen sind oft eine zuverlässige Quelle für sauberes Trinkwasser.

Afrikanische Wasserspeicher-Initiative:
Dies ist eine Initiative, die darauf abzielt, Wassertanks und -speicher in ländlichen Gemeinden zu installieren. Diese Tanks sammeln Regenwasser und bieten eine zusätzliche Wasserquelle in trockenen Perioden.

Die Verbesserung der Wasserversorgung in Afrika variiert von Land zu Land, und es gibt mehrere Länder, die bedeutende Fortschritte gemacht haben. Hier sind einige Beispiele von Ländern, in denen sich die Wasserversorgung verbessert hat:

Ruanda:

Ruanda hat erhebliche Anstrengungen unternommen, um den Zugang zu sauberem Trinkwasser in ländlichen und städtischen Gebieten zu verbessern. Dies wurde durch Investitionen in die Infrastruktur, die Förderung von Hygienebewusstsein und Wasserfilter- und -aufbereitungssysteme erreicht.

Äthiopien:

Äthiopien hat Programme zur Verbesserung der Wasserversorgung in ländlichen Gebieten durchgeführt, darunter den Bau von Wasserquellen, Brunnen und Wasserversorgungssystemen. Das Land hat auch Initiativen gestartet, um den Zugang zu sauberem Trinkwasser in städtischen Gebieten zu erhöhen.

Ghana:

Ghana hat Programme zur Wasser- und Sanitärversorgung gestartet, um den Zugang zu sauberem Wasser in ländlichen Gemeinden zu erhöhen. Investitionen in die Infrastruktur und die Förderung von Hygienebewusstsein haben dazu beigetragen, die Wasserversorgung zu verbessern.

Senegal:

Senegal hat in den vergangenen Jahren Anstrengungen unternommen, um den Zugang zu Trinkwasser in ländlichen Gebieten zu erhöhen. Durch den Bau von Wasserpumpen, Brunnen und die Verbesserung der Wasserversorgungsinfrastruktur konnte die Versorgungssituation verbessert werden.

Tansania:

Tansania hat Programme zur ländlichen Wasserversorgung implementiert, um den Zugang zu sauberem Wasser zu erhöhen. Dies umfasst die Installation von Wasserquellen, Brunnen und Wassertanks in entlegenen Gebieten.

Kenia:

Kenia hat sich darauf konzentriert, den Zugang zu sauberem Trinkwasser in städtischen Slums und ländlichen Gebieten zu verbessern. Projekte zur Bohrung von Brunnen, Installation von Wasseraufbereitungsanlagen und Sensibilisierung für Hygiene wurden umgesetzt.

Teil IV

Vor welchen Herausforderungen steht Afrika?

12

Armut und Hunger

Trotz erheblicher wirtschaftlicher Fortschritte in den vergangenen Jahrzehnten ist Subsahara-Afrika nach wie vor die am stärksten von Armut und Hunger betroffene Weltregion. Die Weltbank schätzt, dass im Jahr 2024 rund 464 Mio. Menschen in der Region in extremer Armut leben müssen, das heißt mit weniger als 1,90 US-Dollar pro Tag auskommen (Beegle et al., 2024). Damit stellt Subsahara-Afrika inzwischen 67 % der weltweit Armen, obwohl die Region nur etwa 15 % der Weltbevölkerung ausmacht. Besonders alarmierend ist die Entwicklung, dass die absolute Zahl der Armen trotz sinkender Armutsquote weiterhin ansteigt. Verantwortlich dafür ist das dynamische Bevölkerungswachstum, das die bisherigen Fortschritte überlagert. Die Ernährungslage hat sich in den vergangenen Jahren weiter verschlechtert. Laut Angaben der Ernährungs- und Landwirtschaftsorganisation der Vereinten Nationen (FAO) stieg der Anteil der unterernährten Menschen in Subsahara-Afrika von 18,2 % im Jahr 2015 auf

© Der/die Autor(en), exklusiv lizenziert an
Springer Fachmedien Wiesbaden GmbH, ein Teil von Springer Nature 2026
S. Liebing, *Das afrikanische Jahrzehnt*, https://doi.org/10.1007/978-3-658-50092-4_12

22,3 % im Jahr 2024, was etwa 278 Mio. Menschen entspricht (von Grebmer et al., 2024). Andere Schätzungen gehen sogar von über 307 Mio. Unterernährten aus, also mehr als 20 % der Gesamtbevölkerung. Besonders dramatisch ist die Situation in West- und Zentralafrika, wo über zwei Drittel aller Haushalte sich keine gesunde Ernährung leisten können und die Unterernährung bei Kleinkindern rasant zunimmt. Insgesamt haben nach Angaben der Vereinten Nationen inzwischen über eine Milliarde Menschen in Afrika keinen Zugang zu gesunder Ernährung, was bedeutet, dass zwei Drittel der Bevölkerung von Ernährungsunsicherheit betroffen sind.

Die Ursachen für diese prekäre Lage sind vielschichtig. Wiederkehrende Dürren, Überschwemmungen und Schädlingsplagen beeinträchtigen die Landwirtschaft erheblich und treffen vor allem Kleinbauern, die meist ohne Rücklagen wirtschaften müssen. Politische Instabilität und gewaltsame Konflikte zerstören Lebensgrundlagen, vertreiben Millionen Menschen und verhindern den Aufbau funktionierender Märkte. Ein besonders drastisches Beispiel ist die Demokratische Republik Kongo, wo rund 75 % der Bevölkerung von weniger als 2,15 US-Dollar pro Tag leben. Ein strukturelles Kernproblem ist die geringe Produktivität in der Landwirtschaft, die nach wie vor den Lebensunterhalt der Mehrheit der Bevölkerung sichert. Fehlender Zugang zu Krediten, Landrechten, modernen Technologien und Märkten führt zu niedrigen Einkommen und unzureichender Ernährungssicherheit. Gleichzeitig ist die Industrialisierung vieler Staaten kaum vorangeschritten, sodass formelle Arbeitsplätze nur langsam entstehen. Die überwiegende Mehrheit der Menschen ist im informellen Sektor tätig – ohne soziale Absicherung, ohne rechtlichen Schutz und mit stark schwankenden Einkommen. Dies sichert zwar kurzfristiges Überleben, verhindert jedoch langfristige Stabilität.

Die sozialen und gesundheitlichen Folgen sind gravierend. Nach Angaben des Global Nutrition Report sind in Afrika 30,7 % aller Kinder für ihr Alter zu klein – deutlich mehr als der globale Durchschnitt von 22 %. Unterernährung schwächt das Immunsystem, erhöht die Anfälligkeit für Krankheiten und senkt die Lebenserwartung. Vitamin-A-Mangel ist in mehreren afrikanischen Ländern weit verbreitet – in Äthiopien, der DR Kongo und Madagaskar lag er 2009 bei 37–49 % der Bevölkerung und gilt als eine Hauptursache für Kinderblindheit und erhöhte Kindersterblichkeit. Unterernährte Kinder sind zudem im Schulalltag stark benachteiligt. Konzentrationsschwierigkeiten, hohe Fehlzeiten und geringere Lernerfolge verringern ihre Zukunftschancen erheblich und verfestigen den Kreislauf aus Armut und Hunger. Trotz dieser Herausforderungen gibt es in Afrika erfolgreiche Strategien und Projekte, die Hoffnung geben. Ein Beispiel ist das Productive Safety Net Programme (PSNP) in Äthiopien, das öffentliche Arbeitsprogramme mit langfristiger Entwicklungsförderung kombiniert. Millionen Menschen erhalten dadurch Zugang zu Arbeit, Einkommen und Nahrungsmitteln, während gleichzeitig Infrastruktur wie Straßen, Bewässerungssysteme und Schulen geschaffen wird. Auch in Nigeria und Ghana werden durch gezielte Agrarprogramme Kleinbauern unterstützt – etwa durch den Zugang zu Krediten, hochwertigem Saatgut und Märkten. In Ländern wie Ruanda und Togo werden staatliche Hilfen über mobile Plattformen direkt an Empfänger ausgezahlt, wodurch Korruption reduziert und Effizienz gesteigert werden kann. In Malawi wiederum verbinden Schulspeisungsprogramme Ernährungssicherheit mit besserer Bildungsteilnahme, während in Kenia Mikrokredite, Ausbildung und Marktzugang ganze Gemeinschaften wirtschaftlich stärken.

Langfristig hängt die Überwindung von Armut und Hunger entscheidend von nachhaltigem Wirtschaftswachstum, technologischer Innovation und einer klugen Nutzung der demografischen Dynamik ab. Laut der Afrikanischen Entwicklungsbank müsste Afrika ein jährliches Wirtschaftswachstum von mindestens 7 % erreichen, um die Armut signifikant zu reduzieren – aktuell liegt es bei lediglich 3,2 % (2024). Zugleich sind Investitionen in Bildung, Gesundheitsversorgung, nachhaltige Landwirtschaft und Infrastruktur unverzichtbar. Besonders wichtig sind die Diversifizierung der Wirtschaft sowie die Stärkung regionaler Märkte und Wertschöpfungsketten, beispielsweise durch die Afrikanische Freihandelszone (AfCFTA). Statt sich auf kurzfristige Subventionen und Hilfsprogramme zu konzentrieren, müsste Entwicklungspolitik stärker darauf abheben, die notwendigen privaten Investitionen in den Sektor zu ermöglichen, damit langfristig ein nachhaltiges und sich selbst tragendes Wachstum möglich wird. Trotz aller Herausforderungen gibt es Anlass zur Hoffnung. Zahlreiche erfolgreiche Initiativen zeigen, dass Armut und Hunger in Afrika bekämpft werden können – wenn Politik, Wirtschaft, und internationale Partner koordiniert handeln und dabei sowohl kurzfristige Hilfsmaßnahmen als auch langfristige Strukturreformen im Blick behalten.

13

Politische Instabilität und Unruhen

Politische Stabilität ist die Grundlage für jede nachhaltige Entwicklung – ohne sie bleiben wirtschaftliche Reformen, soziale Programme und Infrastrukturprojekte anfällig für Rückschläge. In vielen afrikanischen Ländern ist diese Stabilität jedoch fragil. Immer wieder kommt es zu Putschen, umstrittenen Wahlen, ethnischen Spannungen oder autoritären Rückschritten. Laut Freedom House gelten nur 8 von 54 Ländern als voll demokratisch, während der Rest zwischen eingeschränkter Demokratie, hybriden Systemen und offenen Autokratien rangiert (Repucci & Slipowitz, 2024). Schwache Institutionen, Korruption und fehlende Rechtsstaatlichkeit verschärfen die Lage. In manchen Staaten unterminieren Sicherheitsprobleme – etwa durch Terrorgruppen oder bewaffnete Milizen – das Vertrauen in den Staat. Internationale Partner setzen auf Programme zur Stärkung der Regierungsführung, aber nachhaltiger Wandel erfordert vor allem lokalen politischen Willen, transparente Institutionen und eine aktive Zivilgesellschaft, die Reformen einfordert.

S. Liebing, *Das afrikanische Jahrzehnt*, https://doi.org/10.1007/978-3-658-50092-4_13

13.1 Korruption als Entwicklungsbremse

Korruption ist in vielen afrikanischen Staaten nicht nur ein moralisches Problem, sondern ein strukturelles Entwicklungshemmnis. Sie untergräbt das Vertrauen der Bürger in Institutionen, verschlingt Ressourcen, die für Bildung, Gesundheit und Infrastruktur dringend benötigt werden, und hemmt Innovation sowie Investitionen. Die Folgen sind gravierend. Investoren schrecken vor unsicheren und intransparenten Märkten zurück, öffentliche Projekte werden überteuert oder unvollständig ausgeführt, und staatliche Dienstleistungen erreichen oft nicht die Bedürftigsten. Besonders problematisch ist die politische Korruption, bei der öffentliche Ämter und Ressourcen für persönliche oder parteipolitische Vorteile missbraucht werden. Der Korruptionswahrnehmungsindex (CPI) von Transparency International bewertet weltweit, wie stark Korruption im öffentlichen Sektor wahrgenommen wird. Viele afrikanische Staaten landen dabei regelmäßig auf den hinteren Plätzen – etwa Somalia, Südsudan oder die Demokratische Republik Kongo, wo schwache Institutionen, politische Instabilität und mangelnde Rechtsstaatlichkeit dominieren. Es gibt jedoch auch häufige Ausnahmen. Länder wie Botswana, Kapverden oder Ruanda schneiden deutlich besser ab und gelten im afrikanischen Vergleich als positive Beispiele. So liegt Botswana etwa auf einem ähnlichen Niveau wie Spanien oder Portugal, während Kapverden und Ruanda mit Ländern wie Polen, Litauen oder Italien vergleichbar sind.

Der CPI steht jedoch in der Kritik, weil er nicht die tatsächliche Korruption misst, sondern deren Wahrnehmung. Grundlage sind oftmals Befragungen von Experten und Geschäftsleuten, was bedeutet, dass die Sicht der breiten Bevölkerung unberücksichtigt bleibt und vor allem die Perspektive einer (möglicherweise eher generell kritischen) politischen und wirtschaftlichen Elite in den Index einfließt. Zudem können

Staaten mit reger Medienberichterstattung schlechter bewertet werden, ohne dass die tatsächliche Korruptionspraxis notwendigerweise stärker ausgeprägt ist. Auch erlaubt der Index eher Vergleiche zwischen Ländern als die präzise Beobachtung von Entwicklungen innerhalb eines einzelnen Staates. Erfolge im Kampf gegen Korruption zeigen sich dort, wo Transparenz, Rechtsstaatlichkeit und Technologie zusammenspielen. E-Governance-Plattformen, öffentliche Ausschreibungsportale und digitale Haushaltskontrollen schaffen nachvollziehbare Prozesse und reduzieren Möglichkeiten für Missbrauch. Langfristig kann Korruption nur durch eine Kombination aus politischen Reformen, institutioneller Stärkung, besserer Bezahlung im öffentlichen Dienst und einer Kultur der Integrität wirksam bekämpft werden. Dabei ist nicht nur staatliches Handeln gefragt, sondern auch die Verantwortung von Unternehmen und internationalen Partnern, transparente Geschäftsbeziehungen zu fördern. Eine allgemeine Steigerung des Wohlstands wird einen nicht zu unterschätzenden Effekt auch hier haben. Diese Steigerung erfolgt vor allem durch Wirtschaftswachstum und dieses wiederum durch Investitionen, die Arbeitsplätze schaffen.

13.2 Finanzkrise sorgt für Unruhen

In den vergangenen Jahren ist in vielen afrikanischen Ländern ein besorgniserregender Trend steigender Staatsverschuldung zu beobachten. Häufig entsteht diese Entwicklung durch ineffiziente Verwaltung, intransparente Großprojekte und unzureichende Haushaltsdisziplin. Besonders problematisch ist dies in Staaten mit geringem Steueraufkommen, hoher Importabhängigkeit und schwach entwickelter Industrie, wo selbst moderate Schuldenlasten schnell zur Belastung für den Staatshaushalt werden. Ohne strikte fiskalische Disziplin, transparente Finanzplanung und nachhaltige Investitionsstrategien droht in einzelnen Regionen eine neue Schuldenkrise, die bereits erzielte Entwicklungsfortschritte zunichtemachen könnte.

Ein anhaltender Anstieg der Staatsverschuldung in afrikanischen Ländern birgt nicht nur ökonomische Risiken, sondern kann die politische Stabilität ernsthaft bedrohen. So ist der öffentliche Schuldenstand in Subsahara-Afrika – nach nur etwa 30 % des BIP im Jahr 2013 – bis Ende 2022 auf rund 60 % angestiegen. Laut dem Internationalen Währungsfonds (IWF) lag die durchschnittliche Schuldenquote der Region 2023 bei über 60 % des BIP, mit einem erwarteten Rückgang auf etwa 56,8 % bis 2025 – die Finanzierung bleibt jedoch teuer und knapp. Besonders dramatisch zeigt sich die Lage in Kenia: zum Jahresende 2024 erreichte die Schuldenquote rund 67,4 % – deutlich über der vom IWF als Grenze für Entwicklungsländer empfundenen Obergrenze von 50 %. Die damit verbundenen Zins- und Schuldendienstkosten verschlangen etwa 32 % der Staatseinnahmen – Mittel, die andernfalls in Bildung, Infrastruktur oder Gesundheitswesen geflossen wären. Eine von der kenianischen Regierung geplante Steuererhöhung auf Grundnahrungsmittel und Hygienepads zur Kompensation des Schuldendiensts führte zu massiven Protesten, gewaltsamen Auseinandersetzungen und schließlich dem Rückzug des Gesetzesentwurfs.

In Ghana zieht sich die Verschuldung ebenfalls wie ein roter Faden durch die jüngere Geschichte. Ende 2022 lag das Verhältnis von Schulden zum BIP bei etwa 93,5 %. Die daraus resultierende Unfähigkeit, notwendige Investitionen zu tätigen, führte zu wachsendem politischen Druck und trug zur Instabilität bei. Weitere Beispiele verdeutlichen die Vielfalt der Situation: Während Nigeria mit rund 38,8 % Staatsverschuldung (Stand November 2023) noch unter dem regionalen Durchschnitt lag, belastet beispielsweise Mosambik seine Wirtschaft mit einer Schuldenquote zwischen 90 und 120 % des BIP. Die Bandbreite reicht also von weniger belasteten Ländern bis hin zu Staaten, die sich in einer intensiven Schuldenspirale befinden.

Politisch führt diese erhöhte Verschuldung in mehrfacher Hinsicht zu Instabilität. Regierungen verlieren Handlungsspielraum, weil große Teile des Budgets für den Schuldendienst verwendet werden müssen. In Kenia mussten Infrastruktur- und Sozialprojekte gestrichen oder verschoben werden, während Steuererhöhungen zunehmend Widerstand hervorrufen. In Ghana wie auch in anderen Staaten schwindet das Vertrauen der Bevölkerung in die Regierung, wenn sichtbare soziale Leistungen aus finanziellen Gründen unterbleiben oder verschoben werden. Auch der Zugang zu neuen Krediten wird schwieriger und oft nur zu höheren Zinssätzen möglich – dadurch verstärkt sich die Schuldenlast weiter. Diesen Teufelskreis zu durchbrechen, ist schwierig. Die Region wächst zwar in einigen Ländern robust, aber viele Staaten haben kaum Spielraum für Entwicklung, Investitionen oder Krisenbewältigung. Die politische Legitimität leidet, bei gleichzeitig steigenden sozialen Spannungen und wachsenden Risiken autoritärer Reaktionen in fragilen Institutionen – Entwicklungen, die langfristig demokratische Prozesse und wirtschaftliche Entwicklung untergraben können. Die steigende Staatsverschuldung in zahlreichen afrikanischen Ländern reduziert den politischen Handlungsspielraum, verschärft soziale Spannungen und destabilisiert Regierungen – ein Kreislauf, den nur gezielte fiskalpolitische Disziplin, transparente Budgetplanung und internationale Investitionen durchbrechen können.

13.3 Neue Gegner, neue Freunde: Afrika in der Weltpolitik

Afrika ist längst nicht mehr nur Objekt globaler Politik, sondern tritt zunehmend als selbstbewusstes Subjekt auf. Die Afrikanische Union (AU) agiert heute nicht nur als politische Plattform, sondern auch als Vermittler in Konflikten, als Stimme in globalen Debatten und als Motor für wirtschaftliche Integration. Regionale Organisationen wie ECOWAS (Westafrika) oder SADC (Südliches Afrika) übernehmen eine immer aktivere Rolle bei der Konfliktlösung, Wirtschaftsförderung und gemeinsamen politischen Positionierung. Besonders in internationalen Verhandlungen – etwa zu Klimaschutz, Handelsabkommen oder Migration – treten afrikanische Staaten zunehmend koordiniert auf und nutzen kollektives Gewicht.

Parallel dazu entstehen neue strategische Allianzen. China investiert massiv in Infrastruktur, Energie und Bergbauprojekte; Indien stärkt seine wirtschaftlichen und technologischen Beziehungen; die Türkei und Russland intensivieren politische wie militärische Kooperationen. Gleichzeitig bleiben traditionelle Partner wie die EU und die USA zentrale Akteure, besonders in den Bereichen Handel, Sicherheit und Entwicklungszusammenarbeit. Afrika ist heute ein begehrter Partner in Fragen von Rohstoffsicherung, globaler Sicherheit, Energieversorgung und Migrationspolitik.

Das wachsende Gewicht Afrikas zeigt sich auch in multilateralen Foren. Die Forderung nach einem ständigen Sitz im UN-Sicherheitsrat spiegelt den Anspruch wider, globale Entscheidungen mitzugestalten. Mit der Aufnahme in die G20 hat der Kontinent einen weiteren Schritt in Richtung gleichberechtigter Mitsprache getan. Die Herausforderung für Afrikas Diplomatie besteht darin, Partnerschaften strategisch zu diversifizieren, eigene Interessen klar zu definieren und Abhängigkeiten so zu gestalten, dass sie in langfristige Vorteile umgewandelt werden. Nur so kann der Kontinent nicht nur auf der globalen Bühne präsent sein, sondern diese auch aktiv mitgestalten.

14

Afrika im Dauerkrisenmodus seit 2020

Afrika ist ein Kontinent voller Möglichkeiten, doch diese Potenziale stehen häufig im Schatten akuter und chronischer Krisen. Die Herausforderungen reichen von internen Konflikten und politischer Instabilität bis hin zu globalen Schocks, die tief in das wirtschaftliche, soziale und ökologische Gefüge eingreifen. Pandemien wie COVID-19 haben gezeigt, wie verletzlich viele Gesundheitssysteme sind, aber auch, wie schnell und kreativ afrikanische Länder auf neue Bedrohungen reagieren können. Geopolitische Spannungen, Handelskrisen und militärische Konflikte in anderen Teilen der Welt wirken sich unmittelbar auf afrikanische Märkte, Versorgungsketten und Sicherheit aus. Klimakatastrophen sind ein weiterer Krisentreiber. Dürren, Überschwemmungen, Zyklone und veränderte Niederschlagsmuster treffen vor allem ländliche Gemeinschaften, deren Lebensgrundlage von der Landwirtschaft abhängt. Diese extremen Wetterereignisse verschärfen Armut, treiben Migration an und können ganze Regionen destabilisieren.

© Der/die Autor(en), exklusiv lizenziert an
Springer Fachmedien Wiesbaden GmbH, ein Teil von Springer Nature 2026
S. Liebing, *Das afrikanische Jahrzehnt*, https://doi.org/10.1007/978-3-658-50092-4_14

Trotz dieser Herausforderungen zeigt Afrika immer wieder Resilienz. Gemeinschaftsinitiativen, lokale Innovationskraft und eine wachsende junge Generation, die Veränderungen einfordert, bilden die Basis für Anpassungs- und Erneuerungsprozesse. Gleichzeitig werden auf regionaler Ebene Mechanismen zur Krisenprävention und -bewältigung gestärkt – von der Afrikanischen Union bis hin zu subregionalen Organisationen. Afrikas Fähigkeit, Krisen nicht nur zu überstehen, sondern aus ihnen gestärkt hervorzugehen, hängt entscheidend davon ab, ob es gelingt, kurzfristige Reaktionen mit langfristigen Strategien zu verbinden. Investitionen in belastbare Infrastruktur, Diversifizierung der Wirtschaft und nachhaltige Ressourcennutzung sind zentrale Bausteine, um den Kontinent von einem Krisenmodus in einen Stabilitäts- und Wachstumsmodus zu führen.

14.1 Die Pandemie und ihre Folgen

Die COVID-19-Pandemie traf Afrika auf mehreren Ebenen. Während die Sterblichkeitsraten im Vergleich zu vielen anderen Weltregionen relativ niedrig blieben – vor allem aufgrund der jungen Bevölkerungsstruktur – waren die wirtschaftlichen und sozialen Auswirkungen dramatisch. Lockdowns führten zu massiven Einbrüchen im informellen Sektor, der rund 85 % aller Arbeitsplätze stellt. Lieferketten brachen zusammen, Exporte gingen zurück, der Tourismus kam nahezu zum Erliegen. Millionen Menschen verloren ihre Existenzgrundlage und fielen in Armut zurück. Der ungleiche Zugang zu Impfstoffen verschärfte die Krise. Während wohlhabendere Länder ihre Bevölkerung schnell impfen konnten, waren afrikanische Staaten zunächst auf internationale Hilfsmechanismen wie CO-VAX angewiesen. Erst im späteren Verlauf gelang es, die Impfkampagnen auszuweiten. Dennoch entstanden während der Pandemie auch positive Entwicklungen. Viele Länder reagierten schnell, setzten auf digitale Innovationen im Gesundheitswesen, organisierten lokale Produktion von Schutzausrüstung und nutzten Telemedizin, um Versorgungslücken zu schließen.

Es ist zweifellos zutreffend, dass Südafrika und einige weitere Länder auf dem Kontinent von der Pandemie hart getroffen wurden. Und dennoch stimmen auch Aussagen, wonach viele Länder in Afrika vergleichsweise gut durch die Krise gekommen sind. Die weit überdurchschnittlich junge Bevölkerung und wohl auch die geringere Anbindung an globale Warenströme und Reisebewegungen sind zwei wichtige Gründe dafür, dass die Wirtschaft im Jahr 2020 laut IWF auf dem Kontinent nur um rund zwei (in Subsahara-Afrika durchschnittlich um drei) Prozent eingebrochen ist. Das ist im Vergleich zu Europa mit einem Rückgang der Wirtschaftsleistung von rund sieben Prozent relativ betrachtet nicht einmal die Hälfte. Gerade einmal 26 Länder haben im Jahr 2020 weltweit eine positive Wachstumsrate verzeichnet. Fast die Hälfte davon, zwölf, liegen in Afrika. Dabei ist allerdings zu berücksichtigen, dass in Afrika weiterhin ein hoher Anteil von Arbeitsplätzen im sogenannten „informellen Sektor" beheimatet ist. Dort dürfte – nicht erfasst von der Statistik – der Einbruch größer gewesen sein. Bei genauerer Betrachtung ist zu erkennen, dass die stärksten Einbrüche in Afrika vor allem in den Ländern stattgefunden haben, die stark vom Rückgang des Tourismus getroffen waren oder von den zwischenzeitlich deutlich gesunkenen Rohstoffpreisen. Während die Erholung des Tourismus und mit der globalen Konjunktur steigende Rohstoffpreise dafür sorgen werden, dass einige Länder schnell wieder über Vorkrisenniveau wachsen werden, zeichnen sich zwei wesentliche zusätzliche Wachstumstreiber ab: In Nord- und Ostafrika ist ein Boom im Bereich Manufacturing zu erwarten. Die globale Neuorganisation und der Umbau von Lieferketten werden zu zahlreichen Neuansiedlungen führen. Für Nord- und Westafrika wird in den kommenden zehn Jahren die regenerative Energie-Erzeugung und im Besonderen der Export von grünem Wasserstoff zum „next big thing". Auf beiden Gebieten bestehen auch riesige Chancen für die deutsche Wirtschaft.

14.2 Die Auswirkungen globaler Konflikte auf Afrika

Globale Konflikte wie der Krieg in der Ukraine oder die anhaltenden Spannungen im Nahen Osten haben direkte und oft tiefgreifende Auswirkungen auf afrikanische Länder. Steigende Energie- und Lebensmittelpreise belasten sowohl private Haushalte als auch staatliche Haushalte erheblich. Viele Länder in Nord- und Ostafrika sind stark von Weizenimporten aus Russland und der Ukraine abhängig – Lieferengpässe und Preissteigerungen führen daher zu Versorgungsproblemen und sozialen Spannungen (Laborde et al., 2023). Ähnliches gilt für Düngemittelimporte, deren Verknappung die landwirtschaftliche Produktion einschränkt und langfristig die Ernährungssicherheit gefährdet.

Neben den wirtschaftlichen Folgen verändern diese Konflikte auch die geopolitische Landschaft. Afrikanische Staaten wie Südafrika, Äthiopien oder Algerien verfolgen zunehmend außenpolitische Positionen, die nicht strikt den westlichen oder östlichen Machtblöcken folgen. Diese eigenständige Diplomatie spiegelt den wachsenden Anspruch wider, afrikanische Interessen unabhängig zu vertreten. Afrika wird von vielen globalen Akteuren – von China über Russland bis zu den USA und den Golfstaaten – als strategisch wichtiger Raum betrachtet, was zu verstärkten Bemühungen um politische und wirtschaftliche Partnerschaften führt. Diese neue Dynamik birgt sowohl Chancen als auch Risiken. Einerseits kann Afrika von einem intensiveren Wettbewerb um Investitionen und politische Unterstützung profitieren, andererseits besteht die Gefahr neuer Abhängigkeiten und Einflussnahmen. Um diese Balance zu wahren, müssen afrikanische Staaten ihre außenpolitischen Strategien stärken, regionale Allianzen vertiefen und multilaterale Bündnisse gezielt nutzen, um ihre Verhandlungsposition in der Weltpolitik zu verbessern.

14.3 Klimawandel beschleunigt Krisen

Afrika trägt nur einen sehr geringen Anteil zu den globalen CO_2-Emissionen bei, ist jedoch überproportional von den Auswirkungen des Klimawandels betroffen. Die geografische Lage, die Abhängigkeit von Regen für die Landwirtschaft und die begrenzten finanziellen und technologischen Ressourcen machen viele Länder besonders verwundbar. Dürren in Ostafrika, Überschwemmungen in West- und Zentralafrika sowie immer häufiger auftretende Zyklone im südlichen Afrika sind nur einige der klimabedingten Extremereignisse, die in den vergangenen Jahren zugenommen haben. Diese Katastrophen zerstören nicht nur Infrastruktur und Ernten, sondern gefährden die Lebensgrundlagen von Millionen Menschen und treiben ganze Gemeinschaften in Migration.

Laut dem UN-Umweltprogramm könnten bis 2050 über 100 Mio. Menschen in Afrika gezwungen sein, ihre Heimat aufgrund klimatischer Veränderungen zu verlassen. Die Auswirkungen sind bereits jetzt spürbar: sinkende landwirtschaftliche Produktivität, Wasserknappheit, zunehmende Konflikte um natürliche Ressourcen und wachsende Gesundheitsrisiken durch Hitze, Malariaausbreitung oder verschmutztes Trinkwasser. Viele Länder verfügen über unzureichende Frühwarnsysteme und Katastrophenschutzmaßnahmen. Die Finanzierung für Klimaanpassungsprojekte bleibt deutlich hinter dem Bedarf zurück, obwohl der Kontinent dringend Investitionen in widerstandsfähige Infrastrukturen, nachhaltige Landwirtschaftsmethoden, den Schutz von Ökosystemen und die Entwicklung klimaresilienter Städte benötigt.

Klimaschutz in Afrika bedeutet vor allem Anpassung, kombiniert mit dem Ausbau erneuerbarer Energien, um gleichzeitig zur globalen Emissionsminderung beizutragen. Initiativen wie der „Great Green Wall" in der Sahelzone oder regionale Solarkraftwerksprojekte zeigen, wie lokale Lösungen globale

Wirkung entfalten können. Dafür braucht es jedoch verlässliche internationale Partnerschaften, Technologietransfer und eine klare afrikanische Agenda, die Eigenverantwortung, Innovation und langfristige Planung ins Zentrum stellt. Afrikas Umgang mit dem Klimawandel wird entscheidend sein für seine wirtschaftliche und soziale Zukunft. Kreative und pragmatische Antworten auf die Klimakrise zeigen, dass der Kontinent nicht passiv bleibt. Doch damit der Klimawandel nicht zur permanenten Krise wird, sind tiefgreifende strukturelle Reformen und massive Investitionen unabdingbar.

Zwischenfazit

Die bisherigen Betrachtungen zeigen: Afrika ist ein Kontinent in Bewegung, voller Dynamik und voller Gegensätze. In nahezu allen Bereichen lassen sich beachtliche Fortschritte erkennen. Viele Volkswirtschaften haben sich in den vergangenen zwei Jahrzehnten geöffnet und modernisiert. Prognosen der Weltbank gehen davon aus, dass Subsahara-Afrika in den kommenden Jahren wieder zu den wachstumsstärksten Regionen der Welt gehören könnte – mit durchschnittlichen Raten von über 4 % ab Mitte der 2026. Länder wie Äthiopien oder Kenia werden mit Wachstumzahlen von über fünf Prozent genannt, und auch Ghana oder Côte d'Ivoire verzeichnen, trotz temporärer Rückschläge, weiterhin bemerkenswerte Dynamik. Gleichzeitig gewinnt die Afrikanische Kontinentale Freihandelszone (AfCFTA) an Bedeutung. Mit ihr entsteht der größte Binnenmarkt der Welt, der das Potenzial hat, den innerafrikanischen Handel erheblich zu beleben und Investitionen anzuziehen.

Besonders sichtbar sind Fortschritte im Bereich erneuerbarer Energien. Allein im Jahr 2024 wurden nach chinesischen Zollstatistiken Solarpaneele mit einer Gesamtkapazität von über 15 Gigawatt nach Afrika geliefert – ein Plus von 60 % gegenüber dem Vorjahr. Das zeigt, dass viele Staaten auf dezentrale, klimafreundliche Energieversorgung setzen und auf diese Weise Millionen Menschen Zugang zu Strom ermöglichen. In ähnlicher Weise schreitet die Digitalisierung voran. Studien gehen davon aus, dass durch den Einsatz von Big Data und IoT zusätzliche Wertschöpfung von bis zu 1,5 Billionen US-

Dollar bis 2030 möglich ist. Es sind nicht nur Zahlen, die diesen Aufbruch dokumentieren, sondern auch gesellschaftliche Erfolge. Botswana beispielsweise konnte die Übertragung von HIV von Müttern auf Kinder seit den 1990er Jahren um über 98 % reduzieren – ein gelungenes Beispiel für erfolgreiche Gesundheitspolitik in einem afrikanischen Land. Gleichzeitig entstehen neue urbane Mittelschichten, die durch steigenden Konsum, unternehmerische Initiative und wachsendes politisches Bewusstsein zunehmend Einfluss auf die Entwicklung nehmen.

Doch so groß die Chancen auch sind – ebenso groß ist die Bandbreite zwischen den Ländern. Während manche Staaten gezielt Diversifizierung betreiben, etwa Ghana und die Elfenbeinküste durch den Ausbau lokaler Kakaoverarbeitung oder Simbabwe mit dem Stopp des Exports unverarbeiteter Lithiumerze, stecken andere Länder weiterhin in Abhängigkeiten fest. Politische Instabilität, hohe Verschuldung oder schwache Institutionen behindern vielerorts die Fortschritte. Die Krisen der vergangenen Jahre – von der Pandemie über die Auswirkungen des Ukraine-Krieges bis zu massiver Inflation – haben die Verwundbarkeit vieler Ökonomien offengelegt. Allein Ghana musste 2022 eine Inflation von über 50 % verkraften, Nigeria kämpft seit Jahren mit Währungsverfall, und mehrere Länder wie Sambia oder Mosambik gerieten in akute Schuldenkrisen. Ob diese Rückschläge nur temporärer Natur sind oder ob sie die positive Dynamik langfristig bremsen, ist derzeit noch unklar. Klar ist jedoch: Afrika ist noch weit davon entfernt, auf einem Entwicklungsniveau anzukommen, wie wir es in Europa kennen. Trotz wachsender Mittelschichten lebt ein erheblicher Teil der Bevölkerung weiterhin in Armut. Trotz technologischer Leuchttürme bleibt die Internetabdeckung in ländlichen Regionen gering. Trotz Fortschritten in erneuerbarer Energie fehlt es vielerorts an stabilen Stromnetzen. Gleichzeitig zeigt der Kontinent eine beeindruckende Fähigkeit zur Eigeninitiative. Afrikanische Regierungen formulieren zunehmend selbstbewusste Strategien, um lokale Wertschöpfung zu erhöhen und sich in der globalen Ordnung als gestaltende Kraft zu positionieren. Die afrikanische Stimme wird in internationalen Foren stärker gehört – sei es in Klimaverhandlungen, im UN-Sicherheitsrat oder bei globalen Handelsfragen. Und auch kulturell erlebt Afrika eine Renaissance: Musik, Film, Mode und Literatur aus Lagos, Johannesburg oder Accra prägen längst globale Trends.

Das Zwischenfazit lautet daher: Afrika ist weit mehr als Krisenkontinent oder Rohstofflieferant. Es ist eine Region voller Chancen, in der sich Fortschritt und Rückschritt, Aufbruch und Stillstand, Erfolg und Krisen parallel vollziehen. Noch ist nicht entschieden, ob der Kontinent in den kommenden Jahrzehnten sein Potenzial in vollem Umfang entfalten kann. Sicher ist nur: Die Dynamik ist da, die Grundlagen sind gelegt, die Möglichkeiten sind immens. Doch es braucht weiterhin stabile Institutionen, langfristige Investitionen und eine partnerschaftliche Einbettung in die globale Ordnung. Welche konkreten Weichen Deutschland und Europa dafür stellen sollten, wird der folgende Teil des Buches im Detail beleuchten.

Teil V

Lösungswege für Afrika –
wie kommt der Kontinent
durch das nächste Jahrzehnt?

15

Entwicklungshilfe – Fluch oder Segen?

Unter dem Begriff *Entwicklungshilfe* – heute häufiger als *Entwicklungszusammenarbeit* bezeichnet – versteht man finanzielle, technische und personelle Maßnahmen, die wohlhabendere Staaten, internationale Organisationen oder Nichtregierungsorganisationen zugunsten ärmerer Länder ergreifen. Ziel ist es, soziale und wirtschaftliche Entwicklung zu fördern, Armut zu verringern und langfristig globale Ungleichheiten abzubauen (Moreira da Silva, 2021). Die Ursprünge moderner Entwicklungshilfe reichen in die Zeit nach dem Zweiten Weltkrieg zurück, als die Vereinigten Staaten mit dem Marshallplan den Wiederaufbau Europas unterstützten. In den 60er- und 70er-Jahren etablierte sich Hilfe dann auch als Instrument der internationalen Politik gegenüber unterentwickelten Ländern – oft verknüpft mit geopolitischen Interessen im Kalten Krieg (Rist, 2008). Heute wird zunehmend von „Partnerschaft" gesprochen, um asymmetrische Abhängigkeiten zu vermeiden und die Eigenverantwortung der Empfängerländer zu betonen (Jahan, 2016).

© Der/die Autor(en), exklusiv lizenziert an
Springer Fachmedien Wiesbaden GmbH, ein Teil von Springer Nature 2026
S. Liebing, *Das afrikanische Jahrzehnt*, https://doi.org/10.1007/978-3-658-50092-4_15

Die Frage nach der Wirksamkeit von Entwicklungshilfe ist dabei zentral. Können externe Gelder und Projekte tatsächlich Armut reduzieren, Gesundheitssysteme stärken oder Bildungschancen verbessern? Oder führen sie im Gegenteil zu Abhängigkeiten, Machtasymmetrien und ineffizienten Strukturen? Die wissenschaftliche Debatte hierzu ist lebhaft. Einige Studien weisen auf positive Effekte hin – etwa die Verbindung von Hilfe und Wirtschaftswachstum unter günstigen institutionellen Bedingungen (Burnside & Dollar, 2000) oder deutliche Fortschritte im Bereich Gesundheit und Bildung (Sachs, 2005). Kritiker hingegen argumentieren, dass Hilfe langfristig ineffektiv sei, Abhängigkeiten fördere oder sogar korrupte Strukturen verstärke (Easterly, 2006; Moyo, 2009). Auch empirische Meta-Analysen zeigen ein gemischtes, stark kontextabhängiges Bild (Doucouliagos & Paldam, 2011).

15.1 Entwicklungshilfe in der Theorie

Die wissenschaftliche Diskussion über Entwicklungshilfe ist eng mit den großen Strömungen der Entwicklungsökonomie verbunden. Seit den 50er-Jahren wurden unterschiedliche Theorien entwickelt, um die Wirkung externer Finanzströme auf ökonomisches Wachstum und gesellschaftliche Entwicklung zu erklären. Frühe Ansätze knüpften an das „Big Push"-Modell an (Rosenstein-Rodan, 1943). Die Grundidee: Entwicklungsländer benötigen einen kräftigen Anschub an Kapital, um aus der „Armutsfalle" auszubrechen und Investitionen in Infrastruktur, Bildung und Gesundheit zu ermöglichen. In ähnlicher Tradition argumentierten Chenery und Strout (1966), dass internationale Hilfe notwendig sei, um Lücken zwischen inländischen Ersparnissen und den für Wachstum erforderlichen Investitionen zu schließen (*savings gap theory*).

Demgegenüber steht die neoklassische Perspektive, die stärker auf institutionelle Rahmenbedingungen fokussiert. Hilfe kann demnach nur dann wirken, wenn Empfängerländer gute wirtschaftspolitische Rahmenbedingungen schaffen, etwa stabile makroökonomische Strukturen, Rechtssicherheit und effiziente Institutionen (Burnside & Dollar, 2000). Kritische Theorien weisen dagegen auf negative Nebenwirkungen hin. Vertreter der sogenannten *Dependency School* argumentieren, dass Entwicklungshilfe Abhängigkeiten von Industrieländern festige, anstatt eigenständige Entwicklung zu ermöglichen (Frank, 1966). Neuere Ansätze warnen vor dem Risiko, dass externe Mittel Korruption und klientelistische Strukturen verstärken können (Knack, 2001). Parallel dazu existieren normative und politökonomische Zugänge. Während Befürworter wie Sachs (2005) Entwicklungshilfe als moralische Pflicht und effektives Instrument der Armutsbekämpfung verstehen, betonen Kritiker wie Easterly (2006) die Begrenztheit zentral gesteuerter Hilfeprogramme und plädieren für stärker marktorientierte oder bottom-up-Strategien. Insgesamt zeigt sich, dass die theoretische Debatte kein einheitliches Wirkungsmodell kennt. Vielmehr bewegen sich die Positionen zwischen Hilfe als notwendigem Katalysator für Entwicklung und Hilfe als Ursache für dauerhafte Abhängigkeiten und Dysfunktionalitäten.

15.2 Umstritten: Was bewirkt Entwicklungshilfe?

Die empirische Forschung zur Wirksamkeit von Entwicklungshilfe liefert ein gemischtes Bild. Während einzelne Programme nachweislich Erfolge erzielen, bleibt der Nachweis makroökonomischer Effekte auf Wirtschaftswachstum und Armutsreduzierung schwach und umstritten. Eine der einflussreichsten Arbeiten stammt von Burnside und Dollar (2000). Sie kommen zu dem Ergebnis, dass Entwicklungshilfe das Wirtschaftswachstum nur dann fördert, wenn die Empfängerländer gute wirtschaftspolitische Rahmenbedingungen aufweisen. Spätere Studien haben dieses Ergebnis jedoch relativiert oder widersprochen. Easterly et al. (2004) zeigen beispielsweise, dass der

Befund stark von der Datenbasis und den untersuchten Zeit-
räumen abhängt. Neuere Meta-Analysen wie Doucouliagos
und Paldam (2011) finden insgesamt nur geringe oder keine
robusten positiven Effekte von Hilfe auf Wachstum. Nichts-
destotrotz gibt es Erfolgsgeschichten einzelner Projekte. Allerdings geht es hier vor allem um Projekte, bei denen Zuschüsse
eingesetzt werden, um die Lebensumstände der Menschen zu
verbessern. Häufig sind diese Projekte jedoch nicht nachhaltig als „Hilfe zur Selbsthilfe" zu verstehen. Der positive Effekt
endet somit meist, wenn die Zuschüsse aufgebraucht sind. Ein
eigenständiges Überleben der Projekte ist schwierig:

Gesundheit:
Entwicklungshilfe hat maßgeblich zur Bekämpfung von Krankheiten beigetragen. Forschungen zeigen, dass internationale
Impfprogramme und der Zugang zu Medikamenten Millionen
von Menschenleben gerettet haben (Deaton, 2013; Clemens,
2004).

Bildung:
Hilfsprogramme haben in vielen Ländern den Schulzugang
erweitert und die Alphabetisierungsraten erhöht (Benavot,
2015). Allerdings bestehen weiterhin große Qualitätsunter-
schiede, sodass höhere Einschulungsraten nicht automatisch
bessere Lernergebnisse bedeuten.

Infrastruktur:
Investitionen in Straßen, Energieversorgung oder Wasserversorgung haben vielerorts direkte Lebensverbesserungen ermöglicht. Empirische Analysen zeigen, dass solche Maßnahmen vor
allem kurzfristige Entwicklungsimpulse geben können (Collier
& Dollar, 2002).

Ein besonders umstrittenes Feld betrifft die institutionellen
Effekte von Entwicklungshilfe. Während Befürworter argumentieren, dass Hilfe staatliche Kapazitäten und Verwaltungsstrukturen stärken könne (Knack, 2001), belegen andere Stu-

dien, dass hohe Hilfsströme Anreize für Korruption, Patronage und politische Abhängigkeit erzeugen können (Djankov et al., 2008). Fallstudien illustrieren, dass Erfolge oft lokal und kontextabhängig sind. So gilt etwa die HIV/AIDS-Bekämpfung in Subsahara-Afrika als ein Bereich, in dem externe Hilfe deutliche Fortschritte gebracht hat (Sidibé et al., 2019). Gleichzeitig zeigen Meta-Analysen, dass sich diese Erfolge nicht automatisch auf andere Bereiche übertragen lassen (Rajan & Subramanian, 2008). Insgesamt legt die empirische Forschung nahe, dass Entwicklungshilfe allenfalls in spezifischen Sektoren Wirkung entfalten kann, während der Nachweis langfristiger makroökonomischer Effekte schwierig bleibt. Bei allen Verdiensten von Entwicklungsvorhaben für die kurzfristige Steigerung der Lebensqualität oder die Rettung von Menschenleben scheint also der intendierte Impuls für eine verstetigte Entwicklung aus eigener Kraft in aller Regel nicht zu gelingen.

15.3 Faktoren für Erfolg oder Misserfolg

Die Wirksamkeit von Entwicklungshilfe hängt nicht allein von der Höhe der bereitgestellten Mittel ab, sondern wird maßgeblich durch eine Vielzahl an Kontext- und Umsetzungsfaktoren bestimmt. Forschungsergebnisse zeigen, dass die Bedingungen im Empfängerland, die Art der Hilfe und die Qualität der Umsetzung entscheidend sind. Ein zentraler Erfolgsfaktor ist die institutionelle Stabilität im Empfängerland. Studien belegen, dass Hilfe in Staaten mit guten Regierungsstrukturen und stabiler Makroökonomie deutlich wirksamer ist (Burnside & Dollar, 2000; Collier & Dollar, 2002). Wo hingegen schwache Institutionen und autoritäre Regime dominieren, steigt das Risiko, dass Hilfsgelder ineffizient genutzt oder missbraucht werden (Knack, 2001). Wirksamkeit setzt voraus, dass Hilfsprogramme regelmäßig überprüft und evaluiert werden. Organisationen wie die Weltbank oder OECD haben deshalb in den vergangenen zwei Jahrzehnten verstärkt auf wirkungsorientierte Ansätze gesetzt

(OECD, 2005). Empirische Analysen zeigen, dass Projekte mit klaren Zielindikatoren und Monitoring-Mechanismen tendenziell erfolgreicher sind, wenngleich auf niedrigem Niveau (Easterly, 2009). Auch die Form der Hilfe spielt eine wichtige Rolle:

Projektbasierte Hilfe
kann gezielt auf bestimmte Sektoren wirken, ist aber oft fragmentiert.

Budgethilfe
stärkt die Eigenverantwortung von Regierungen, setzt jedoch Vertrauen in deren Institutionen voraus (Devarajan et al., 2001).

Multilaterale Hilfe
gilt als besser koordiniert und abgestimmt, ist dafür oft bürokratischer und führt zu einem ineffizienteren Mitteleinsatz, während bilaterale Hilfe stärker politischen Interessen folgt (Alesina & Dollar, 2000).

Die Wirksamkeit hängt stark vom sozialen, politischen und kulturellen Kontext ab. In fragilen und konfliktreichen Staaten wirken Hilfsmaßnahmen oft kurzfristig stabilisierend, können aber auch unbeabsichtigt Konflikte verschärfen, wenn Ressourcen ungleich verteilt werden (Anderson, 1999; Collier, 2007). Ein zentrales Prinzip ist die „Hilfe zur Selbsthilfe". Dabei geht es nicht um das kurzfristige Bereitstellen von Ressourcen, sondern um den Aufbau von Fähigkeiten, Strukturen und Märkten, die unabhängig von externer Hilfe bestehen können. Ein häufiges Problem sind ineffiziente Strukturen durch eine Vielzahl an Gebern mit unterschiedlichen Strategien. Die „Paris Declaration on Aid Effectiveness" (2005) versuchte, Prinzipien wie Harmonisierung, Ownership und Ergebnisorientierung zu verankern. Forschung zeigt jedoch, dass Fortschritte nur begrenzt umgesetzt wurden und Fragmentierung weiterhin ein Problem bleibt (Knack & Rahman, 2007).

Zusammenfassend lässt sich festhalten: Entwicklungshilfe wirkt besonders dann erfolgreicher, wenn sie in ein stabiles institutionelles Umfeld eingebettet ist, transparente Mechanismen zur Wirkungsmessung nutzt und durch Koordination zwischen Gebern und Empfängern flankiert ist. Doch auch Projekte unter verbesserten Rahmenbedingungen scheitern meist daran, nachhaltige eigenständige Entwicklung in Gang zu setzen. Das Ziel muss sein, Entwicklungshilfe langfristig überflüssig zu machen.

15.4 Kritik und Gegenpositionen

Trotz vieler Bemühungen und einzelner Erfolgsgeschichten steht Entwicklungshilfe seit Jahrzehnten in der Kritik. Wissenschaftler und Praktiker haben unterschiedliche Argumente gegen ihre Wirksamkeit oder sogar gegen ihre Legitimität vorgebracht. Ein zentrales Gegenargument lautet, dass Hilfsgelder Abhängigkeiten schaffen, anstatt Eigeninitiative und nachhaltige Entwicklung zu fördern. Der Ökonom William Easterly (2006) argumentiert, dass zentral gesteuerte Hilfsprogramme systematisch scheitern, weil sie die Bedürfnisse der Menschen vor Ort ignorieren und auf ineffiziente Bürokratien setzen. Auch empirische Analysen weisen darauf hin, dass langfristige Hilfsstrome wirtschaftliche Eigenverantwortung und Reformanreize schwächen können (Djankov et al., 2008). Ein weiteres Argument betrifft die politische Ökonomie von Hilfe. Gelder gelangen oft nicht zu den Bedürftigsten, sondern werden von Eliten vereinnahmt. Dambisa Moyo (2009) kritisiert in *Dead Aid*, dass Hilfsgelder in vielen afrikanischen Staaten korrupte Regime stützen und so notwendige Reformen blockieren. Studien bestätigen, dass hohe Hilfszuflüsse teilweise mit einem Anstieg klientelistischer Strukturen und politischer Instabilität verbunden sind (Knack, 2001).

Postkoloniale Ansätze betonen die Fortsetzung historischer Abhängigkeitsverhältnisse. Entwicklungshilfe reproduziere ungleiche Machtstrukturen zwischen Nord und Süd, indem Geberländer politische und wirtschaftliche Bedingungen diktieren (Ferguson, 1994; Escobar, 1995). Aus dieser Perspektive ist Hilfe weniger ein Instrument der Armutsbekämpfung, sondern vielmehr ein Mittel, geopolitische Einflusszonen zu stabilisieren. Ein weiteres Hindernis ist die mangelnde Bedarfsorientierung. Zahlreiche Projekte wurden von außen konzipiert, ohne die kulturellen, sozialen und wirtschaftlichen Realitäten vor Ort ausreichend einzubeziehen. Dadurch entstehen Maßnahmen, die an den eigentlichen Bedürfnissen vorbeigehen oder bestehende lokale Initiativen verdrängen. Hinzu kommt, dass in vielen Fällen parallele Strukturen zu staatlichen Institutionen geschaffen werden – mit der Folge, dass Kapazitäten zersplittert und Verantwortlichkeiten unklar werden. Kritiker verweisen auch auf alternative Wege zur Förderung von Entwicklung. Statt klassischer Hilfsprogramme könnten Freihandel, Direktinvestitionen oder Rücküberweisungen von Migranten (Remittances) nachhaltigere Wirkungen entfalten (Rajan & Subramanian, 2008). Empirische Studien zeigen, dass Remittances in vielen Ländern eine stabilere Finanzierungsquelle darstellen als Hilfsgelder und direkt bei Haushalten ankommen (De et al., 2024).

Zusammenfassend verdeutlicht die Kritik, dass Entwicklungshilfe keineswegs als eindeutiges Erfolgsmodell gilt. Vielmehr wird sie von verschiedenen Seiten als ineffizient, kontraproduktiv oder gar schädlich betrachtet. Diese Gegenpositionen haben die internationale Debatte entscheidend geprägt und zur Entwicklung neuer Reformansätze beigetragen. Ein wichtiger Punkt scheint es zu sein, statt „more of the same" vielmehr Investitionen zu ermöglichen, die Arbeitsplätze schaffen, Infrastruktur bereitstellen und eigenständige Entwicklung in Gang setzen können. Darauf wird später noch im Detail einzugehen sein.

15.5 Aktuelle Trends und Reformen

Die anhaltende Kritik an der Wirksamkeit klassischer Entwicklungshilfe hat seit den 2000er-Jahren eine Vielzahl von Reformprozessen ausgelöst. Ziel ist es, Hilfe effizienter, trans-

parenter und stärker an den Bedürfnissen der Empfängerländer auszurichten. Mit der *Paris Declaration on Aid Effectiveness* (2005) verpflichteten sich Geber und Empfänger auf
Prinzipien wie Eigenverantwortung („ownership"), Harmonisierung, Ergebnisorientierung und Rechenschaftspflicht
(OECD, 2005). Diese Agenda wurde später in der *Accra
Agenda for Action* (OECD, 2008) und dem *Busan Partner-
ship Agreement* (OECD, 2011) weitergeführt. Empirische
Studien zeigen jedoch, dass die Umsetzung oft fragmenta-
risch blieb, da nationale Interessen und Geberpolitik weiterhin dominieren (Knack, 2013). Seit der Verabschiedung der
Agenda 2030 und der 17 Ziele für nachhaltige Entwicklung
(SDGs) im Jahr 2015 ist Entwicklungshilfe stärker in globale
Nachhaltigkeitsstrategien eingebettet (UN, 2015). Neben
klassischer Armutsbekämpfung stehen nun auch Themen wie
Klimaschutz oder nachhaltige Produktionsweisen im Vordergrund. Damit hat sich das Mandat von Entwicklungszusammenarbeit deutlich verbreitert. Neue Ansätze gehen über
traditionelle Hilfsmechanismen hinaus:

Cash-Transfers:
Direkte Geldzahlungen an Haushalte gelten als besonders effizient, da sie Entscheidungskompetenz bei den Empfängern be-
lassen. Randomisierte Studien, etwa von Banerjee et al. (2019,
Nobelpreis für Wirtschaftswissenschaften), zeigen positive Effekte auf Konsum, Gesundheit und Bildung.

Impact Investing:
Private Investoren stellen Kapital bereit, das sowohl eine soziale
als auch eine finanzielle Rendite erzielen soll (Bugg-Levine &
Emerson, 2011).

Public-Private Partnerships (PPPs):
Gemeinsame Projekte von Staaten, Entwicklungsbanken
und Unternehmen werden zunehmend als Hebel gesehen,
um mehr Ressourcen für Infrastruktur und Klimaschutz zu
mobilisieren (Griffith-Jones & Ocampo, 2018).

Mit Initiativen wie der *International Aid Transparency Initiative* (*IATI*) sollen Daten über Hilfsflüsse öffentlich zugänglich und vergleichbar gemacht werden. Digitale Technologien ermöglichen zudem neue Formen der Wirkungsmessung und der direkten Auszahlung von Hilfsleistungen via Mobiltelefone (Honig & Weaver, 2022). Parallel zur langfristigen Entwicklungszusammenarbeit hat die Bedeutung kurzfristiger humanitärer Hilfe angesichts globaler Krisen – etwa der COVID-19-Pandemie, Klimakatastrophen oder Konflikte – stark zugenommen. Der Trend geht zu stärker integrierten Ansätzen, die kurzfristige Hilfe mit langfristigen Entwicklungszielen verbinden sollen („nexus approach"). Zusammengefasst lässt sich feststellen: Entwicklungshilfe befindet sich in einem tiefgreifenden Reformprozess. Während klassische Instrumente weiterhin bestehen, ist es notwendig, sich noch stärker auf die Frage zu konzentrieren, welche Organisationsform von Entwicklungshilfe langfristig wirksam sein kann. Auch wenn private Direktinvestitionen als Mittel der Wahl zunehmend in den Blick geraten, so fehlt doch noch ein genaueres Verständnis der Wirkmechanismen und effiziente Instrumente, mit den Ressourcen der Entwicklungspolitik solche Investitionen anzureizen.

15.6 Fazit

Die wissenschaftliche Auseinandersetzung mit der Wirksamkeit von Entwicklungshilfe zeigt ein vielschichtiges und ambivalentes Bild. Während makroökonomische Studien nur begrenzte oder widersprüchliche Effekte auf Wachstum und Armutsbekämpfung feststellen (Doucouliagos & Paldam, 2011; Rajan & Subramanian, 2008), lassen sich in spezifischen Sektoren wie Gesundheit, Bildung oder Infrastruktur durchaus Fortschritte nachweisen (Deaton, 2013; Benavot, 2015). Millionen von Menschenleben wurden durch Impfprogramme gerettet, die Alphabetisierungsraten sind vielerorts gestiegen, und die Grundversorgung hat sich verbessert. Diese Erfolge sind jedoch häufig kurzfristiger Natur und nicht nachhaltig. Gleichzeitig belegen zahlreiche Analysen die Risiken: Abhängigkeit von Hilfsgeldern, Korruption, ineffiziente Strukturen und die Reproduktion globaler Machtasymmetrien (Moyo, 2009; Easterly, 2006; Escobar, 1995). Hilfe kann somit genauso gut Entwicklungsprozesse fördern wie blockieren – entscheidend sind die genutzten Instrumente, die institutionellen Rahmenbedingungen, die Qualität der Umsetzung sowie die Einbettung in lokale Kontexte.

Die aktuelle Reformagenda zeigt, dass diese Einsichten zunehmend erkannt werden, eine konkrete Berücksichtigung jedoch nur selten erfolgt. Wirkungsorientierung, stärkere Transparenz, die Einbindung lokaler Akteure und innovative Finanzierungsinstrumente sind Stichworte, die künftig noch stärker in politische Strategien eingehen müssen. Die Agenda 2030 und die Sustainable Development Goals haben zudem den Fokus erweitert. Hilfe soll nicht nur Armut bekämpfen, sondern auch globale Herausforderungen wie Klimawandel, Ungleichheit oder fragile Staatlichkeit adressieren. Damit ergibt sich für die wissenschaftliche wie politische Debatte ein klarer Befund: Entwicklungshilfe ist weder Allheilmittel noch in jedem Fall wirkungslos. Sie kann ein wichtiges Instrument sein, wenn sie effizient und anreizkompatibel langfristig angelegt ist – und wenn sie nicht als Ersatz für strukturelle Reformen oder globale Wirtschaftsbeziehungen missverstanden wird.

16

Ohne Afrika keine Lösung globaler Probleme

Afrika ist nicht Kulisse globaler Debatten, sondern ihr Dreh- und Angelpunkt. Ob Klimaschutz, Migration oder die Zukunft der regelbasierten Ordnung – ohne den Kontinent lassen sich die großen Fragen unserer Zeit nicht beantworten. Während Europa über Emissionsziele, Arbeitskräftemangel und geopolitische Brüche ringt, wächst in Afrika eine junge, urbane, unternehmerische Generation heran. Sie braucht Strom, Jobs, Bildung – und offene Märkte statt paternalistischer Entwicklungshilfe. Die Weichenstellung ist klar: Setzt Afrika auf eine erneuerbare, dezentrale Energiewirtschaft und wird zum Anbieter grüner Moleküle, profitieren Klima und Wachstum zugleich. Bleibt der Pfad jedoch fossil, rücken globale Ziele in die Ferne. Ähnlich bei Migration: Dauerhafte Antworten entstehen nicht an Zäunen, sondern durch Investitionen, Beschäftigung und rechtsstaatliche Reformen vor Ort – ergänzt um legale, gesteuerte Mobilität. Und im Multilateralismus gilt: Mit 54 Stimmen in den Vereinten Nationen und Schlüsselroh-

S. Liebing, *Das afrikanische Jahrzehnt*, https://doi.org/10.1007/978-3-658-50092-4_16

stoffen für die Energiewende ist Afrika Partner, nicht Adressat. Dieses Kapitel zeigt, warum Europas eigene Transformation nur in einer Partnerschaft mit Afrika gelingt – mit Handel statt Almosen, Technologie statt Belehrung, Risikoabsicherung statt Bürokratie. Kurz: Wer Zukunft gestalten will, muss Afrika mitgestalten.

16.1 Klima und Energiewende

Die Klimakrise stellt eine der größten globalen Herausforderungen des 21. Jahrhunderts dar. Während internationale Debatten häufig von den großen Emittenten wie China, den USA oder der Europäischen Union dominiert werden, rückt Afrika als Akteur bislang nur begrenzt in den Fokus. Dabei gilt der Kontinent einerseits als besonders verwundbar gegenüber den Folgen des Klimawandels, andererseits wird er zunehmend zu einem entscheidenden Faktor für die künftige Entwicklung der globalen Emissionen. Afrika spielt eine Schlüsselrolle in der globalen Klimapolitik – weil sein zukünftiger Energiepfad entscheidend für das Erreichen weltweiter Klimaziele ist. Mehr als 600 Mio. Menschen in Afrika haben noch keinen Zugang zu Strom, und die wachsende Bevölkerung wird den Energiebedarf in den kommenden Jahrzehnten massiv erhöhen. Wenn dieser Mehrbedarf vorwiegend mit fossilen Brennstoffen gedeckt wird, drohen die globalen CO_2-Reduktionsziele in weite Ferne zu rücken. Eine erfolgreiche globale Dekarbonisierung ist daher nur möglich, wenn Afrikas Energiezukunft grün gestaltet wird. Das bedeutet: Ausbau von Solar- und Windkraft in großem Maßstab, Nutzung der erheblichen Wasserkraft- und Geothermiepotenziale, Entwicklung einer wettbewerbsfähigen grünen Wasserstoffproduktion und Förderung dezentraler Off-Grid-Lösungen für ländliche Regionen. Dazu braucht es Investitionen in Speichertechnologien, moderne Netzinfrastruktur und technische Ausbildung, um Wartung und Betrieb sicherzustellen.

Internationale Partnerschaften spielen hierbei eine zentrale Rolle – nicht als Geberstrukturen, sondern als gleichberechtigte Kooperationen, die Technologie und Know-how sowie Investitionen und Finanzierung bereitstellen, während afrikanische Staaten klare Strategien und politische Rahmenbedingungen für den Ausbau erneuerbarer Energien schaffen. Gleichzeitig müssen private Investitionen in den grünen Sektor erleichtert werden. Afrika könnte so nicht nur seine eigene Energieversorgung sichern, sondern auch zu einem globalen Anbieter grüner Energie werden – ein Gewinn für die wirtschaftliche Entwicklung des Kontinents und ein entscheidender Beitrag zur weltweiten CO_2-Minderung. Afrikas Beitrag zu den historischen Treibhausgasemissionen ist im internationalen Vergleich gering. Der Kontinent ist bislang lediglich für etwa 4 % der weltweiten CO_2-Emissionen verantwortlich (Cozzi et al., 2022). Dennoch besitzt die Region ein enormes Zukunftsgewicht. Bevölkerungsprognosen der Vereinten Nationen gehen davon aus, dass sich die Bevölkerung Afrikas bis 2050 nahezu verdoppeln wird, womit nicht nur die Nachfrage nach Nahrungsmitteln und Infrastruktur, sondern vor allem auch nach Energie rasant ansteigt (Wilmoth, 2022). Während in Europa aufgrund stagnierender Bevölkerungszahlen und steigender Effizienzgewinne der Energieverbrauch langfristig eher sinkt, steht Afrika vor einer Phase massiven Wachstums.

Die zentrale Fragestellung lautet daher, ob es dem Kontinent gelingen kann, seinen steigenden Energiebedarf überwiegend durch erneuerbare Quellen zu decken – oder ob ein fossiler Entwicklungspfad eingeschlagen wird, der die globalen Klimaziele massiv gefährden würde. Europa und Deutschland können zwar durch Effizienzsteigerungen und Emissionsminderungen einen erheblichen Beitrag leisten, doch diese Einsparungen würden rasch an Wirkung verlieren, wenn Afrikas wachsender Energiehunger vor allem mit Kohle, Öl und Gas gestillt würde. Vor diesem Hintergrund verfolgt dieses Kapitel das Ziel, die Rolle Afrikas für die globale Klimapolitik näher zu beleuchten. Dabei wird insbesondere die wachsende Energienachfrage in Afrika analysiert und mit den Einsparpotenzialen in Deutschland und Europa verglichen. Auf dieser Grundlage soll gezeigt werden, warum die Klimakrise nicht ohne Afrika lösbar ist und welche Chancen eine gemeinsame Energiewende eröffnet.

Globale Verantwortung und Emissionsverteilung

Die Frage nach Afrikas Rolle in der globalen Klimakrise lässt sich nicht ohne eine Betrachtung der historischen und gegenwärtigen Emissionsverteilung beantworten. Historisch gesehen tragen die Industrienationen die Hauptverantwortung für die heutige Konzentration von Treibhausgasen in der Atmosphäre. Schätzungen zufolge stammen seit Beginn der Industrialisierung rund 50 % der kumulativen CO_2-Emissionen aus Europa und Nordamerika, während der gesamte afrikanische Kontinent weniger als 4 % beigetragen hat (IPCC, 2021). Auch in der Gegenwart ist Afrikas Anteil an den globalen Emissionen vergleichsweise gering. Nach Daten der Internationalen Energieagentur (Cozzi et al., 2022) entfielen 2021 nur etwa 1,5 Gigatonnen CO_2 auf den Kontinent – im Vergleich zu über 10 Gigatonnen in China und rund 2,5 Gigatonnen in der Europäischen Union. Pro Kopf liegen die Unterschiede noch deutlicher. Während ein Deutscher im Durchschnitt etwa 7,7 t CO_2 pro Jahr verursacht, liegt der afrikanische Durchschnittswert bei unter 1 t (World Bank, 2021).

Gleichzeitig verdeutlicht die Diskussion um das verbleibende „Carbon Budget" die globale Verantwortungsgemeinschaft. Um das 1,5-Grad-Ziel des Pariser Abkommens einzuhalten, dürfen laut IPCC (2021) ab 2020 nur noch etwa 400 bis 500 Gigatonnen CO_2 weltweit ausgestoßen werden. Angesichts des bereits ausgeschöpften Anteils durch Industrienationen stellt sich die Frage der Verteilung. Wer darf das verbleibende Budget nutzen? Afrikas wachsende Bevölkerung beansprucht dabei einen größeren Anteil am künftigen Energieverbrauch, insbesondere für grundlegende Entwicklungsziele wie Elektrifizierung,

Gesundheit und Industrialisierung. Für Europa und Deutschland ergibt sich daraus eine doppelte Verantwortung. Einerseits müssen die eigenen Emissionen schnell und drastisch reduziert werden, um den historischen Überverbrauch des globalen Kohlenstoffbudgets auszugleichen. Andererseits sind Investitionen in nachhaltige Energiesysteme in Afrika unverzichtbar, um zu verhindern, dass das künftige Wachstum der Emissionen den globalen Klimazielen entgegenläuft. Die Klimakrise kann daher nicht allein mit europäischen Einsparungen bewältigt werden, sondern erfordert eine globale Perspektive, in der Afrika als zentraler Partner verstanden wird.

Demografische Dynamik und Energiebedarf in Afrika
Afrika ist der am schnellsten wachsende Kontinent der Welt. Laut den Vereinten Nationen wird sich die Bevölkerung von derzeit etwa 1,4 Mrd. Menschen bis 2050 auf rund 2,5 Mrd. fast verdoppeln (Wilmoth, 2022). Besonders stark fällt das Wachstum in Subsahara-Afrika aus, wo sich die Bevölkerung aufgrund hoher Fertilitätsraten und sinkender Sterblichkeit dynamisch entwickelt. Hinzu kommt ein beschleunigter Urbanisierungsprozess. Schätzungen zufolge werden bis Mitte des Jahrhunderts über 60 % der Afrikanerinnen und Afrikaner in Städten leben (Moreno et al., 2020). Diese demografischen Trends haben unmittelbare Konsequenzen für den Energiebedarf. Schon heute verfügen rund 600 Mio. Menschen in Subsahara-Afrika über keinen Zugang zu Elektrizität (Cozzi et al., 2022). Gleichzeitig wächst die Nachfrage nach moderner Energieversorgung rapide – für Beleuchtung, Kühlung, digitale Technologien, industrielle Produktion und Transport. Prognosen der Internationalen Energieagentur zufolge könnte sich Afrikas Primärenergieverbrauch bis 2040 verdoppeln, wenn die Entwicklung nach bisherigen Mustern verläuft (Cozzi et al., 2022).

Das wirft zentrale klimapolitische Fragen auf. Einerseits ist der Ausbau von Energiesystemen eine Grundvoraussetzung für Armutsbekämpfung, wirtschaftliche Diversifizierung und soziale Entwicklung. Ohne verlässliche Energieversorgung bleiben Industrialisierung, moderne Landwirtschaft und digitale Integration kaum möglich. Andererseits birgt die Deckung dieses steigenden Bedarfs erhebliche Risiken, sollte sie auf fossilen Energieträgern beruhen. Ein massiver Ausbau von Kohlekraftwerken oder Erdgasförderung könnte dazu führen, dass Afrikas Emissionen innerhalb weniger Jahrzehnte ein Vielfaches des heutigen Niveaus erreichen – und damit die Erreichung der Pariser Klimaziele untergraben. Vor diesem Hintergrund stellt sich die Frage, ob es gelingt, Afrikas Energiewende von Beginn an auf erneuerbare Energien auszurichten. Der Kontinent verfügt über ein enormes Potenzial an Solar-, Wind-, Wasser- und Geothermie-Ressourcen, das theoretisch den wachsenden Bedarf decken könnte. Entscheidend ist jedoch, ob Investitionen, politische Rahmenbedingungen und internationale Kooperationen diesen nachhaltigen Weg unterstützen – oder ob fossile Optionen gewählt werden, weil die Finanzierung emissionsarmer Projekte nicht im notwendigen Umfang gelingt.

Einsparpotentiale in Deutschland und Europa

Während in Afrika der Energieverbrauch in den kommenden Jahrzehnten erheblich steigen wird, steht Europa vor einer entgegengesetzten Entwicklung. Aufgrund stagnierender Bevölkerungszahlen, technologischer Fortschritte und ambitionierter Klimapolitik ist hier ein langfristiger Rückgang der Emissionen zu erwarten. Deutschland und die Europäische Union haben sich ehrgeizige Klimaziele gesetzt. Mit dem „Europäischen Green Deal" strebt die EU an, ihre Treibhausgasemissionen bis 2030 um mindestens 55 % gegenüber 1990 zu senken und bis 2050 klimaneutral zu werden (European Commission, 2019). Deutschland verpflichtet sich mit dem Klimaschutzgesetz von 2021, bis 2045 Treibhausgasneutralität zu erreichen (BMUV, 2021). Diese Zielsetzungen erfordern erhebliche Effizienzsteigerungen und einen grundlegenden Umbau der Energiesysteme. Das Einsparpotenzial ist beträchtlich:

Gebäudesektor:
Rund 35 % des Endenergieverbrauchs in Deutschland entfallen auf Gebäude. Durch energetische Sanierungen, Wärmepumpen und bessere Dämmung ließen sich mehrere zehn Millionen Tonnen CO_2 pro Jahr einsparen (Müller & Schneider, 2022).

Industrie:
Energieintensive Sektoren wie Stahl oder Chemie sollen durch Elektrifizierung, Wasserstofftechnologien und Kreislaufwirtschaft dekarbonisiert werden.

Verkehr:
Der Umstieg auf Elektromobilität und ein stärkerer Ausbau öffentlicher Verkehrsmittel können die Emissionen im Mobilitätssektor je nach zugrundeliegendem Energiemix erheblich reduzieren.

Stromerzeugung:
Der Kohleausstieg in Deutschland bis spätestens 2038, perspektivisch schon 2030, wird mehrere Hundert Millionen Tonnen CO_2 pro Jahr einsparen.

Europa verfügt also über erhebliche Spielräume, um durch Effizienz und Dekarbonisierung Emissionen zu senken. Doch auch wenn diese Potenziale voll ausgeschöpft werden, kann der europäische Beitrag allein nicht ausreichen, um das 1,5-Grad-Ziel zu sichern. Denn die prognostizierte Energienachfrage in Afrika übersteigt das, was durch Einsparungen in Europa kompensiert werden kann. Während die EU ihren absoluten Energiebedarf in den kommenden Jahrzehnten möglicherweise senkt, könnte sich Afrikas Nachfrage bis 2040 verdoppeln (Cozzi et al., 2022). Hinzu kommt: Die oftmals bereits sehr effizienten Systeme in Industrie oder auch im Gebäudebestand in Deutschland erfordern hohe Investitionen, um eine Einheit CO_2 zu sparen. In Afrika hingegen können Emissionsreduktionen oftmals deutlich günstiger erreicht werden. Der Vergleich verdeutlicht: Europas Einsparungen sind notwendig, aber nicht hinreichend. Sie entfalten nur dann globale Wirkung, wenn parallel der afrikanische Energiesektor von Beginn an auf erneuerbare Energien ausgerichtet wird und wenn ein marktwirtschaftliches System dafür sorgt, dass Investitionen dorthin fließen, wo mit dem geringsten Mitteleinsatz die höchsten Einsparungen erreicht werden können.

Afrikas Rolle in der globalen Energiewende
Afrika steht im Zentrum der globalen Energiewende. Einerseits wächst die Energienachfrage auf dem Kontinent schneller als in jeder anderen Weltregion. Andererseits verfügt Afrika über ein außergewöhnlich hohes Potenzial an erneuerbaren Energieressourcen, das – bei gezieltem Ausbau – nicht nur den eigenen Bedarf decken, sondern auch einen Beitrag zur globalen Energiewende leisten könnte. Das größte Potenzial liegt in der Solarenergie. Die Sahara und die Sahelzone gehören zu den sonnenreichsten Regionen der Erde, mit einer durchschnittlichen jährlichen Sonneneinstrahlung von über 2000 kWh pro Quadratmeter (Ferroukhi et al., 2022). Theoretische Berechnungen zeigen, dass bereits ein Bruchteil dieser Kapazität ausreichen würde, um den gesamten Energiebedarf Afrikas mehrfach zu decken. Auch die Windenergie ist in Küstenregionen Nord- und Ostafrikas sowie in Teilen des südlichen Afrikas reichlich vorhanden, während Geothermie in Ostafrika (vor allem in Kenia und Äthiopien) bereits in das nationale Stromnetz integriert wird (El-Ashram et al., 2020).

Neben der Dekarbonisierung der eigenen Wirtschaft bietet sich Afrika als zukünftiger Exporteur von grünem Wasserstoff an. Mehrere Länder – darunter Namibia, Angola, Mauretanien, Marokko und Südafrika – arbeiten an Strategien, um Wasserstoff aus erneuerbaren Energien zu produzieren und perspektivisch nach Europa zu exportieren (Löffler et al., 2022). Dies könnte Afrika eine Schlüsselrolle in den globalen Märkten für klimaneutrale Energieträger sichern. Gleichzeitig bestehen Risiken. Wenn Investitionen weiterhin stark in fossile Infrastrukturen fließen, entstehen sogenannte Lock-in-Effekte. Einmal gebaute Kohle- oder Gaskraftwerke haben Laufzeiten von mehreren Jahrzehnten und binden Kapital, das dann nicht mehr für erneuerbare Energien zur Verfügung steht (Steffen et al., 2018). Dies würde nicht nur Afrikas eigene Klimaziele gefährden, sondern auch die Chancen auf eine globale Begrenzung der Erderwärmung. Afrikas Rolle ist daher ambivalent. Der Kontinent kann entweder zum Treiber der globalen Energiewende werden – oder zu einem „blinden Fleck", der durch eine fossile Entwicklung die internationalen Bemühungen zur Emissionsminderung konterkariert. Entscheidend ist, ob die Energiewende in Afrika frühzeitig durch internationale Investitionen, Finanzierungen und Technologietransfer unterstützt wird.

Afrika als Lieferant grüner Energie für die Welt – die Rolle von Wasserstoff

Ein „Game Changer" für die schnelle Weiterentwicklung der afrikanischen Wirtschaft könnte die Herstellung von grünem Wasserstoff sein. Allein Deutschland hängt gegenwärtig zu zwei Dritteln seiner Energieversorgung von Importen ab. Wer die deutsche Wirtschaft CO_2-neutral machen möchte, muss also ein besonderes Augenmerk darauf legen, die Importe von Öl, Gas und Kohle zu ersetzen. Das wird kaum nur durch den Zubau von Wind- und Solaranlagen im Land gelingen. Vielmehr wird ein signifikanter Anteil grüner Energie aus dem Ausland kommen müssen. Diese grüne Energie könnte vor allem dort erzeugt werden, wo besonders gute Wind- und Sonnenverhältnisse herrschen. Die nächstgelegene Region, in der das der Fall ist, wäre Südeuropa, gleich danach Afrika. Gefragt sind dabei vor allem Länder, die an die Sahara angrenzen und zugleich eine Möglichkeit haben, den grünen Strom, umgewandelt in Wasserstoff oder Folgeprodukte wie grünes Methan oder Methanol, gut per Schiff oder Pipeline nach Europa zu transportieren. Daher bieten sich vor allem die Länder Nord-

und Westafrikas an. Aber auch im südlichen Afrika entstehen derzeit neue Projekte mit dem Ziel, die Weltmärkte mit grünen Energieträgern wie (grünem) Methan, Methanol, Ammoniak oder synthetischen Kraftstoffen zu versorgen.

Die Herausforderung wird vor allem darin bestehen, zahlreiche Handlungsstränge zu koordinieren und zu synchronisieren. Gesteigerte Nachfrage nach grünem Wasserstoff erfordert die Umstellung von Anlagen wie LNG-Terminals, Pipelines, Kraftwerken und Fabrikationsanlagen. Hinzu kommt, dass die grüne Form der Energie zumindest zu Anfang noch deutlich teurer sein dürfte als konventionelle Energieträger. Diese Wirtschaftlichkeitslücke könnte grundsätzlich durch Subventionen oder Steuererleichterungen überbrückt werden. Ein steigender CO_2-Preis wird ebenfalls dazu beitragen, dass grüner Wasserstoff wettbewerbsfähig wird. Und dennoch wird die deutsche Wirtschaft erst dann in große Erzeugungsprojekte im Ausland investieren können, wenn klar ist, dass das Produkt auch Abnehmer finden wird. Die Bundesregierung hat dazu ambitionierte Pläne. So wird eine Handelsgesellschaft – ausgestattet mit Kapital und Garantien des Bundes – den Wasserstoff frühzeitig aufkaufen und dann an potentielle Abnehmer in Deutschland versteigern. Die Lücke, die zwischen (anfänglich hohem) Einkaufspreis und (anfänglich niedrigerem) Verkaufspreis entsteht, trägt der Bund. Damit ließe sich das „Henne-und-Ei"-Problem des Markthochlaufs durchbrechen. Bei einem Gesamtbestand deutscher Investitionen auf dem afrikanischen Kontinent von derzeit ca. 12 Mrd. € wäre die Realisierung bereits von einem oder zwei solcher Projekte mit einem Investitionsvolumen von jeweils bis zu einer Milliarde ein wesentlicher Treiber für signifikante – bislang nicht gekannte – Steigerungen der Wirtschaftsbeziehungen.

Afrika hätte also das Zeug dazu, die bisherigen „Öllieferantenländer" zu ersetzen und die führenden Mitglieder einer neuen „grünen OPEC" zu stellen, die künftig für die Energieversorgung Europas sorgen. Zugleich können deutsche Investoren und Technologieunternehmen einen neuen Exportschlager generieren, vor Ort Wertschöpfung, Arbeitsplätze und Steuereinnahmen ermöglichen und in Deutschland einen neuen Industriezweig entwickeln. Nicht nur diese Aussichten beschreiben ein neues Niveau der bilateralen Wirtschaftsbeziehungen. Zudem besteht die Hoffnung, dass mit dem Engagement deutscher Partner auf dem Gebiet der grünen Technologie in Afrika für den Export grüner Produkte auch die umweltfreundliche und CO2-neutrale Elektrifizierung der Volkswirtschaften vor Ort erfolgen kann. Während bislang zahlreiche Projekte zwar von Investoren und afrikanischen Energieversorgern gewünscht waren, kam in vielen Fällen die Finanzierung nicht zustande. Fremdkapitalgeber, meist europäische Banken, müssen sich darauf verlassen können, dass die Abnehmer grüner Energie, oft afrikanische staatliche Energieversorger, über den Amortisationszeitraum von meist mehr als zehn Jahren regelmäßig monatlich die Stromrechnung bezahlen (können). Wenn das Zahlungsausfallrisiko nicht wäre, könnten deutsche Unternehmen morgen mit der grünen Elektrifizierung Afrikas beginnen und die Erfahrungen der Energiewende einsetzen. Nun könnte man hoffen, dass im Zuge von exportorientierten Wasserstoffprojekten, die viel leichter zu finanzieren sind, weil als Abnehmer solvente internationale Konzerne in Frage kommen, auch ein Teil der Energie vor Ort bleiben kann und solchermaßen kombinierte Projekte leichter realisierbar sein werden als solche, die rein für den afrikanischen Markt gedacht sind.

Noch schneller ließe sich das Problem lösen, wenn sich europäische Investoren gegen den Zahlungsausfall afrikanischer Stromkunden versichern könnten. Bei Handelsgeschäften ist das mit „Hermesbürgschaften" heute schon in vielen Fällen möglich. Warum also nicht für entwicklungspolitisch gewünschte, grüne und damit auch uns dienende Projekte eine „Klima-Hermesbürgschaft" schaffen? Es scheint, dort wären Gelder aus dem Entwicklungsbudget der Bundesregierung besser aufgehoben als in vielen „traditionellen" Projekten der Entwicklungszusammenarbeit, deren Wirkung oft umstritten ist. Als weitere Maßnahme muss die Bundesregierung Forschung und Entwicklung gerade im Hinblick auf Afrika deutlich stärken. Es geht vor allem um anwendungsorientierte Forschung und um Kostendegression durch Produktverbesserungen sowie um die Entwicklung von klimafreundlicher Technologie, die den besonderen Anforderungen afrikanischer Märkte gerecht wird. Dabei ist vor allem Technologieoffenheit wichtig. Wenn wir es schneller schaffen, durch die Herstellung CO2-neutralen Benzins auf Basis von Wasserstoff Emissionen zu senken als durch die komplette Umstellung der PKW-Flotte auf Elektroautos, dann sollten wir das auch tun. Klimaneutralität muss international gedacht werden. Es hilft keinesfalls, wenn Deutschland oder Europa klimaneutral werden, während energieintensive Produktionsprozesse in Länder verlagert werden, für die das keine Priorität darstellt.

Internationale Kooperation und Europas Verantwortung
Die Energiewende in Afrika ist nicht allein eine regionale Herausforderung, sondern eine globale Aufgabe. Angesichts des prognostizierten Wachstums von Bevölkerung und Energiebedarf entscheidet sich in Afrika maßgeblich, ob die Welt die Ziele des Pariser Klimaabkommens einhalten kann. Internationale Kooperation ist daher unverzichtbar, und Europa kommt dabei eine besondere Verantwortung zu. Historisch gesehen hat Europa überproportional zur globalen Erwärmung beigetragen und damit einen Großteil des verbleibenden „Carbon Budgets" verbraucht (IPCC, 2021). Gleichzeitig verfügt die Europäische Union über erhebliche finanzielle, technologische und institutionelle Ressourcen, die zur Unterstützung einer nachhaltigen Energiewende in Afrika eingesetzt werden können. Die Kooperation kann dabei mehrere Dimensionen umfassen:

Finanzierung:
Investitionen in erneuerbare Energien und Netzinfrastruktur sind für viele afrikanische Länder ohne externe Unterstützung nicht realisierbar. Öffentliche Finanzinstitutionen wie

die Europäische Investitionsbank (EIB) oder multilaterale Fonds können hier eine zentrale Rolle spielen (Griffith-Jones & Ocampo, 2018), vor allem aber muss es möglich sein, private Investitionen auf diesem Gebiet anzureizen.

Technologietransfer:
Europa verfügt über umfangreiche Erfahrung im Ausbau von Wind- und Solarenergie sowie bei Speichertechnologien. Diese Expertise kann durch Partnerschaften und Joint Ventures nach Afrika übertragen werden.

Grüner Wasserstoff und Handelspartnerschaften:
In Ländern wie Namibia, Angola, Mauretanien oder Marokko entstehen Pilotprojekte zur Erzeugung und zum Export von grünem Wasserstoff. Die EU kann durch langfristige Abnahmeverträge und Investitionen stabile Märkte schaffen (Löffler et al., 2022).

Politische Rahmenbedingungen:
Kooperation darf nicht als Einbahnstraße verstanden werden. Statt Konditionalitäten und Top-down-Vorgaben braucht es Partnerschaften auf Augenhöhe, die afrikanische Prioritäten – etwa Zugang zu lokaler Energieversorgung – berücksichtigen (Conceição, 2020).

Europa trägt damit nicht nur aus klimapolitischer Verantwortung, sondern auch aus eigenem Interesse zur Energiewende in Afrika bei. Stabilere Energiesysteme fördern wirtschaftliche Entwicklung, reduzieren Migrationsdruck und eröffnen neue Märkte für europäische Unternehmen.

Fazit

Die vorangehende Analyse macht deutlich, dass die globale Klimakrise ohne Afrika nicht bewältigt werden kann. Der Kontinent vereint drei zentrale Charakteristika: einen bislang geringen historischen Beitrag zu den Treibhausgasemissionen, eine rapide wachsende Bevölkerung und einen in den kommenden Jahrzehnten massiv steigenden Energiebedarf. Während Europa und Deutschland über Einsparpotenziale verfügen und ihre Emissionen durch ambitionierte Klimapolitik verringern können, reicht dies allein nicht aus, um die internationalen Klimaziele zu erreichen. Entscheidend ist, ob Afrika seinen Energiehunger über fossile oder über erneuerbare Quellen stillt. Die Potenziale für eine nachhaltige Energiewende sind enorm. Afrika verfügt über einige der weltweit besten Standorte für Solar- und Windenergie sowie über zusätzliche Ressourcen wie Geothermie und Wasserkraft. Mit Unterstützung internationaler Partnerschaften könnte der Kontinent nicht nur den eigenen Energiebedarf klimafreundlich decken, sondern perspektivisch auch als Exporteur von grünem Wasserstoff eine Schlüsselrolle in globalen Energiemärkten einnehmen. Gleichzeitig birgt ein Festhalten an fossilen Investitionen erhebliche Risiken, da dadurch Lock-in-Effekte entstehen, die die globale Emissionsreduktion konterkarieren würden.

Für Europa ergibt sich daraus eine doppelte Verantwortung. Einerseits müssen die eigenen Emissionen reduziert werden, um historische Verpflichtungen zu erfüllen. Andererseits gilt es, Afrika durch Finanzierung, Technologietransfer und Investitionen bei einer erneuerbaren Energiewende zu unterstützen. Dafür ist es notwendig, ökonomische Anreize zu setzen. Wegen eines Mangels an Investitionsmitteln vor Ort ist es entscheidend, dass nicht nur lokale, sondern auch deutsche Unternehmen in Afrika investieren. Dafür benötigt es aber öffentliche Risikoabsicherung und somit ein wesentliches Umdenken in der Entwicklungspolitik. Damit Investitionen dorthin gelenkt werden, wo sie pro investiertem Euro am meisten Emissionen vermeiden können, wäre ein gemeinsames Emissionshandelssystem die richtige Lösung. In einem Zwischenschritt sollten zumindest klimafreundliche Investitionen in Afrika auf Verpflichtungen in Europa anrechenbar werden. Afrikas Rolle in der Klimapolitik ist somit nicht peripher, sondern zentral. Die kommenden Jahrzehnte werden zeigen, ob es gelingt, eine gemeinsame Energiewende zu gestalten, die Klimaschutz und Entwicklung verbindet. Ohne Afrika wird die Klimakrise nicht gelöst werden können – mit Afrika jedoch könnte sie zu einem Motor einer global nachhaltigen Transformation werden.

16.2 Migration und Demografie

Einleitung

Migration zählt zu den zentralen globalen Herausforderungen des 21. Jahrhunderts. Weltweit sind nach Angaben der Vereinten Nationen mehr als 280 Mio. Menschen internationale Migranten, davon rund 32 Mio. Geflüchtete oder Asylsuchende (Wilmoth, 2022; UNHCR, 2023). In Europa prägen Migrationsbewegungen seit Jahren politische Debatten, Wahlkämpfe und gesellschaftliche Auseinandersetzungen. Spätestens seit 2015, als hunderttausende Schutzsuchende aus Syrien und anderen Krisenregionen nach Europa kamen, steht die Frage im Mittelpunkt, wie Europa Migration steuern, begrenzen und zugleich humanitäre Verantwortung übernehmen kann.

Doch häufig wird Migration in Europa als ein kurzfristiges „Flüchtlingsproblem" verstanden, das sich mit verschärftem Grenzschutz oder Abkommen mit Transitstaaten lösen lasse. Eine solche Perspektive greift zu kurz. Langfristig ist Europa nicht in der Lage, seine Migrationsfrage isoliert zu lösen – denn ein Großteil der künftigen Migrationsbewegungen wird von Afrika ausgehen. Der Kontinent wächst demografisch schneller als jede andere Region der Welt, kämpft mit großen ökonomischen und politischen Herausforderungen und ist gleichzeitig besonders stark von den Folgen des Klimawandels betroffen. Globale und europäische Migrationsfragen lassen sich nicht bewältigen, wenn die Migrationsursachen in Afrika nicht adressiert werden. Um diese These zu untermauern, werden im Folgenden die Ursachen von Migration in Afrika analysiert, ihre Wechselwirkungen mit Europa beschrieben und mögliche Szenarien für die Entwicklung von Flüchtlingszahlen skizziert. Ziel ist es, deutlich zu machen, dass Migrationspolitik immer auch Entwicklungs-, Klima- und Außenpolitik ist – und nur in Kooperation mit Afrika langfristig wirksam gestaltet werden kann.

Globale und europäische Migrationskontexte

Europa ist sowohl Herkunfts-, Transit- als auch Zielregion internationaler Migration. Seit 2015 steht die EU vor der Herausforderung, einerseits legale Zuwanderung für Wirtschaft und Arbeitsmärkte zu gestalten, andererseits irreguläre Fluchtbewegungen zu kontrollieren und Schutzbedürftigen gerecht zu werden. Nach Angaben von Eurostat wurden allein 2022 in der Europäischen Union mehr als 960.000 Asylanträge gestellt – der höchste Wert seit 2016 (Eurostat, 2023). Die Zusammensetzung der Migranten in Europa ist heterogen. Neben Geflüchteten aus Syrien, Afghanistan oder der Ukraine wächst der Anteil von Menschen aus afrikanischen Staaten kontinuierlich. Viele dieser Bewegungen sind durch einen Mix aus wirtschaftlichen, politischen und ökologischen Faktoren bedingt und verlaufen zunehmend über gefährliche Routen durch die Sahara und über das Mittelmeer. Internationale Organisationen wie die Internationale Organisation für Migration (IOM) sprechen in diesem Zusammenhang von einer „Mixed Migration", die Flucht- und Arbeitsmigration vermischt und politisch schwer steuerbar macht (McAuliffe & Triandafyllidou, 2021). In der europäischen Politik hat dies zu einer Polarisierung geführt. Einerseits wird Migration zunehmend als Sicherheitsfrage behandelt – mit Fokus auf Grenzschutz, Frontex-Einsätzen und Abkommen mit Transitstaaten wie Libyen oder Tunesien. Andererseits wächst die Einsicht, dass Europa auch auf Migration angewiesen ist, um Arbeitskräftemangel und demografische Alterung auszugleichen. Diese widersprüchlichen Interessen verdeutlichen, dass Migration nicht durch kurzfristige Maßnahmen gelöst werden kann. Vielmehr ist sie eingebettet in globale Dynamiken, die insbesondere mit der demografischen und wirtschaftlichen Entwicklung Afrikas verknüpft sind.

Zentrale Migrationsursachen in Afrika
Migration aus Afrika ist das Ergebnis eines komplexen Zusammenspiels struktureller, politischer, ökonomischer und ökologischer Faktoren. Dabei handelt es sich selten um monokausale Ursachen; vielmehr wirken verschiedene Dynamiken gleichzeitig und verstärken sich gegenseitig.

Demografischer Druck:
Afrika ist die demografisch am schnellsten wachsende Weltregion. Nach Prognosen der Vereinten Nationen wird die Bevölkerung von derzeit etwa 1,4 Mrd. auf rund 2,5 Mrd. Menschen im Jahr 2050 anwachsen (Wilmoth, 2022). Besonders prägend ist der sogenannte *youth bulge*: Über 60 % der Bevölkerung sind unter 25 Jahre alt. Dieser enorme Anteil junger Menschen schafft Potenzial für wirtschaftliche Entwicklung, erhöht aber gleichzeitig den Druck auf Arbeitsmärkte, Bildungssysteme und soziale Strukturen.

Ökonomische Faktoren:
Trotz Wirtschaftswachstum in einigen Staaten bleibt die ökonomische Basis vieler Länder fragil. Arbeitslosigkeit, informelle Beschäftigung und fehlende Perspektiven treiben vor allem junge Menschen dazu, Auswanderung als Chance zu betrachten. Die Weltbank (Calderon et al., 2020) schätzt, dass jedes Jahr rund 12 Mio. junge Afrikanerinnen und Afrikaner auf den Arbeitsmarkt drängen, während nur etwa 3 Mio. neue Arbeitsplätze entstehen.

Politische Instabilität und Konflikte:
In zahlreichen Regionen prägen schwache Staatlichkeit, autoritäre Regime und gewaltsame Konflikte den Alltag. Bürgerkriege in Äthiopien oder im Sahel, Terrorismus in Nigeria oder Mali sowie politische Krisen in Sudan oder Libyen schaffen Fluchtbewegungen innerhalb Afrikas und in Richtung Europa (UNHCR, 2023). Politische Unsicherheit wirkt zudem abschreckend auf Investitionen und verhindert ökonomische

Entwicklung – ein Teufelskreis, der neue Migrationsanreize schafft.

Klimawandel und ökologische Ursachen:
Afrika ist überdurchschnittlich stark von den Folgen des Klimawandels betroffen. Dürren, Desertifikation, Überflutungen und Ernteausfälle bedrohen die Lebensgrundlagen von Millionen Menschen. Laut IPCC (2021) könnten bis 2050 über 100 Mio. Menschen in Afrika durch Klimafolgen in Armut gedrängt werden. In Regionen wie der Sahelzone verschärfen sich zudem Konflikte um Wasser und Land, was zusätzlich Fluchtbewegungen antreibt.

Soziale Faktoren und Netzwerke:
Migration wird auch durch Bildung, Urbanisierung und transnationale Netzwerke beeinflusst. Wer über höhere Bildung oder familiäre Verbindungen ins Ausland verfügt, hat eher die Mittel und Motivation zur Migration. Soziale Medien und digitale Kommunikation erleichtern zudem die Organisation von Migrationsrouten und verstärken die Wahrnehmung von Chancen im Ausland.

Zusammengenommen verdeutlichen diese Faktoren: Migration aus Afrika ist ein strukturelles und langfristiges Phänomen. Sie entsteht nicht allein durch akute Krisen, sondern durch tiefgreifende Transformationsprozesse, die Bevölkerungsentwicklung, Ökonomie, Politik, Klima und soziale Dynamiken miteinander verbinden.

Wechselwirkungen zwischen Afrika und Europa
Afrika und Europa sind durch geographische Nähe, historische Verbindungen und enge wirtschaftliche sowie soziale Verflechtungen in besonderer Weise migrationspolitisch miteinander verbunden. Migration zwischen den beiden Kontinenten ist daher kein neues Phänomen, sondern seit Jahrzehnten Teil der gesellschaftlichen Realität. Die Mittelmeerregion bildet die zentrale Schnittstelle. Über die westliche Route (Marokko–

Spanien), die zentrale Route (Libyen/Tunesien – Italien/Malta) und die östliche Route (Ägypten – Griechenland/Zypern) gelangen jedes Jahr zehntausende Menschen nach Europa. Hinzu kommen Überlandrouten durch die Sahara, die Migration aus West- und Zentralafrika an die nordafrikanische Küste tragen (McAuliffe & Triandafyllidou, 2021). Diese Wege sind hochriskant. Laut der *International Organisation for Migration* starben seit 2014 über 25.000 Menschen beim Versuch, das Mittelmeer zu überqueren (IOM, 2022).

Kolonialgeschichte, Sprachgemeinschaften und ökonomische Beziehungen haben ein dichtes Netz an Verbindungen geschaffen. Frankreich, Belgien, Portugal und Großbritannien sind bis heute wichtige Zielländer afrikanischer Migration. Auch die afrikanische Diaspora in Europa ist ein bedeutender Faktor. Rund 10 Mio. Menschen afrikanischer Herkunft leben in der EU, die wiederum als „Brückenpopulation" fungieren und neue Migrationsbewegungen über Familiennachzug und Netzwerke erleichtern (Eurostat, 2023). Angesichts steigender Migrationszahlen hat die EU seit den 2000er-Jahren ihre Politik zunehmend auf Abschottung und Externalisierung ausgerichtet. Dazu gehören die Aufrüstung des Grenzschutzes durch Frontex, Rückführungsabkommen mit Transitstaaten wie Libyen und Niger sowie finanzielle Unterstützung nordafrikanischer Regierungen für die Kontrolle von Migrationsbewegungen (EU Commission, 2020). Gleichzeitig bestehen Programme für legale Migration und Mobilität, etwa im Rahmen der *EU-Africa Partnership on Migration, Mobility and Employment*. Dennoch dominieren sicherheitspolitische Ansätze die öffentliche Wahrnehmung.

Europa ist nicht nur Ziel von Geflüchteten, sondern auch auf Migration angewiesen. Demografischer Wandel und Arbeitskräftemangel führen dazu, dass legale Zuwanderung langfristig unverzichtbar ist. Afrikanische Migranten tragen schon heute wesentlich zu europäischen Arbeitsmärkten bei, insbesondere in Pflege, Bauwirtschaft und Landwirtschaft. Daraus ergibt sich eine Spannung zwischen politischem Druck zur Begrenzung irregulärer Migration und ökonomischer Notwendigkeit kontrollierter Zuwanderung. Die Wechselwirkungen zwischen Afrika und Europa machen deutlich: Migrationsbewegungen sind Ausdruck einer strukturellen Verflechtung. Sie können weder durch nationale Abschottung noch durch kurzfristige Abkommen dauerhaft gesteuert werden. Stattdessen erfordert eine nachhaltige Politik, die Ursachen von Migration in Afrika selbst in den Blick zu nehmen.

Szenarien für zukünftige Migrationsbewegungen aus Afrika nach Europa

Die Entwicklung künftiger Migrationsbewegungen aus Afrika nach Europa hängt von einer Vielzahl an Faktoren ab: dem demografischen Wachstum, wirtschaftlicher Entwicklung, politischer Stabilität und nicht zuletzt den Folgen des Klimawandels. Exakte Prognosen sind daher kaum möglich. Wissenschaft und Politik arbeiten stattdessen mit Szenarien, die mögliche Entwicklungspfade aufzeigen.

Basisszenario:

Setzt sich die derzeitige Dynamik fort, ist von einem kontinuierlichen Anstieg afrikanischer Migration nach Europa auszugehen. Das Bevölkerungswachstum führt zu einem größeren Migrationspotenzial. Jedes Jahr drängen rund 12 Mio. junge Afrikanerinnen und Afrikaner auf den Arbeitsmarkt, während deutlich weniger Arbeitsplätze entstehen (Maliszewska et al., 2020). Ökonomische Ungleichheiten zwischen Afrika und Europa bleiben ein starker Anreiz. In diesem Szenario steigt die Zahl der afrikanischen Migrantinnen und Migranten in Europa bis 2050 stetig an – ohne dass es jedoch zu sprunghaften „Migrationskrisen" kommt.

Krisenszenario:

Zusätzliche Belastungen wie eskalierende Konflikte, Staatszerfall oder akute Klimafolgen könnten die Migration stark beschleunigen. Der Sahel gilt als besonders vulnerabel. Dürren, Ressourcenknappheit und Gewaltkonflikte könnten Millionen Menschen zur Flucht zwingen (IPCC, 2021). Auch Küstenregionen Westafrikas sind durch steigende Meeresspiegel bedroht. In einem solchen Szenario wäre mit einer erheblichen Zunahme von Flüchtlingen und irregulärer Migration nach Europa zu rechnen.

Reform- und Kooperationsszenario:
Gelingt es afrikanischen Staaten gemeinsam mit internationalen Partnern, nachhaltige Entwicklungs- und Klimapolitik umzusetzen, könnte die irreguläre Migration abnehmen. Investitionen in Bildung, Arbeitsplätze und erneuerbare Energien schaffen Perspektiven vor Ort. Gleichzeitig könnten legale Migrationswege – etwa für Ausbildung, Pflege oder saisonale Arbeit – gezielt ausgebaut werden (EU Commission, 2020). In diesem Szenario bleibt Migration zwar ein strukturprägendes Phänomen, verläuft jedoch geordneter und mit geringerem humanitärem Leid.

Diese Szenarien verdeutlichen, dass Migration aus Afrika nach Europa nicht „gestoppt", sondern vor allem reduziert werden kann, wenn es gelingt, in den afrikanischen Ländern dauerhafte wirtschaftliche Entwicklung zu ermöglichen. Ohne wirksame Maßnahmen zur Bekämpfung der Migrationsursachen droht das Krisenszenario Realität zu werden. Mit einer vorausschauenden Politik hingegen könnte Migration zu einer Ressource für Entwicklung in Afrika und zur Stabilisierung der Arbeitsmärkte in Europa werden.

Warum europäische und globale Migrationsfragen nicht ohne Afrika gelöst werden können

Afrika wird in den kommenden Jahrzehnten zum entscheidenden Faktor globaler Migrationsbewegungen. Schon heute stellen Menschen aus afrikanischen Ländern einen wachsenden Anteil der Migrantinnen und Migranten in Europa. Doch das eigentliche Gewicht liegt in der Zukunft. Mit einer Verdopplung der

Bevölkerung bis 2050, tiefgreifenden ökonomischen Herausforderungen und den gravierenden Folgen des Klimawandels ist Afrika der Kontinent, der die globalen Migrationsdynamiken am stärksten prägen wird (Wilmoth, 2022; IPCC, 2022). Europa kann seine Migrationsfrage daher nicht isoliert durch Grenzsicherung oder Abkommen mit Transitstaaten lösen. Solche Maßnahmen mögen kurzfristig irreguläre Bewegungen eindämmen, sie adressieren jedoch nicht die strukturellen Ursachen. Ohne Verbesserung von Lebensbedingungen, Arbeitsmöglichkeiten und politischer Stabilität in den Herkunftsregionen werden immer neue Migrationsanreize entstehen. Selbst massive Investitionen in Grenzschutz können diese Dynamik nicht dauerhaft aufhalten (McAuliffe & Triandafyllidou, 2021).

Darüber hinaus ist Migration nicht nur eine europäische Frage. Binnenmigration und Migration zwischen afrikanischen Staaten machen den größten Teil der Bewegungen aus. Über 80 % afrikanischer Migranten bleiben auf dem Kontinent (AU/IOM, 2019). Doch Krisen, Klimafolgen und wirtschaftliche Ungleichheiten haben das Potenzial, regionale Migration zunehmend in globale Migration umzuwandeln. Damit verschränkt sich die afrikanische Migrationsdynamik untrennbar mit den globalen Herausforderungen von Flucht und Vertreibung. Das bedeutet: Eine nachhaltige Lösung europäischer und globaler Migrationsfragen erfordert die Bearbeitung der Ursachen in Afrika. Dazu zählen Investitionen in Bildung und Beschäftigung, Anpassung an den Klimawandel, Konfliktprävention und die Stärkung staatlicher Strukturen. Nur wenn afrikanische Länder Perspektiven für ihre Bevölkerungen bieten können, wird sich der Migrationsdruck verringern. Afrika ist damit nicht nur eine „Herkunftsregion", sondern ein zentraler Partner für globale Migrationspolitik. Europas Zukunft in Fragen von Migration und Integration hängt eng davon ab, wie erfolgreich es gemeinsam mit Afrika Lösungen für die tieferliegenden Ursachen gestaltet.

Politische Optionen und Handlungsempfehlungen
Ein zukunftsorientierter Umgang mit Migration aus Afrika nach Europa erfordert vor allem eines: Investitionen in wirtschaftliche Entwicklung und die Schaffung von Arbeitsplätzen. Solange Millionen junger Menschen ohne Perspektive auf dem Arbeitsmarkt bleiben, wird Migration für viele die einzige Option sein, ihre Lebensbedingungen zu verbessern. Afrikas größte Ressource ist seine junge Bevölkerung. Doch das Potenzial kann nur genutzt werden, wenn Bildungssysteme gestärkt und an die Anforderungen dynamischer Märkte angepasst werden. Programme zur beruflichen Ausbildung, digitale Lernangebote und Kooperationen mit europäischen Universitäten und Unternehmen können die Qualifikationen von Millionen junger Menschen verbessern und ihre Chancen auf dem lokalen Arbeitsmarkt erhöhen.

Sektoren wie erneuerbare Energien, Landwirtschaft, Bauwesen und digitale Dienstleistungen bieten enormes Wachstumspotenzial. Investitionen in Solar- und Windenergie schaffen nicht nur Arbeitsplätze, sondern tragen auch zur Energiesicherheit und zum Klimaschutz bei. Eine produktivere Landwirtschaft kann Millionen Jobs sichern, während die Digitalisierung neue Startups und Dienstleistungen ermöglicht. Investitionen in Straßen, Häfen, Schienenwege und digitale Netze schaffen nicht nur kurzfristige Jobs im Bauwesen, sondern legen die Grundlage für langfristiges Wirtschaftswachstum. Hier spielen Entwicklungsbanken, europäische Direktinvestitionen und Public-Private-Partnerships eine zentrale Rolle.

Europa profitiert von stabilen Nachbarschaften und Märkten. Daher liegt es im eigenen Interesse, Investitionen in Afrikas Beschäftigungssysteme massiv zu erhöhen. Durch Partnerschaften mit afrikanischen Staaten und Unternehmen können Wertschöpfungsketten vor Ort gestärkt und Abhängigkeiten von Rohstoffexporten reduziert werden. Gleichzeitig entstehen Möglichkeiten für europäische Firmen, in dynamische

Märkte einzutreten. Legale Migrationsmöglichkeiten – etwa für Ausbildung oder saisonale Arbeit – können ergänzend wirken. Rücküberweisungen von Migrantinnen und Migranten sind bereits heute eine der wichtigsten Finanzierungsquellen in vielen afrikanischen Ländern und tragen direkt zur wirtschaftlichen Entwicklung bei.

Die Konzentration auf Investitionen und Beschäftigung macht deutlich: Migration ist kein Schicksal, sondern eng mit wirtschaftlichen Strukturen verknüpft. Nur wenn junge Menschen in Afrika Perspektiven auf ein stabiles Einkommen haben, wird sich der Migrationsdruck langfristig verringern. Entwicklungs- und Migrationspolitik müssen deshalb in erster Linie als Wachstums- und Beschäftigungspolitik verstanden werden – getragen von gleichberechtigten Partnerschaften zwischen Afrika und Europa.

Fazit

Die Analyse hat gezeigt, dass die europäische und globale Migrationsfrage untrennbar mit Afrika verbunden ist. Kein anderer Kontinent wird die Migrationsdynamik der kommenden Jahrzehnte so stark prägen: durch schnelles Bevölkerungswachstum, ein junges Altersprofil, wirtschaftliche und politische Instabilitäten sowie die massiven Auswirkungen des Klimawandels. Migration aus Afrika ist daher kein vorübergehendes Phänomen.

Europa hat bisher vor allem auf kurzfristige und sicherheitspolitische Maßnahmen gesetzt, um Migration zu begrenzen. Diese Strategien können einzelne Routen erschweren, sie verändern jedoch nicht die Ursachen von Migration. Ohne Investitionen in Afrikas Entwicklung, Beschäftigungssysteme und politische Stabilität wird der Migrationsdruck weiter wachsen – mit hoher Wahrscheinlichkeit in Richtung Europa. Die Szenarien verdeutlichen, dass der Verlauf offener ist, als es manche Debatten suggerieren. Ein Krisenszenario, geprägt durch Konflikte, Klimakatastrophen und Staatszerfall, könnte zu erheblichen

Fluchtbewegungen führen. Ein Basisszenario sieht eine stetige, aber kontrollierbare Zunahme von Migration. Ein Reform- und Kooperationsszenario schließlich zeigt, dass Migration durch Investitionen, Arbeitsplätze und legale Zugangswege geordnet und für beide Seiten vorteilhaft gestaltet werden kann.

Dass wirtschaftliche Prosperität und die Entstehung neuer Arbeitsplätze in Afrika alternativlos sind, wurde bereits ausgeführt. Wenn die Menschen in Afrika keine Chance sehen, für sich und ihre Kinder eine Perspektive vor Ort zu schaffen, einen Arbeitsplatz zu finden und zu bescheidenem Wohlstand zu kommen, der ihnen ermöglicht, Zugang zu Bildung und Gesundheitsversorgung, Infrastruktur und Information zu erhalten, werden sie sich auf den Weg nach Europa machen. Zielführend ist der Ansatz des unter deutscher Präsidentschaft von den G20-Staaten entwickelten „Compact with Africa". Afrikanische Länder realisieren Reformen und verbessern die Rahmenbedingungen, Unternehmen aus den G20-Ländern investieren und schaffen Arbeitsplätze auf dem Kontinent. Wenn also Wirtschaftswachstum und Migration nicht übergreifend zwischen Europa und Afrika gedacht werden, werden wir die Migration nach Europa kaum in vertretbarem Umfang halten können.

Zentral ist, dass Migration nicht nur als Herausforderung, sondern auch als Chance verstanden werden muss. Afrikas junge Bevölkerung kann – bei ausreichenden Investitionen in Bildung, Beschäftigung und Infrastruktur – zu einem Motor für wirtschaftliches Wachstum werden, der auch Europa zugutekommt. Kooperation auf Augenhöhe zwischen der EU und der Afrikanischen Union ist hierfür unerlässlich. Die europäische Migrationsfrage lässt sich somit nicht ohne Afrika lösen. Sie erfordert einen Perspektivwechsel: hin zu einer partnerschaftlichen Politik, die Ursachenbekämpfung, Entwicklung und geordnete Mobilität miteinander verbindet. Nur dann besteht die Aussicht, Migration nachhaltig zu steuern und zugleich humanitäre Verantwortung sowie ökonomische Chancen zu vereinen.

16.3 Multilateralismus und Afrikas Rolle in der Welt

Einleitung

Multilateralismus – also die Zusammenarbeit von Staaten in regelbasierten, internationalen Institutionen – gehört seit Jahrzehnten zu den Grundpfeilern deutscher und europäischer Außenpolitik. Angesichts globaler Herausforderungen wie Klimawandel, Pandemien, Sicherheit und Migration ist dieses Prinzip wichtiger denn je. Doch das internationale Umfeld hat sich in den vergangenen Jahren dramatisch verändert. Autoritäre Großmächte wie China und Russland stellen zentrale Elemente der regelbasierten Ordnung in Frage, während die USA stärker innenpolitisch geprägt agieren und unter Präsident Trump internationale Foren weitgehend verlassen haben. Für Europa, das traditionell auf Verlässlichkeit, internationale Normen und Verhandlungslösungen setzt, entsteht dadurch ein geopolitisches Dilemma. Es ist mehr denn je auf Partner angewiesen, die ähnliche Grundwerte teilen und multilaterale Institutionen aktiv mitgestalten. In diesem Kontext gewinnt Afrika eine wachsende Bedeutung. Der Kontinent steht nicht nur für dynamisches Bevölkerungs- und Wirtschaftswachstum, sondern auch für eine zunehmend selbstbewusste Stimme in internationalen Verhandlungen. Mit 54 Mitgliedsstaaten stellt Afrika die größte regionale Gruppe in den Vereinten Nationen und ist damit entscheidend für Mehrheitsbildungen in multilateralen Gremien. Auch in Fragen der Klimapolitik, des Welthandels oder der Friedenssicherung wird Afrika künftig noch stärker Einfluss nehmen.

Afrika ist dem Prinzip der multilateralen Zusammenarbeit traditionell eng verbunden. Viele afrikanische Staaten sehen im Multilateralismus einen Schutzmechanismus gegenüber einseitigen Machtansprüchen großer Akteure und eine Plattform, auf der ihre Stimmen Gewicht haben. In einer Welt, in der sich geopolitische Spannungen verschärfen und nationale Interessen oft dominieren, könnte Afrika zur tragenden Säule eines multilateralen Systems werden. Deutschland und Europa können daher ihre Rolle als Verfechter einer regelbasierten Weltordnung nur sichern, wenn sie Afrika als strategischen Partner begreifen und eine enge Zusammenarbeit mit der Afrikanischen Union (AU) sowie mit regionalen Organisationen aufbauen. Die zentrale Fragestellung lautet daher: Warum sind Deutschland und Europa stark auf Afrika angewiesen, um weiterhin eine starke Gruppe von Multilateralisten zu bilden – und wie positionieren sich afrikanische Länder zu aktuellen Fragen von Multilateralismus und internationaler Zusammenarbeit?

Multilateralismus als Grundpfeiler europäischer Außenpolitik

Für Europa ist Multilateralismus kein optionales Instrument, sondern eine existentielle Notwendigkeit. Anders als klassische Großmächte verfügt die Europäische Union weder über einheitliche militärische Schlagkraft noch über ein geschlossenes geopolitisches Machtzentrum. Ihre Stärke beruht vielmehr auf der Fähigkeit, Interessen in regelbasierten Institutionen einzubringen, Allianzen zu schmieden und verbindliche Normen durchzusetzen. Aus diesem Grund bezeichnete der frühere deutsche Außenminister Heiko Maas Multilateralismus als „DNA der Europäischen Union". Historisch hat sich diese Orientierung seit dem Ende des Zweiten Weltkrieges entwickelt. Die Gründung der Vereinten Nationen, die Etablierung internationaler Wirtschaftsorganisationen wie der WTO und die Institutionalisierung von Sicherheitsarchitekturen wie NATO oder OSZE waren auch für europäische Staaten Wege, Sicherheit und Wohlstand auf einer verlässlichen Grundlage aufzubauen. Später verstärkte die EU ihre eigene multilaterale Identität, indem sie regionale Integration mit globalem Engagement verband.

Gleichzeitig ist Multilateralismus heute unter Druck geraten. Der Aufstieg Chinas und die strategische Rückkehr Russlands haben zu einer Fragmentierung der internationalen Ordnung geführt. Handelskonflikte, Blockaden im UN-Sicherheitsrat und die Erosion multilateraler Abkommen – etwa im Bereich Rüstungskontrolle oder Klimaschutz – machen die Schwächen des Systems deutlich. Für Europa entsteht daraus ein strategisches Risiko. Ohne funktionierende multilaterale Strukturen fehlt es an Hebeln, um globale Krisen zu bewältigen, die eigene Sicherheit zu schützen und wirtschaftliche Stabilität zu gewährleisten. Deutschland und die EU sind daher gezwungen, Multilateralismus aktiv zu verteidigen und weiterzuentwickeln. Dabei reicht es nicht mehr aus, allein mit den traditionellen Partnern im transatlantischen Raum zusammenzuarbeiten. Um eine „kritische Masse" an Unterstützern einer regelbasierten Ordnung zu erreichen, muss Europa neue Allianzen knüpfen – insbesondere mit Staaten, die durch ihre Zahl und ihr wirtschaftliches Potenzial maßgeblich zur Legitimität des Multilateralismus beitragen können. Hier kommt Afrika ins Spiel. Als größte Staaten- und Stimmengruppe in der UNO, als dynamischer Wirtschaftspartner und als Gestalter regionaler Ordnungen ist der Kontinent für Europa unverzichtbar, wenn es um die Zukunft internationaler Zusammenarbeit geht.

Afrikas wachsende Bedeutung im internationalen System
Afrika rückt zunehmend ins Zentrum globaler Politik und Wirtschaft. Während viele Regionen der Welt mit Alterung und Bevölkerungsrückgang konfrontiert sind, bildet Afrikas junge Gesellschaft einen potenziellen Motor für Dynamik, Innovation und Arbeitskräfte. Auch wirtschaftlich nimmt Afrikas Gewicht zu. Der Kontinent verfügt über enorme Rohstoffvorkommen – von kritischen Metallen wie Kobalt und Lithium bis hin zu Erdgas und Erdöl –, die etwa für die globale Energiewende unverzichtbar sind. Gleichzeitig entstehen neue Märkte. Mit der African Continental Free Trade Area (AfCFTA) entsteht die größte Freihandelszone der Welt, die langfristig die wirtschaftliche Integration Afrikas stärken und internationale

Investitionen anziehen wird (Signé, 2021b). Europa kann davon profitieren – oder an Einfluss verlieren, wenn andere Akteure wie China, Indien oder die Türkei den Zugang zu Märkten und Ressourcen dominieren.

Politisch gewinnt Afrika ebenfalls an Gewicht. Mit 54 Mitgliedsstaaten stellt der Kontinent die größte regionale Gruppe in den Vereinten Nationen, was ihn zu einem entscheidenden Faktor für Mehrheiten in der Generalversammlung macht. Hinzu kommt die wachsende Bedeutung der Afrikanischen Union (AU), die als regionale Organisation zunehmend als Partner in internationalen Fragen anerkannt wird – etwa in der Friedenssicherung oder bei Klimaverhandlungen. Afrikas Forderung nach ständigen Sitzen im UN-Sicherheitsrat zeigt zudem den Anspruch, nicht länger nur „Adressat", sondern gleichberechtigter Mitgestalter internationaler Ordnung zu sein. Afrika wird damit zu einer Art „Swing Region" im globalen Machtgefüge. Der Kontinent kann – je nach politischer Ausrichtung seiner Regierungen und regionalen Organisationen – den Multilateralismus stärken oder aber durch blockfreies Verhalten und verstärkte Süd-Süd-Kooperation alternative Ordnungsmodelle fördern. Für Europa bedeutet dies, dass Kooperation mit Afrika nicht nur eine Frage von Entwicklung oder Sicherheit ist, sondern eine strategische Notwendigkeit, um eine starke Allianz für eine regelbasierte internationale Zusammenarbeit zu sichern.

Afrikanische Positionen zu Multilateralismus und regelbasierter Ordnung

Afrikanische Staaten haben sich in den vergangenen Jahrzehnten zu wichtigen Stimmen im internationalen Diskurs über Multilateralismus entwickelt. Ihre Haltung ist dabei nicht einheitlich, sondern durch eine Mischung aus historischer Erfahrung, regionaler Zusammenarbeit und aktuellen Interessen geprägt. Die Afrikanische Union versteht sich zunehmend als Akteur, der die gemeinsame Stimme des Kontinents in multilateralen Prozessen bündelt. Mit der *Agenda 2063* formulierte sie eine langfristige Vision, die wirtschaftliche Integration, nachhaltige Entwicklung und eigenständige politische Handlungsfähigkeit betont. Diese Agenda ist zugleich Ausdruck des Willens, Afrika als gleichberechtigten Partner im internationalen System zu positionieren. Viele afrikanische Staaten pflegen eine Tradition der Blockfreiheit, die bis in die Zeit der Dekolonisierung zurückreicht. Diese Haltung zeigt sich heute in einer wachsenden Offenheit gegenüber Süd-Süd-Kooperation, insbesondere mit China, Indien oder Brasilien. In internationalen Organisationen suchen afrikanische Länder daher oft nach einem Gleichgewicht zwischen westlichen Partnern und neuen Allianzen. Für Europa bedeutet dies: Afrikanische Unterstützung für eine regelbasierte Ordnung ist möglich, muss aber durch glaubwürdige Angebote und Partnerschaften auf Augenhöhe gesichert werden. Haltungen zu zentralen Themen multilateraler Ordnung:

UN-Reformen:
Afrikanische Staaten fordern seit Jahren eine stärkere Repräsentation im UN-Sicherheitsrat, insbesondere ständige Sitze für Afrika. Diese Forderung ist zentral, um Legitimität und Akzeptanz der Vereinten Nationen in Afrika zu sichern.

Welthandel:
Viele afrikanische Länder kritisieren bestehende Ungleichgewichte im globalen Handelssystem. Sie setzen sich für Reformen der WTO, besseren Marktzugang und den Abbau protektionistischer Barrieren ein.

Klimapolitik:
Afrika betont Fragen der Klimagerechtigkeit. Die Länder des Kontinents tragen nur minimal zu den globalen Emissionen bei, sind aber besonders stark von den Folgen des Klimawandels betroffen. Entsprechend fordern sie verbindliche Zusagen zu Klimafinanzierung und Technologietransfer.

Friedenssicherung:
Die AU sieht sich zunehmend als eigenständiger Sicherheitsakteur. Sie verfolgt das Prinzip „African solutions to African problems", setzt aber weiterhin auf Partnerschaften mit den Vereinten Nationen und der Europäischen Union zur Finanzierung und Durchführung von Missionen.

Insgesamt zeigt sich, dass afrikanische Staaten dem Multilateralismus nicht ablehnend gegenüberstehen – im Gegenteil: Sie sehen ihn als notwendigen Rahmen, um eigene Interessen einzubringen und mehr globale Gerechtigkeit einzufordern. Ihre Positionen sind dabei oft reformorientiert und von dem Anspruch getragen, Ungleichheiten im internationalen System zu überwinden. Für Europa ergibt sich daraus die Chance, Afrika als Mitstreiter für eine erneuerte regelbasierte Ordnung zu gewinnen – vorausgesetzt, die Partnerschaft ist glaubwürdig und berücksichtigt afrikanische Prioritäten.

Warum Europa Afrika als Partner für Multilateralismus braucht

Für Europa ist die Zusammenarbeit mit Afrika längst mehr als eine Frage von Entwicklungshilfe oder klassischer Außenpolitik – sie ist eine strategische Notwendigkeit. Multilateralismus lebt davon, dass sich Mehrheiten in internationalen Foren finden lassen. Mit 54 Mitgliedsstaaten verfügt Afrika über die größte Stimmenmacht in der Generalversammlung der Vereinten Nationen und kann daher maßgeblich über die Legitimität und Durchsetzungskraft internationaler Regeln entscheiden. Ohne die Unterstützung afrikanischer Staaten verliert Europa an Handlungsfähigkeit und Einfluss. Hinzu kommt die wachsende ökonomische Bedeutung Afrikas. Der Kontinent ist nicht nur ein Markt der Zukunft, sondern auch ein unverzichtbarer Partner für die globale Energiewende. Rohstoffe wie Kobalt, Lithium oder Platin, die für Batterien und erneuerbare Energien entscheidend sind, befinden sich überwiegend in afrikanischen Ländern. Zugleich bieten Afrikas Potenziale für

Solar- und Windenergie Perspektiven für eine klimafreundliche Industrialisierung, die auch europäischen Klimazielen zugutekommt. Wer in dieser Transformation früh auf Kooperation setzt, sichert nicht nur wirtschaftliche Vorteile, sondern bindet Afrika auch enger in regelbasierte Strukturen ein.

Auch in Fragen der Sicherheit und Migration ist Afrika für Europa von zentraler Bedeutung. Instabilität in Regionen wie dem Sahel oder am Horn von Afrika hat direkte Auswirkungen auf europäische Sicherheitsinteressen. Gleichzeitig zeigen die Migrationsbewegungen der vergangenen Jahre, dass Europas innere Stabilität eng mit der Entwicklung afrikanischer Staaten verbunden ist. Eine enge Partnerschaft im Rahmen multilateraler Zusammenarbeit bietet hier den einzigen nachhaltigen Weg, gemeinsame Lösungen zu entwickeln, anstatt auf kurzfristige Abwehrstrategien zu setzen.

Schließlich geht es auch um geopolitische Konkurrenz. Afrika ist längst ein Schauplatz globaler Rivalitäten geworden. China investiert massiv in Infrastruktur, Russland sucht über militärische Kooperationen Einfluss, und auch andere Akteure wie die Türkei oder die Golfstaaten sind präsent. Wenn Europa Afrikas Bedeutung im internationalen System ignoriert, riskiert es, in multilateralen Fragen an den Rand gedrängt zu werden. Umgekehrt bietet eine strategische Partnerschaft die Möglichkeit, ein starkes Gegengewicht zu autoritären Modellen der internationalen Ordnung zu bilden und die regelbasierte Zusammenarbeit zu verteidigen. Europa braucht Afrika also nicht nur als „Adressaten" internationaler Politik, sondern als aktiven Mitgestalter des Multilateralismus. Erst durch eine echte Partnerschaft kann es gelingen, eine stabile Gruppe gleichgesinnter Staaten zu formen, die internationale Regeln nicht nur befolgen, sondern auch gemeinsam weiterentwickeln.

Perspektiven und Handlungsempfehlungen
Damit Multilateralismus im 21. Jahrhundert handlungsfähig bleibt, braucht es eine strategische Vertiefung der Partnerschaft

zwischen Europa und Afrika. Hierbei reicht es nicht aus, bestehende Entwicklungskooperationen fortzusetzen. Notwendig sind neue institutionelle Formate und gemeinsame Projekte, die Afrika als gleichberechtigten Partner in die multilaterale Ordnung integrieren. Ein erster Schritt könnte die Schaffung einer institutionellen Plattform sein, in der Europäische Union und Afrikanische Union systematisch gemeinsame Positionen zu Fragen des Multilateralismus entwickeln – etwa zur Reform der Vereinten Nationen, zu internationalen Investitionen oder zur Klimapolitik. Ein solches Forum würde nicht nur die gegenseitige Abstimmung verbessern, sondern auch das internationale Gewicht beider Kontinente erheblich stärken. Mit der *African Continental Free Trade Area (AfCFTA)* entsteht derzeit ein Binnenmarkt, der schon heute rund 1,4 Mrd. Menschen umfasst. Eine schrittweise Anbindung dieser Zone an den europäischen Binnenmarkt – etwa durch ein abgestuftes Freihandelsabkommen – könnte einen der größten integrierten Wirtschafts- und Handelsräume der Welt schaffen (Signé, 2022). Eine solche Kooperation würde nicht nur den multilateralen Welthandel stärken, sondern auch zeigen, dass regelbasierte Integration Wohlstand für beide Seiten schaffen kann.

Ein innovatives Instrument wäre die Verknüpfung des europäischen Emissionshandelssystems mit einem neu aufzubauenden afrikanischen System. Afrika verfügt über riesige Potenziale für erneuerbare Energien, Aufforstungsprojekte und CO_2-Senken, die in ein gemeinsames Marktmodell eingebunden werden könnten. Ein transkontinentales Emissionshandelssystem würde den Multilateralismus konkret mit wirtschaftlichen Anreizen verbinden. Europa erreicht seine Klimaziele kosteneffizienter, während afrikanische Staaten finanzielle Mittel für eine nachhaltige Transformation erhalten. Neben Handel und Klimaschutz sollten auch strategische Investitionen in Infrastruktur und digitale Transformation zentraler Bestandteil einer multilateralen Agenda sein. Kooperationen bei Glasfasernetzen, Stromtrassen für erneuerbare

Energien oder gemeinsame Standards im Datenschutz könnten als verbindende Elemente wirken und die regelbasierte Ordnung auch in Zukunftsbranchen sichern.

Schließlich bleibt die Friedenssicherung ein zentrales Feld multilateraler Zusammenarbeit. Europa kann hier als verlässlicher Partner auftreten, indem es afrikanische Eigeninitiativen – etwa AU-geführte Missionen – finanziell, logistisch und politisch unterstützt. Insgesamt zeigt sich: Multilateralismus zwischen Europa und Afrika darf nicht abstrakt bleiben. Er muss durch gemeinsame Institutionen, wirtschaftliche Integration und innovative Kooperationsinstrumente konkretisiert werden. Nur wenn die Partnerschaft auf Augenhöhe neue Formate hervorbringt, kann sie zu einem Modell werden, das globale Krisen bewältigt und die regelbasierte Ordnung langfristig sichert.

Fazit

Der Multilateralismus befindet sich weltweit in einer Krise – zwischen geopolitischer Rivalität, Protektionismus und dem Erstarken autoritärer Modelle. Für Deutschland und Europa, deren Stärke auf internationaler Kooperation und regelbasierten Institutionen beruht, ist dies eine existentielle Herausforderung. Die Antwort darauf kann jedoch nicht in Abschottung oder einem Rückzug in wenige traditionelle Wertepartnerschaften bestehen. Vielmehr braucht es eine strategische Erweiterung von Allianzen, und hier spielt Afrika eine Schlüsselrolle. Afrika ist nicht nur der Kontinent der Zukunft mit dynamischem Bevölkerungs- und Wirtschaftswachstum, sondern auch die größte Stimmengruppe in den Vereinten Nationen und zunehmend aktiver Mitgestalter internationaler Ordnung. Afrikanische Staaten fordern Reformen, mehr Gerechtigkeit und gleichberechtigte Teilhabe – Anliegen, die sich mit den europäischen Zielen eines regelbasierten Multilateralismus verbinden lassen.

Die enge Zusammenarbeit zwischen EU und AU, bis hin zu visionären Projekten wie einer europäisch-afrikanischen Freihandelszone oder einem gemeinsamen Emissionshandelssystem, bietet die Chance, die regelbasierte Ordnung nicht nur zu verteidigen, sondern auch zu erneuern. Eine solche Partnerschaft auf Augenhöhe würde Multilateralismus konkret machen: durch wirtschaftliche Integration, gemeinsame Klimapolitik und kooperative Sicherheit. Europa kann seine Rolle als globaler Gestalter nur sichern, wenn es Afrika nicht als nachgeordneten Partner betrachtet, sondern als gleichwertigen Mitstreiter für eine regelbasierte internationale Ordnung. Gemeinsam können beide Kontinente eine starke Gruppe von Multilateralisten bilden, die im internationalen System Stabilität, Gerechtigkeit und Handlungsfähigkeit garantiert.

16.4 Afrika und seine neuen Partner

Einleitung

Während Europa historisch und geografisch eng mit Afrika verbunden ist, zeigen sich in den vergangenen zwei Jahrzehnten deutliche Verschiebungen. Neue Partner haben ihre Präsenz massiv ausgebaut. China investiert in Häfen, Eisenbahnen und digitale Infrastruktur; Russland liefert Waffen und entsendet Sicherheitsberater; die Türkei hat ihre diplomatische und militärische Präsenz vervielfacht; Japan setzt auf Entwicklungszusammenarbeit; und Brasilien tritt über Süd-Süd-Kooperation sowie das BRICS-Format als Partner auf. Für afrikanische Staaten eröffnen sich dadurch neue Handlungsspielräume – und zugleich neue Abhängigkeiten.

Die Frage nach den nicht-europäischen Partnern Afrikas ist daher nicht nur von regionaler Bedeutung, sondern auch ein Schlüssel zum Verständnis globaler Machtverschiebungen. Afrikanische Länder nutzen die Vielfalt externer Akteure, um ihre Interessen durchzusetzen, sich gegen einseitige Abhängigkeiten abzusichern und ihre Stimme im internationalen System zu verstärken. Für die Weltordnung insgesamt bedeutet dies: Afrikas

Rolle wächst nicht nur als „Partner", sondern als Mitgestalter globaler Strukturen. Nun gehen wir der Frage nach, wie sich die Beziehungen Afrikas zu nicht-europäischen Partnern – insbesondere China, Russland, Türkei, Japan, Brasilien und den BRICS – derzeit gestalten, welche Dynamiken sich daraus für die Zukunft ergeben und welche Chancen und Risiken diese Entwicklungen für den Multilateralismus und die regelbasierte internationale Zusammenarbeit bergen – und damit auch für Deutschland und Europa.

China: Dominanter Akteur im Infrastruktursektor und Handel

China hat sich in den vergangenen zwei Jahrzehnten zum mit Abstand wichtigsten nicht-europäischen Partner Afrikas entwickelt. Der bilaterale Handel zwischen beiden Seiten übersteigt inzwischen den mit jedem anderen Akteur, und chinesische Investitionen haben die wirtschaftliche Landschaft des Kontinents nachhaltig verändert. Besonders sichtbar ist dies im Infrastrukturbereich. Eisenbahnlinien wie die Verbindung zwischen Addis Abeba und Dschibuti, moderne Häfen, Straßen und Energieanlagen wurden maßgeblich durch chinesische Kredite und Bauunternehmen realisiert. Diese Projekte sind oft Teil der globalen Belt and Road Initiative (BRI), die Afrika tief in Chinas weltweite Wirtschaftsstrategie integriert (Brautigam, 2020).

Chinas Engagement ist dabei nicht nur ökonomisch motiviert, sondern auch geopolitisch. Der Zugang zu Rohstoffen – insbesondere Öl, Gas, Kupfer, Kobalt und seltene Erden – ist für die chinesische Industrie von zentraler Bedeutung. Gleichzeitig erschließt sich China durch Investitionen in Telekommunikation und digitale Infrastrukturen wachsende Einflussmöglichkeiten in strategischen Sektoren. Für viele afrikanische Staaten ist China ein attraktiver Partner, weil es im Gegensatz zu westlichen Akteuren Investitionen nicht mit politischen Konditionalitäten wie Demokratie- oder Menschenrechtsauflagen verknüpft. Peking präsentiert sich als Partner „auf Augenhöhe" und betont die Prinzipien von Nichteinmischung und gegenseitigem Nutzen. Dies trifft auf Zustimmung in Ländern, die westliche Entwicklungszusammenarbeit als bevormundend empfinden.

Gleichzeitig birgt das chinesische Engagement erhebliche Risiken. Mehrere afrikanische Staaten haben sich durch chinesische Kredite in hohe Verschuldung begeben, die ihre fiskalische Handlungsfreiheit einschränkt. Kritiker warnen vor einer „Schuldenfallen-Diplomatie", bei der strategisch wichtige Infrastrukturen – wie Häfen oder Stromnetze – unter chinesische Kontrolle geraten könnten. Zudem wächst die Sorge, dass durch die Dominanz chinesischer Unternehmen in zentralen Wirtschaftsbereichen lokale Industrialisierungsprozesse behindert werden. Die Zukunft wird entscheidend davon abhängen, ob es afrikanischen Staaten gelingt, die Zusammenarbeit mit China so zu gestalten, dass sie langfristig zur wirtschaftlichen Diversifizierung und nachhaltigen Entwicklung beiträgt. Klar ist schon heute: China wird auch in den kommenden Jahrzehnten der dominierende externe Akteur in Afrika bleiben – sowohl als Handelspartner als auch als geopolitische Macht.

Russland: Sicherheitspartner und politische Einflussnahme
Russlands Rolle in Afrika unterscheidet sich grundlegend von jener Chinas. Während Peking primär über Handel und Infrastruktur Einfluss gewinnt, setzt Moskau auf sicherheitspolitische Kooperation und politische Einflussnahme. Waffenexporte sind dabei ein zentrales Instrument. Schon seit Jahrzehnten gilt Russland als einer der größten Lieferanten für militärische Ausrüstung auf dem Kontinent, von Kampfflugzeugen über Panzer bis hin zu Kleinwaffen. In den vergangenen Jahren hat sich dieser Schwerpunkt noch verstärkt, nicht zuletzt durch die Präsenz der zuletzt umbenannten Wagner-Gruppe, die in Ländern wie Mali, der Zentralafrikanischen Republik oder Sudan aktiv ist (Shubin & Pavlova, 2020).

Für viele Regierungen in instabilen oder konfliktreichen Regionen ist Russland attraktiv, weil es militärische Unterstützung ohne politische Konditionalitäten anbietet. Während westliche Partner demokratische Reformen oder Menschenrechte einfordern, verspricht Moskau pragmatische Sicherheitshilfe – sei es durch Ausrüstung, Ausbildung oder den direkten Einsatz von Söldnern. Dies verschafft Russland politischen Einfluss, gerade in Staaten, die sich vom Westen entfremdet haben oder westliche Kritik als Einmischung empfinden.

Russlands Engagement beschränkt sich jedoch nicht nur auf Waffenlieferungen. Über diplomatische Initiativen wie den Russland-Afrika-Gipfel versucht Moskau, seine Beziehungen zu afrikanischen Staaten institutionell zu festigen und neue Kooperationen in den Bereichen Energie, Bergbau und Landwirtschaft aufzubauen. Zudem präsentiert sich Russland in internationalen Foren als Unterstützer afrikanischer Forderungen nach mehr Repräsentation – beispielsweise bei der Reform des UN-Sicherheitsrats. Die Grenzen russischen Einflusses liegen allerdings auf der wirtschaftlichen Ebene. Im Vergleich zu China, Europa oder sogar der Türkei ist Russlands Handelsvolumen mit Afrika gering, und auch direkte Investitionen bleiben überschaubar. Die Stärke Moskaus liegt vor allem in der Kombination aus militärischer Präsenz, politischer Unterstützung autoritärer Eliten und symbolischer Positionierung als Gegengewicht zum Westen.

Für die Zukunft ist zu erwarten, dass Russland seine sicherheitspolitische Rolle weiter ausbauen wird, insbesondere in instabilen Regionen, in denen westliche Akteure ihre Präsenz reduzieren. Gleichzeitig dürfte das wirtschaftliche Gewicht Russlands aufgrund eigener struktureller Schwächen begrenzt bleiben. Dennoch bleibt Moskau ein einflussreicher Akteur, dessen militärisches Engagement Afrikas Sicherheitsarchitektur nachhaltig prägt – und das für Europa sowohl ein Risiko als auch eine geopolitische Herausforderung darstellt.

Türkei: Mittelmacht mit wachsendem Einfluss
Die Türkei hat sich in den vergangenen zwei Jahrzehnten als dynamischer Akteur in Afrika etabliert. Seit den frühen 2000er-Jahren verfolgt Ankara eine gezielte „Öffnung nach Afrika"-Politik, die diplomatische, wirtschaftliche, kulturelle und sicherheitspolitische Dimensionen umfasst. Ein deutliches Zeichen dieser Strategie ist die enorme Ausweitung der diplomatischen Präsenz: Während die Türkei im Jahr 2002 nur zwölf Botschaften auf dem Kontinent unterhielt, sind es heute über vierzig – ein Ausdruck ihres Anspruchs, als verlässlicher Partner wahrgenommen zu werden.

Ökonomisch liegt der Schwerpunkt türkischer Aktivitäten im Bau- und Infrastruktursektor. Türkische Unternehmen sind in zahlreichen afrikanischen Ländern am Bau von Flughäfen, Straßen, Krankenhäusern und Wohnanlagen beteiligt. Ergänzt wird dies durch den Ausbau von Handelsbeziehungen, die sich seit den 2000er-Jahren vervielfacht haben. Dabei setzt Ankara gezielt auf eine Kombination aus wirtschaftlicher Kooperation und kultureller Vernetzung, etwa durch Bildungsprogramme, Stipendien und die Präsenz religiöser Netzwerke. Auch sicherheitspolitisch baut die Türkei ihren Einfluss aus. Besonders sichtbar ist dies in Somalia, wo Ankara eine Militärbasis unterhält und die somalischen Streitkräfte ausbildet. Hinzu kommt der Export von Drohnentechnologie, die in mehreren afrikanischen Konflikten – unter anderem in Libyen und Äthiopien – eingesetzt wurde. Dadurch positioniert sich die Türkei als flexibler sicherheitspolitischer Partner, der moderne Rüstungstechnologie anbietet, ohne die politischen Auflagen westlicher Akteure mitzubringen.

Die Türkei nutzt Afrika zudem für ihre globale Positionierung. Präsident Erdoğan präsentiert sein Land als Mittelmacht des Südens, die eine Alternative zu westlicher Dominanz darstellt. Afrika dient in diesem Zusammenhang nicht nur als Absatzmarkt und Investitionsziel, sondern auch als geopolitische

Bühne, auf der Ankara seine Ambitionen einer eigenständigen
Außenpolitik sichtbar macht. Für die Zukunft ist davon auszugehen, dass die Türkei ihren Einfluss in Afrika weiter ausbaut –
insbesondere in Regionen, die von instabilen Sicherheitslagen
geprägt sind und nach flexiblen Partnern suchen. Gleichzeitig
wird Ankara versuchen, seine Rolle als Vermittler zwischen dem
Westen und Afrika zu festigen. Afrikanische Staaten profitieren
von dieser Dynamik durch zusätzliche Handlungsspielräume,
müssen jedoch auch das Risiko wachsender Abhängigkeiten
im Blick behalten.

Brasilien und Lateinamerika: Süd-Süd-Kooperation
Brasilien nimmt in den Beziehungen zu Afrika eine beson-
dere Rolle ein. Durch historische, kulturelle und sprachliche
Verbindungen – vor allem zu den portugiesischsprachigen
Ländern wie Angola, Mosambik und Kap Verde – verfügt
Brasilien über natürliche Anknüpfungspunkte, die über reine
Wirtschaftsinteressen hinausgehen. Seit den 2000er-Jahren hat
Brasilien diese Verbindungen im Rahmen einer aktiven „Süd-
Süd-Kooperation" systematisch ausgebaut. Schwerpunkte der
brasilianischen Aktivitäten liegen in den Bereichen Landwirtschaft, Bildung, Gesundheit und Energie. Besonders im Agrarsektor ist Brasiliens Expertise gefragt. Durch Technologie-
und Wissenstransfer unterstützt es afrikanische Staaten bei der
Modernisierung ihrer Landwirtschaft und bei der Entwicklung
von Biokraftstoffen. Auch im Gesundheitsbereich war Brasilien ein wichtiger Partner, beispielsweise durch Kooperationen
beim Zugang zu Medikamenten und Impfstoffen.

Ein weiteres Instrument brasilianischer Afrikapolitik ist die
diplomatische Vernetzung. Unter den Präsidenten Lula da Silva
und Dilma Rousseff wurden zahlreiche Botschaften eröffnet,
und Brasilien bemühte sich, über Foren wie das IBSA-Dialogfo-
rum (Indien, Brasilien, Südafrika) und die BRICS-Gruppe eine
gemeinsame Stimme des Südens zu formen. Diese multilateralen Formate verschaffen Afrika mehr Sichtbarkeit und Hand-

lungsmöglichkeiten, während Brasilien seine Rolle als Brückenstaat zwischen Lateinamerika und Afrika betont. Allerdings ist Brasiliens Engagement stark von der innenpolitischen Lage abhängig. Unter Präsident Bolsonaro verlor die Afrikapolitik erheblich an Bedeutung; diplomatische Vertretungen wurden geschlossen, und die wirtschaftliche Kooperation stagnierte. Mit der Rückkehr Lulas an die Spitze zeichnet sich jedoch eine Renaissance der brasilianisch-afrikanischen Beziehungen ab, die neue Dynamik in die Süd-Süd-Kooperation bringen könnte. Allein eine kürzlich angekündigte Investition Brasiliens in die Fleischverarbeitungsindustrie Nigerias in Höhe von 2,5 Mrd. US-Dollar würde den Gesamtbestand deutscher Investitionen in dem Land um ein Vielfaches übersteigen. Für die Zukunft gilt: Brasiliens Ressourcen und geopolitisches Gewicht sind im Vergleich zu China oder Europa begrenzt, doch die symbolische Bedeutung der Kooperation ist groß. Afrikanische Staaten schätzen Brasilien als Partner, der nicht aus kolonialer Tradition handelt, sondern aus gemeinsamer Erfahrung von Entwicklungs- und Schwellenländern. Dies könnte die Beziehungen in den kommenden Jahren wieder intensivieren – insbesondere im Rahmen von BRICS.

Japan: Leiser, aber stabiler Partner

Japan ist im Vergleich zu China oder Russland ein deutlich weniger sichtbarer, aber dennoch verlässlicher Partner Afrikas. Seit den frühen 90er-Jahren verfolgt Tokio eine kontinuierliche Afrikapolitik, die vor allem über die Tokyo International Conference on African Development (TICAD) institutionalisiert wurde. Diese alle fünf Jahre stattfindende Konferenzreihe bringt afrikanische Staats- und Regierungschefs mit japanischen Entscheidungsträgern zusammen und gilt als zentrales Forum für die japanisch-afrikanische Zusammenarbeit. Japans Engagement zeichnet sich durch einen werteorientierten Ansatz aus. Während andere externe Akteure primär auf Rohstoffsicherung oder geopolitischen Einfluss setzen, betont

Japan Partnerschaft, Rechtsstaatlichkeit und nachhaltige Entwicklung. Investitionen konzentrieren sich auf Infrastruktur, Gesundheit, Bildung und Technologie, wobei Qualität und langfristige Tragfähigkeit im Vordergrund stehen. Im Unterschied zu China setzt Tokio weniger auf großvolumige Kredite, sondern stärker auf Zuschüsse, Kapazitätsaufbau und Kooperation mit internationalen Organisationen.

Besonders sichtbar wurde Japans Rolle während der Ebola-Epidemie in Westafrika (2014–2016) sowie während der COVID-19-Pandemie, als Tokio Hilfen für medizinische Infrastruktur und Impfstoffverteilung bereitstellte. Auch im Bereich erneuerbare Energien und digitale Technologien engagiert sich Japan zunehmend, um Afrikas Entwicklung nachhaltiger zu gestalten. Für viele afrikanische Staaten ist Japan attraktiv, weil es als verlässlicher, unaufdringlicher und wenig politisierender Partner wahrgenommen wird. Tokio vermeidet eine Konfrontation mit anderen externen Akteuren und positioniert sich bewusst nicht als geopolitischer Konkurrent, sondern als „stiller" Unterstützer afrikanischer Entwicklungsstrategien. Zugleich nutzt Japan die Kooperation mit Afrika, um seine eigene Rolle im globalen Multilateralismus zu unterstreichen. Indem es Afrikas Anliegen in internationalen Foren unterstützt, stärkt es sowohl die eigene Position als auch die Legitimität regelbasierter Ordnung.

Für die Zukunft ist nicht zu erwarten, dass Japan Chinas wirtschaftliche Präsenz in Afrika übertrifft. Doch seine Qualitätspartnerschaft – geprägt von Vertrauen, Stabilität und regelbasierter Kooperation – macht Tokio zu einem wichtigen Gegenpol zu stärker machtpolitisch motivierten Akteuren.

BRICS: Plattform für Afrikas Stimme

Die BRICS-Gruppe – bestehend aus Brasilien, Russland, Indien, China und Südafrika – hat sich seit ihrer Gründung zu einer wichtigen Plattform für aufstrebende Länder entwickelt. Für Afrika war lange insbesondere die Mitgliedschaft Südafrikas von zentraler Bedeutung. Sie ermöglichte es, dass der Kontinent direkt in einem Format vertreten ist, das als Gegengewicht zu westlich dominierten Institutionen wie G7 oder OECD verstanden wird. Inzwischen ist Afrikas Rolle innerhalb von BRICS deutlich gewachsen. Mit Ägypten und Äthiopien sind am 1. Januar 2024 zwei weitere afrikanische Länder als Vollmitglieder beigetreten. Damit sind nun drei afrikanische Staaten Teil der Gruppe, was die Sichtbarkeit des Kontinents im globalen Machtgefüge erheblich stärkt. Zudem wurde auf dem BRICS-Gipfel in Kasan (Oktober 2024) eine neue Kategorie der „Partnerländer" geschaffen. Seit dem 1. Januar 2025 gehören unter anderem Nigeria und Uganda zu dieser Gruppe. Algerien wiederum wurde zwar nicht Vollmitglied, ist jedoch seit Mai 2025 Mitglied der New Development Bank (NDB) – und erhält damit Zugang zu wichtigen Finanzierungsinstrumenten.

Für afrikanische Staaten bietet BRICS mehrere Vorteile. Erstens schafft die Gruppe einen alternativen multilateralen Raum, in dem afrikanische Anliegen Gehör finden können – sei es bei Fragen von Entwicklungsfinanzierung, Handel oder Reformen internationaler Organisationen. Zweitens eröffnet die Mitgliedschaft (oder Partnerschaft) Zugang zu Finanzierungsinstrumenten wie der NDB, die Infrastrukturprojekte in Afrika unterstützt und eine Alternative zu westlich dominierten Institutionen wie Weltbank oder IWF darstellt. Darüber hinaus signalisiert die wachsende afrikanische Präsenz innerhalb von BRICS, dass der Kontinent nicht nur Adressat externer Politik ist, sondern als eigenständiger Akteur Teil einer größeren Allianz gegen westliche Dominanz sein kann. Dies spiegelt die zunehmende Forderung afrikanischer Staaten nach einer gerechteren internationalen Ordnung wider, in der sie mehr Mitsprache erhalten.

Allerdings ist die Rolle der BRICS für Afrika nicht unproblematisch. Die Mitgliedsstaaten verfolgen sehr unterschiedliche Interessen. Während China seine ökonomische Dominanz ausbaut, setzt Russland vor allem auf sicherheitspolitischen Einfluss, und Indien sieht sich als Rivale Chinas – auch in Afrika. Für afrikanische Staaten besteht daher das Risiko, zwischen konkurrierenden Agenden aufgerieben zu werden. Zudem ist unklar, inwieweit die BRICS-Gruppe wirklich zu einer kohärenten Alternative im internationalen System werden kann oder ob sie vor allem als lose Interessenallianz bestehen bleibt. Die jüngsten Erweiterungen eröffnen jedoch neue Zukunftsperspektiven. Mit Ägypten und Äthiopien als Vollmitgliedern, Nigeria und Uganda als Partnern sowie Algerien als NDB-Mitglied ist Afrikas Stimme im BRICS-Format stärker geworden. Damit steigen auch die Chancen, multilaterale Reformen aktiv mitzugestalten. Gleichzeitig verschärft sich jedoch der Wettbewerb zwischen westlich dominierten und alternativen Strukturen. Insgesamt ist BRICS für Afrika sowohl eine Chance zur Stärkung der eigenen internationalen Sichtbarkeit als auch ein potenzielles Spannungsfeld, in dem die Interessen externer Großmächte dominieren. Afrikanische Staaten werden künftig sorgfältig abwägen müssen, wie sie diese Plattform nutzen, um ihre eigene Agenda voranzubringen, ohne neue Abhängigkeiten zu schaffen.

Vergleich und strategische Bewertung

Die Analyse der nicht-europäischen Partner Afrikas zeigt ein äußerst vielfältiges Bild. Jeder Akteur bringt eigene Interessen, Stärken und Strategien mit, die Afrikas Handlungsspielräume erweitern – aber auch neue Abhängigkeiten schaffen können.

China

dominiert ökonomisch. Mit massiven Investitionen, Handelsbeziehungen und Infrastrukturprojekten ist Peking zum wichtigsten Partner vieler afrikanischer Staaten geworden. Chinas Vorteil liegt in der schnellen und großvolumigen Umsetzung von Projekten; der Nachteil in der Gefahr wachsender Verschuldung und einseitiger Abhängigkeiten.

Russland

fokussiert sich stark auf Sicherheit und Militär. Es bietet Waffen, Ausbildung und Söldnerdienste ohne politische Konditionalitäten an. Für fragile Staaten ist das attraktiv, doch Russ-

lands ökonomische Basis ist schwach – was die Rolle Moskaus
auf militärische und symbolische Einflussnahme begrenzt.

Die Türkei

agiert als flexible Mittelmacht. Sie kombiniert Handel, Infrastruktur, kulturelle Verbindungen und Sicherheitspolitik. Ankara profitiert von seiner pragmatischen und relativ unideolo-
gischen Herangehensweise. Das macht sie für viele afrikanische
Staaten zu einem willkommenen Partner, auch wenn die Kapazitäten im Vergleich zu China oder den USA begrenzt bleiben.

Brasilien

bringt den Vorteil gemeinsamer kolonialer und sprachlicher
Geschichte sowie die Identität der Schwellen- und Entwick-
lungsländer ein. Seine Rolle schwankt jedoch stark je nach
innenpolitischer Konstellation. Mit Lula könnte eine neue
Dynamik entstehen, insbesondere im Rahmen von Süd-Süd-
Kooperationen.

Japan

bietet einen wertebasierten, stabilen und wenig aufdringlichen
Ansatz. Seine Partnerschaft zeichnet sich durch hohe Qualität, Verlässlichkeit und Betonung nachhaltiger Entwicklung
aus. Im Gegensatz zu China oder Russland ist Japans Einfluss
weniger sichtbar, dafür aber langfristig vertrauensbildend.

BRICS

schließlich stellt ein alternatives multilaterales Forum dar, das
Afrika Sichtbarkeit verschafft. Das gibt dem Kontinent eine
Stimme in einer globalen Allianz, die westliche Dominanz he-
rausfordert. Doch die Heterogenität der BRICS-Mitglieder
birgt auch Risiken. Afrikanische Anliegen könnten von den
geopolitischen Interessen Chinas, Russlands oder Indiens überlagert werden.

Aus strategischer Sicht eröffnet diese Vielfalt Afrikas Staaten
neue Optionen. Sie können Partnerschaften diversifizieren,

sich gegen einseitige Abhängigkeiten absichern und im globalen Machtgefüge selbstbewusster auftreten. Gleichzeitig wächst die Herausforderung, die eigenen Interessen zu definieren und Prioritäten zu setzen. Denn die Gefahr besteht, dass externe Akteure die Agenda dominieren und afrikanische Handlungsspielräume einengen. Für Europa ergibt sich daraus ein klarer Befund: Wer Afrikas Loyalität im multilateralen System sichern will, muss sich bewusst sein, dass der Kontinent längst zahlreiche andere Optionen hat. Afrikas Partnerwahl folgt zunehmend pragmatischen Kalkülen – und Europa konkurriert mit Akteuren, die oft schneller, flexibler oder weniger fordernd auftreten.

Fazit

Afrikas internationale Partnerschaften befinden sich in einem tiefgreifenden Wandel. Der Kontinent ist längst nicht mehr ausschließlich in europäische Einfluss- und Kooperationsmuster eingebunden. China dominiert mit massiven Handels- und Infrastrukturprojekten, Russland positioniert sich als sicherheitspolitischer Partner, die Türkei agiert als flexible Mittelmacht, Brasilien als Stimme der Schwellenländer, Japan als verlässlicher Wertepartner – und über BRICS gewinnt Afrika zusätzlichen multilateralen Gestaltungsspielraum.

Für afrikanische Staaten eröffnet diese Vielfalt große Chancen. Sie können ihre Partnerwahl diversifizieren, externe Interessen gegeneinander ausspielen und so ihre eigene Verhandlungsposition stärken. Gleichzeitig birgt diese neue Multipolarität erhebliche Risiken: Abhängigkeiten von einzelnen Akteuren, Verschuldung, geopolitische Vereinnahmung oder die Gefahr, dass afrikanische Anliegen von den Agenden anderer Mächte überlagert werden. Die strategische Herausforderung für Afrika besteht daher darin, seine Eigeninteressen klar zu definieren und externe Partnerschaften so zu gestalten, dass sie langfristig zu nachhaltiger Entwicklung, politischer Stabilität und größerer Mitsprache im internationalen System beitragen. Dies erfordert starke regionale Institutionen wie die Afrikanische Union, die in der Lage sind, gemeinsame Positionen zu formulieren und im globalen Kontext zu vertreten.

Für Europa ergibt sich daraus eine doppelte Lektion: Erstens ist Afrikas Partnerlandschaft plural und dynamisch – Kooperation muss auf Augenhöhe erfolgen, wenn Europa langfristig relevant bleiben will. Zweitens bietet gerade die Vielfalt externer Akteure auch Chancen, Afrika als eigenständigen Mitgestalter in einer multipolaren Weltordnung ernst zu nehmen und aktiv in multilaterale Strukturen einzubinden. Letztlich muss die deutsche Außenpolitik gegenüber China oder den BRICS-Staaten immer auch die Positionierung in Afrika mitdenken.

17

Agenda für die 2030er-Jahre – das afrikanische Jahrzehnt

Die 2030er-Jahre könnten zu einer entscheidenden Dekade für die Entwicklung Afrikas werden – und damit auch für die globale Ordnung im 21. Jahrhundert. In diesem Jahrzehnt entscheidet sich, ob der Kontinent seine Chancen nutzen und zu einem Motor für Wachstum, Innovation und Stabilität wird, oder ob ungelöste strukturelle Probleme die Dynamik hemmen und Krisen überwiegen. Afrikas Potenzial ist gewaltig: eine junge, wachsende Bevölkerung, ein rasanter Urbanisierungsschub, reiche Rohstoffvorkommen und die weltweit besten Bedingungen für Solar- und Windenergie eröffnen Perspektiven für wirtschaftliche Diversifizierung, digitale Transformation und die Entstehung neuer globaler Wertschöpfungsketten (Signé, 2022b). Zugleich bestehen erhebliche Risiken. Fragile Staaten, politische Instabilität, Korruption, regionale Konflikte und die massiven Belastungen durch den Klimawandel könnten Fortschritte untergraben und soziale Spannungen verschärfen.

Damit wird klar: Die 2030er-Jahre sind das „afrikanische Jahrzehnt" – eine Zeit, in der Weichenstellungen erfolgen, die den Kontinent über Generationen prägen werden. Doch die Auswirkungen beschränken sich nicht auf Afrika selbst, sondern betreffen Europa in unmittelbarer Weise. Migration, Energieversorgung, Rohstoffsicherheit und geopolitische Stabilität sind eng mit der Entwicklung Afrikas verknüpft. Gelingt es, Millionen jungen Afrikanern produktive Arbeitsplätze zu bieten, kann die demografische Dynamik in eine Jugenddividende verwandelt werden, die Wohlstand schafft und gesellschaftliche Stabilität stärkt. Misslingt dies, drohen wachsende Arbeitslosigkeit, soziale Spannungen und verstärkte Migrationsbewegungen, die auch Europa direkt betreffen. Ebenso entscheidend ist Afrikas Rolle bei Energie und Klima. Der Kontinent verfügt über einzigartige Potenziale im Bereich erneuerbarer Energien und könnte zu einem zentralen Partner für Europas Energiewende und die Produktion von grünem Wasserstoff werden. Gleichzeitig entscheidet sich in Afrika mit, ob die globalen Klimaschutzziele erreichbar bleiben. Hinzu kommt, dass Afrika nicht nur über Schlüsselrohstoffe für die europäische Industrie verfügt, sondern auch als Absatzmarkt zunehmend an Bedeutung gewinnt. Schließlich wird Afrika in einer Welt wachsender Machtkonkurrenz zu einem geopolitischen Raum, in dem sich entscheidet, ob Europa den Anspruch auf Partnerschaft auf Augenhöhe einlösen kann oder ob andere Akteure wie China, Russland oder die Golfstaaten die Lücken füllen.

Vor diesem Hintergrund entwickelt dieses Kapitel Szenarien und Handlungsoptionen, die zeigen, warum die 2030er-Jahre für Afrika wie für Europa entscheidend sind. Abschnitt 17.1 entwirft alternative Zukunftsbilder für den Kontinent. Abschnitt 17.2 diskutiert, wie nachhaltige Entwicklung gelingen kann. Abschnitt 17.3 beschreibt die 2030er-Jahre als das afrikanische Jahrzehnt und verdeutlicht die Chancen und Risiken. Abschnitt 17.4 beleuchtet Deutschlands und Europas mögliche Beiträge, während Abschnitt 17.5 auf die zentrale Bedeutung von Finanzierung und Risikokapital eingeht und Abschnitt 17.6 zeigt, wie die politischen Parteien in Deutschland Afrika einordnen. Im Ergebnis wird deutlich: Afrikas Entwicklung ist nicht nur eine Frage regionaler Stabilität, sondern ein strategischer Schlüssel für Europas Wohlstand, Sicherheit und politische Handlungsfähigkeit. Wer heute die richtigen Weichen stellt, beeinflusst damit nicht nur die Zukunft Afrikas, sondern auch die Europas – und letztlich die der gesamten Weltordnung.

17.1 Szenarien zur Entwicklung des Kontinents in den 2030er-Jahren

Afrika gilt als zentraler Kontinent für die globale Entwicklung im 21. Jahrhundert. Mit seiner dynamisch wachsenden Bevölkerung, reichen Rohstoffvorkommen und enormem Potenzial für erneuerbare Energien rückt er zunehmend ins Zentrum internationaler Aufmerksamkeit (Taylor, 2021). Gleichzeitig ist Afrika mit erheblichen Herausforderungen konfrontiert: politische Instabilität, fragile Staaten, die Folgen des Klimawandels sowie eine nach wie vor hohe Abhängigkeit von Rohstoffexporten. Diese Spannungen zwischen Chancen und Risiken machen die Frage nach Afrikas Zukunft hochrelevant – nicht nur für den Kontinent selbst, sondern für die gesamte Welt. Die Zukunft Afrikas bis 2040 lässt sich jedoch nicht eindeutig prognostizieren. Zu viele Faktoren – von der Entwicklung politischer Institutionen über die Bewältigung des Klimawandels bis hin zu globalen wirtschaftlichen Dynamiken – sind ungewiss. Ein sinnvoller Ansatz besteht daher darin, verschiedene Szenarien zu entwerfen, die mögliche Entwicklungspfade skizzieren. Solche Szenarien sind keine Vorhersagen, sondern Denkmodelle, die es ermöglichen, Chancen, Risiken und politische Handlungsspielräume besser zu erkennen.

In diesem Kapitel sollen drei kontrastierende Szenarien entwickelt werden: ein optimistisches „Aufstrebendes Afrika", ein pessimistisches „Fragmentiertes Afrika" und ein problemzentriertes „Afrika im Klimastress". Durch die Gegenüberstellung dieser Szenarien wird sichtbar, welche Faktoren die Entwicklung des Kontinents maßgeblich beeinflussen könnten – und welche Weichenstellungen erforderlich sind, damit sich Afrika bis 2040 zu einem stabilen, prosperierenden und einflussreichen Akteur der Weltpolitik entwickeln kann.

Methodik: Szenarien als Analyseinstrument
Die Entwicklung Afrikas bis 2040 ist mit erheblichen Unsicherheiten verbunden. Klassische Prognosen stoßen hier an ihre Grenzen, da sie lineare Trends fortschreiben, während soziale, politische und ökologische Systeme häufig von plötzlichen Umbrüchen und Wechselwirkungen geprägt sind. Um dennoch Orientierung zu schaffen, wird ein Szenario-Ansatz gewählt. Szenarien sind keine Vorhersagen, sondern konsistente und plausible Zukunftsbilder, die unterschiedliche Entwicklungspfade aufzeigen. Sie dienen dazu, die Bandbreite möglicher Zukünfte sichtbar zu machen und politische wie wirtschaftliche Handlungsspielräume zu identifizieren. Der Mehrwert liegt in der Sensibilisierung für Unsicherheiten und in der Fähigkeit, alternative Strategien zu entwerfen, anstatt sich auf eine einzige Erwartung festzulegen. Für die Entwicklung der Afrikaszenarien bis 2040 werden vier zentrale Einflussfaktoren berücksichtigt:

Politische Stabilität und Governance –
etwa die Fähigkeit, funktionierende Institutionen aufzubauen, Korruption einzudämmen und Konflikte zu verhindern.

Wirtschaftliche Entwicklung und Integration –
entscheidend wird sein, dass durch Investitionen Arbeitsplätze geschaffen und Infrastruktur entwickelt werden kann. Dazu gehört dann auch die Frage, ob Rohstoffabhängigkeit über-

wunden und die Chancen von AfCFTA, Digitalisierung und grünen Energien genutzt werden.

Klimawandel und Ressourcenmanagement –
die Anpassungsfähigkeit an Dürren, Überschwemmungen und andere Folgen des Klimastresses.

Globale Einbettung und internationale Partnerschaften –
die Rolle externer Akteure und Afrikas Position im multilateralen System.

Auf Grundlage dieser Faktoren werden im Folgenden drei kontrastierende Szenarien entwickelt:

Szenario A: Aufstrebendes Afrika,
geprägt von Stabilität, Wachstum und Integration.

Szenario B: Fragmentiertes Afrika,
in dem Instabilität, Konflikte und Abhängigkeiten dominieren.

Szenario C: Afrika im Klimastress,
in dem ökologische Belastungen zur größten Herausforderung werden.

Diese Szenarien sind bewusst zugespitzt formuliert, um Chancen und Risiken klarer herauszuarbeiten. Die tatsächliche Entwicklung bis 2040 wird vermutlich Elemente aus allen drei Szenarien enthalten.

Szenario A – „Aufstrebendes Afrika"

In diesem optimistischen Szenario gelingt es Afrika, bis 2040 eine Phase nachhaltigen Wachstums und politischer Stabilisierung einzuleiten. Ausgangspunkt ist eine Kombination aus erfolgreicher institutioneller Konsolidierung, kluger Wirtschaftspolitik und der Nutzung globaler Dynamiken zu eigenen Gunsten. Politisch gelingt es einer wachsenden Zahl afrikanischer Staaten, stabile Regierungsstrukturen aufzubauen und Korruption einzudämmen. Demokratische Institutionen festigen sich, während autoritäre Tendenzen zurückgedrängt werden. Die Afrikanische

Union entwickelt sich zu einem stärkeren Akteur, der in Konfliktfällen vermittelnd eingreift und eine gemeinsame Agenda für Handel, Sicherheit und Klimapolitik vorantreibt.

Wirtschaftlich profitiert der Kontinent von der African Continental Free Trade Area (AfCFTA), die bis 2040 zu einer weitgehend funktionierenden Freihandelszone angewachsen ist. Grenzüberschreitender Handel nimmt zu, und regionale Wertschöpfungsketten entstehen. Der Rohstoffsektor wird zwar weiterhin wichtig bleiben, doch Afrika gelingt die Diversifizierung in Richtung Industrie, Landwirtschaft mit höherer Produktivität und Dienstleistungen durch Anreizen vor allem ausländischer Direktinvestitionen, die in der Lage sind, das notwendige hohe Wachstum zu generieren. Besonders dynamisch entwickeln sich digitale Wirtschaft und erneuerbare Energien – Bereiche, in denen Afrika zu einem globalen Innovationsstandort aufsteigt. Ein entscheidender Treiber ist die demografische Dynamik. Der Jugendüberschuss wird durch Investitionen in Bildung, Ausbildung und Arbeitsplätze in eine „demografische Dividende" umgewandelt. Bis 2040 entsteht eine wachsende Mittelschicht, die Konsum und Innovation antreibt. Gleichzeitig kann die hohe Urbanisierungsrate genutzt werden, um moderne, nachhaltige Städte mit besserer Infrastruktur zu schaffen.

Auch im internationalen Kontext steigt Afrikas Bedeutung. Der Kontinent tritt selbstbewusster auf multilateralen Foren auf, vertritt eigene Interessen gegenüber China, Europa und anderen Akteuren und nutzt die Konkurrenz externer Mächte, um bessere Konditionen auszuhandeln. Afrika ist nicht länger Objekt globaler Politik, sondern ein zunehmend gleichberechtigter Partner. Die Summe dieser Entwicklungen macht Afrika im Szenario „Aufstrebendes Afrika" zu einem zentralen Wachstumsmotor der Weltwirtschaft und zu einem wichtigen Akteur der internationalen Ordnung. Bis 2040 könnte sich der Kontinent von einem Krisen- zu einem Chancenraum entwickeln – vorausgesetzt, die politischen, wirtschaftlichen und gesellschaftlichen Reformen werden konsequent umgesetzt.

Szenario B – „Fragmentiertes Afrika"
In diesem pessimistischen Szenario gelingt es Afrika bis 2040 nicht, die bestehenden Herausforderungen in den Griff zu bekommen. Stattdessen verstärken sich Konflikte, soziale Spannungen und wirtschaftliche Abhängigkeiten – mit gravierenden Folgen für die Stabilität des Kontinents und seine Stellung in der Welt. Politisch bleiben viele Staaten durch schwache Institutionen und fragile Staatlichkeit geprägt. Immer wieder kommt es zu Putschen, Wahlmanipulationen und autoritären Rückschritten. Die Afrikanische Union und regionale Organisationen sind nicht in der Lage, diesen Entwicklungen wirksam entgegenzusteuern. Regionale Konflikte – etwa im Sahel, am Horn von Afrika oder in Zentralafrika – schwelen weiter und breiten sich teilweise aus. Die Folgen sind nicht nur humanitäre Krisen, sondern auch eine wachsende Belastung für Nachbarstaaten.

Wirtschaftlich gelingt keine entscheidende Diversifizierung. Viele Länder verharren in der Abhängigkeit von Rohstoffexporten, deren Preise stark schwanken. Externe Investitionen konzentrieren sich auf den Abbau von Ressourcen, ohne dass nennenswerte Wertschöpfung auf dem Kontinent entsteht. Arbeitsplätze bleiben rar, und die wachsende Bevölkerung verschärft die Kluft zwischen Angebot und Nachfrage auf den Arbeitsmärkten. Die Chancen der AfCFTA werden nicht genutzt, da politische Spannungen und bürokratische Hürden grenzüberschreitenden Handel behindern. Die soziale Lage verschärft sich. Junge Menschen finden keine Perspektiven, was zu zunehmenden Protesten, Radikalisierung und Abwanderung führt. Migration innerhalb Afrikas wächst stark an, während auch die Zahl derjenigen steigt, die nach Europa oder in den Nahen Osten migrieren. Gleichzeitig belasten die Folgen von

Armut, Hunger und fehlender medizinischer Versorgung die sozialen Systeme vieler Länder.

Im internationalen Kontext bleibt Afrika im Szenario „Fragmentiertes Afrika" vor allem Objekt externer Einflussnahme. China, Russland, die Türkei, Europa und andere Akteure sichern sich Einflusszonen, doch die afrikanischen Staaten können ihre Interessen nur begrenzt durchsetzen. Anstelle von Partnerschaft auf Augenhöhe herrscht ein Muster der Abhängigkeit, in dem kurzfristige Gewinne über langfristige Entwicklungsstrategien gestellt werden.

Insgesamt ergibt sich das Bild eines Kontinents, dessen Potenziale bis 2040 weitgehend ungenutzt bleiben. Afrika ist im globalen System zwar weiterhin von Bedeutung – vor allem als Rohstofflieferant und als Herkunftsregion von Migrationsbewegungen –, doch es gelingt nicht, eine eigenständige Position zu entwickeln. Das Szenario „Fragmentiertes Afrika" steht damit für den Verlust von Chancen und für eine Zukunft, in der Krisen die positiven Dynamiken überlagern.

Szenario C – „Afrika im Klimastress"

Dieses Szenario rückt die massiven Auswirkungen des Klimawandels ins Zentrum der Entwicklung Afrikas bis 2040. Während einige politische und wirtschaftliche Fortschritte erzielt werden, werden diese immer wieder durch ökologische Belastungen und Naturkatastrophen untergraben. Das Ergebnis ist ein Kontinent, dessen Zukunftschancen stark vom globalen Klimaregime abhängen. Afrika ist schon heute überdurchschnittlich stark von den Folgen der Erderwärmung betroffen – obwohl seine Länder historisch nur in geringem Maße zu den globalen Emissionen beigetragen haben. Im Szenario „Afrika im Klimastress" verschärfen sich diese Effekte bis 2040 erheblich. Langanhaltende Dürren im Sahel und in Ostafrika bedrohen die Landwirtschaft und führen zu Ernährungsunsicherheit. Überschwemmungen entlang großer Flusssysteme wie Nil und Niger zerstören regelmäßig Infrastruktur und Siedlungen. Hitzewellen belasten die Gesundheitssysteme und senken die Produktivität.

Die wirtschaftlichen Folgen sind gravierend. Viele Länder können ihre agrarischen Exporte nicht mehr stabil aufrechterhalten, während gleichzeitig die Nahrungsmittelimporte steigen. Versorgungskrisen und steigende Preise verstärken soziale Spannungen. Zwar bieten erneuerbare Energien – etwa Solar- und Windkraft – erhebliche Chancen, doch der Ausbau kommt zu langsam voran, um die Verluste im Agrarsektor auszugleichen. Politisch geraten Regierungen unter Druck, da sie mit wachsender Konkurrenz um Wasser und Land konfrontiert sind. Lokale Konflikte zwischen Bauern, Viehhirten und Siedlern nehmen zu und weiten sich teilweise zu größeren Sicherheitskrisen aus. Migration innerhalb Afrikas steigt stark an, da Millionen Menschen aus unbewohnbar werdenden Regionen in Städte oder Nachbarländer abwandern. Zugleich wächst der Druck Richtung Europa – nicht allein aus wirtschaftlichen Gründen, sondern aufgrund der klimabedingten Lebensperspektivlosigkeit.

Im internationalen Kontext wird Afrika in diesem Szenario zunehmend als Brennpunkt globaler Klimapolitik wahrgenommen. Gleichzeitig droht das Risiko, dass sicherheitspolitische und humanitäre Hilfsmaßnahmen Vorrang vor langfristiger Entwicklung erhalten. Das Szenario „Afrika im Klimastress" verdeutlicht: Selbst, wenn Afrika politische und wirtschaftliche Fortschritte macht, können ökologische Belastungen diese Erfolge zunichtemachen. Ohne einen entschlossenen internationalen Klimaschutz und massive Investitionen in Anpassungsstrategien könnte die Klimakrise zum entscheidenden Hemmfaktor für Afrikas Zukunft bis 2040 werden.

Vergleich der Szenarien

Die drei entwickelten Szenarien verdeutlichen die Spannbreite möglicher Entwicklungen Afrikas bis 2040. Während das Szenario „Aufstrebendes Afrika" ein Bild von Stabilität,

Wachstum und globaler Integration zeichnet, zeigt das Szenario „Fragmentiertes Afrika" die Risiken politischer Instabilität und wirtschaftlicher Abhängigkeit. Das Szenario „Afrika im Klimastress" wiederum rückt die Umwelt als Schlüsselfaktor in den Mittelpunkt und macht deutlich, dass ökologische Belastungen politische und wirtschaftliche Fortschritte überlagern können. Ein direkter Vergleich macht deutlich, dass die entscheidenden Variablen für Afrikas Zukunft in vier Bereichen liegen:

Wirtschaftliche Entwicklung und Investitionen.
Ob Afrika von Rohstoffen abhängig bleibt oder neue Wachstumsmärkte wie Digitalisierung, Industrie und erneuerbare Energien erschließt, entscheidet maßgeblich über Wohlstand und Beschäftigung. Um das notwendige hohe Wachstum zu generieren, ist der Zugang zu Risikokapital und Technologie ein entscheidender Schlüssel. Dies kann einfach über ausländische Direktinvestitionen erfolgen. Ob sich diese in hinreichender Anzahl und Geschwindigkeit anreizen lassen, wird wesentlich über das Schicksal des Kontinents entscheiden.

Politische Stabilität und Governance.
Institutionelle Stärke und die Fähigkeit, Konflikte friedlich zu lösen, sind zentrale Voraussetzungen für Entwicklung. Sie unterscheiden das optimistische Szenario vom fragmentierten.

Klimawandel und Anpassungsfähigkeit.
Während das „Aufstrebende Afrika" seine Potenziale auch im Bereich erneuerbarer Energien nutzt, macht das Klimastress-Szenario deutlich, dass fehlende Resilienz alle Fortschritte zunichtemachen kann.

Globale Einbettung.
In allen Szenarien bleibt Afrika stark in internationale Dynamiken verwoben. Der Unterschied liegt darin, ob es gelingt, Partnerschaften strategisch zu nutzen und selbstbewusst aufzutreten, oder ob der Kontinent zum Objekt externer Einflussnahme wird.

Wesentlich ist zudem, dass sich die Szenarien nicht ausschließen. Die Realität bis 2040 wird wahrscheinlich Elemente aus allen dreien enthalten. Manche Regionen könnten große Fortschritte erzielen, während andere durch Konflikte oder Klimastress zurückgeworfen werden. Afrikas Zukunft wird somit hochgradig heterogen sein – geprägt von Inseln des Erfolgs ebenso wie von Krisengebieten. Für Investoren und Partnerländer wird die Kunst darin bestehen, rechtzeitig abzuschätzen, welche Teile Afrikas sich in die eine oder die andere Richtung entwickeln werden. Der Vergleich verdeutlicht: Ob sich die positiven oder negativen Elemente durchsetzen, hängt stark von politischen Entscheidungen und internationalen Rahmenbedingungen ab. Besonders „Game Changers" wie Investitionen in Industrialisierung und Arbeitsplätze, aber auch Bildung, der Umgang mit dem Klimawandel oder die Umsetzung der AfCFTA könnten Afrikas Entwicklungsrichtung entscheidend beeinflussen.

Handlungsempfehlungen und Weichenstellungen

Die Szenarien zeigen deutlich: Afrikas Entwicklung bis 2040 ist offen, und politische wie wirtschaftliche Entscheidungen in den kommenden Jahren werden maßgeblich bestimmen, ob sich Chancen oder Risiken durchsetzen. Daraus ergeben sich konkrete Handlungsempfehlungen für afrikanische Regierungen, regionale Institutionen und internationale Partner. Zentral für die weitere Entwicklung Afrikas wird sein, ob es gelingt, ausreichend gute Arbeitsplätze für die junge Bevölkerung zu schaffen. Arbeitsplätze schaffen Einkommen und geben eine Perspektive für die Zukunft. Insofern ermöglichen sie, Migrationsdruck zu reduzieren. Gleichzeitig schaffen sie Kaufkraft, die auch in Nachfrage nach Infrastrukturleistungen münden wird. Die Bevölkerung kann sich damit ordentliche Gesundheitsversorgung ebenso leisten wie Bildungsangebote für ihre Kinder, Mobilitätsangebote in Anspruch nehmen und für Strom und sauberes Wasser bezahlen. Die Entstehung von Arbeitsplätzen wiederum hängt wesentlich davon ab, ob ausreichend private Direktinvestitionen in Afrika realisiert werden können. Ein genauer Blick auf Voraussetzungen und Restriktionen wird später in diesem Kapitel erfolgen. Startup-Ökosysteme in Städten wie Nairobi, Lagos oder Kapstadt zeigen, dass Afrika großes Potenzial für digitale Lösungen hat. Durch gezielte Förderung, Zugang zu Kapital und verlässliche rechtliche Rahmenbedingungen kann der Kontinent zu einem globalen Innovationsstandort aufsteigen.

Der Klimawandel stellt die größte langfristige Bedrohung dar. Investitionen in klimaresiliente Landwirtschaft, nachhaltiges Ressourcenmanagement und Katastrophenschutz sind unverzichtbar. Gleichzeitig bietet der Ausbau erneuerbarer Energien (Solar, Wind, Wasserkraft) enorme Chancen, sowohl für die Versorgungssicherheit als auch für den Export von grünem Strom oder Wasserstoff. Der entscheidende Faktor ist der Umgang mit der demografischen Dynamik. Nur wenn junge Menschen Zugang zu hochwertiger Bildung und produktiven Arbeitsplätzen haben, kann die „Jugenddividende" in Wachstum übersetzt werden. Programme für Berufsbildung, digitale Kompetenzen und Unternehmertum sind zentral. Politische Stabilität und Rechtsstaatlichkeit sind Grundvoraussetzungen für nachhaltige Entwicklung. Korruptionsbekämpfung, die Unabhängigkeit der Justiz und der Ausbau demokratischer Institutionen müssen priorisiert werden. Die Afrikanische Union und regionale Organisationen sollten stärker befähigt werden, Konflikte beizulegen und gemeinsame Standards durchzusetzen.

Afrika sollte seine Beziehungen zu China, Europa, den USA, aber auch zu Akteuren wie Indien, der Türkei oder den BRICS-Staaten diversifizieren, um nicht in Abhängigkeit von einem Partner zu geraten. Die AU könnte hier als Koordinator auftreten, um afrikanische Interessen kohärenter auf globaler Ebene zu vertreten. Es wird entscheidend sein, dass Deutschland und Europa rechtzeitig ihre Strategie für die Zusammenarbeit mit dem Kontinent definieren und dabei berücksichtigen, was Afrika und die Afrikaner am höchsten priorisieren: Investitionen, Technologie und Arbeitsplätze. Zusammengefasst gilt: Afrikas Zukunft bis 2040 ist gestaltbar. Durch konsequente Investitionen in Menschen, Institutionen und Nachhaltigkeit können die Weichen so gestellt werden, dass das Szenario „Aufstrebendes Afrika" Realität wird – und Risiken aus den anderen Szenarien minimiert werden. Wenn wir sicherstellen wollen, dass im entscheidenden Zeitraum der 2030er-Jahre die Entwicklung in eine positive Richtung geht, müssen wir heute die Voraussetzungen dafür schaffen und die Form unserer Zusammenarbeit grundlegend neu gestalten.

Fazit

Die Szenarien zur Entwicklung Afrikas bis 2040 verdeutlichen, dass der Kontinent sowohl über enormes Potenzial als auch über gravierende Risikofaktoren verfügt. Ob Afrika in den 2030er-Jahren zum Motor globalen Wachstums und zu einem selbstbewussten Akteur in der Weltpolitik aufsteigt oder ob es in Fragmentierung und Klimastress zurückfällt, hängt maßgeblich von den politischen und wirtschaftlichen Entscheidungen der kommenden Jahre ab. Zentrale Stellschrauben sind Investitionen in Beschäftigung, Arbeitsplätze und Infrastruktur, der Aufbau stabiler Institutionen sowie die konsequente Anpassung an den Klimawandel. Gelingt es, diese Herausforderungen gemeinsam mit internationalen Partnern entschlossen anzugehen, kann sich die „Jugenddividende" in Innovation und Wohlstand verwandeln und das Szenario eines „Aufstrebenden Afrikas" Realität werden. Werden hingegen Chancen vertan, drohen Instabilität, Abhängigkeit und Krisen, die nicht nur Afrika selbst, sondern auch die globale Ordnung belasten. Das würde dann unweigerlich zu massiven Auswirkungen auch auf Europa führen. Erhöhte Migration wäre ebenso zu erwarten wie Bündnisse Afrikas mit schwierigen internationalen Partnern, eine Abkehr vom Multilateralismus, weitere Krisen, vor allem aber ein hohes

Risiko, dass die teuren Klimaschutzbemühungen Europas Makulatur werden, weil zeitgleich die Emissionen Afrikas um ein Vielfaches stärker ansteigen. Die internationale Dimension bleibt zentral. Externe Partner – von Europa über China bis zu den BRICS – werden Afrikas Entwicklung mitprägen. Entscheidend wird sein, dass Afrika diese Beziehungen strategisch nutzt, um eigene Interessen zu verfolgen, statt in neue Abhängigkeiten zu geraten. Die internationale Gemeinschaft wird Afrikas Entwicklung nicht ignorieren können – denn ob in Fragen des Klimas, der Migration, der Sicherheit oder der Wirtschaft: Die Welt von 2040 wird ohne Afrika nicht zu verstehen sein.

17.2 Wie sieht gute Entwicklung aus?

Die Frage, wie nachhaltige Entwicklung in Entwicklungsländern gelingen kann, gehört zu den zentralen Herausforderungen der internationalen Politik. Trotz jahrzehntelanger Entwicklungszusammenarbeit und hoher Finanztransfers bleibt die Bilanz in vielen Regionen durchwachsen. Armut konnte zwar reduziert werden, doch strukturelle Probleme wie schwache Institutionen, geringe Produktivität oder unzureichende Integration in die Weltwirtschaft bestehen fort. Vor diesem Hintergrund stellt sich die Frage, welche Ansätze tatsächlich geeignet sind, um langfristiges Wachstum, Beschäftigung und Wohlstand zu ermöglichen. Die ökonomisch-liberale Perspektive betont dabei die Rolle von Märkten, Institutionen und Unternehmertum (North, 1990). Anstatt Entwicklung primär als Ergebnis staatlicher Steuerung oder externer Hilfsprogramme zu begreifen, rückt sie die Bedingungen in den Vordergrund, unter denen Menschen selbst produktiv tätig werden können. Zentrale Elemente sind funktionierende Rechtsstaatlichkeit, der Schutz von Eigentumsrechten, offene Handels- und Investitionsbeziehungen sowie ein förderliches Umfeld für unternehmerische Initiativen.

Der Ausgangspunkt dieser Betrachtung ist die Annahme, dass nachhaltige Entwicklung nur dort gelingt, wo wirtschaftliche Freiheiten, Investitionsanreize und stabile Rahmenbedingungen zusammentreffen. Erfolgreiche Beispiele wie Südkorea, Botswana oder Chile zeigen, dass liberale Reformen, Marktöffnung und die Förderung von Wettbewerb wesentliche Motoren für den wirtschaftlichen Aufstieg sein können (Rodrik, 2007). Die Einleitung legt damit den Grundstein für eine Analyse, inwiefern ökonomisch-liberale Prinzipien auch in anderen Entwicklungsländern angewendet werden können, um das Ziel einer „guten Entwicklung" zu erreichen.

Theoretischer Rahmen
Die ökonomisch-liberale Perspektive in der Entwicklungsökonomik knüpft an grundlegende Annahmen der klassischen und neoklassischen Theorie an. Märkte sind, sofern sie von funktionierenden Institutionen getragen werden, effiziente Mechanismen zur Allokation von Ressourcen. Entwicklung wird demnach nicht primär durch externe Hilfszahlungen vorangetrieben, sondern durch die Fähigkeit von Individuen und Unternehmen, innerhalb stabiler Rahmenbedingungen produktiv tätig zu werden. Zentral ist dabei die Institutionenökonomik, wie sie insbesondere durch Douglass North sowie Daron Acemoglu und James Robinson geprägt wurde (Acemoglu & Robinson, 2012). Sie betonen, dass inklusive Institutionen – also Rechtsstaatlichkeit, Schutz von Eigentum und durchsetzbare Verträge – die Grundlage für Investitionen und Innovationen bilden. Umgekehrt führen extraktive Institutionen, die Macht und Ressourcen in den Händen weniger konzentrieren, zu Stagnation und Armut. Entwicklung hängt daher maßgeblich von der Qualität institutioneller Strukturen ab. Ein weiterer Baustein ist die Bedeutung von Handel und internationaler Integration. Liberale Ansätze verweisen auf das Konzept des komparativen Vorteils und die Erfahrungen von Export-led Growth in Ostasien. Offene Märkte und Zugang zu globalen Wertschöpfungsketten ermöglichen es Entwicklungsländern,

ihre Produktionskapazitäten auszuweiten, Technologie zu übernehmen und ihre Wettbewerbsfähigkeit zu steigern. Darüber hinaus spielt Unternehmertum eine Schlüsselrolle. In liberalen Ansätzen gelten Investoren, Gründer und kleine sowie mittlere Unternehmen als Träger von Innovation, Beschäftigung und gesellschaftlicher Dynamik. Entwicklungspolitik sollte daher weniger auf staatliche Lenkung und mehr auf die Schaffung von Rahmenbedingungen setzen, die Investitionen, Wettbewerb und Innovation erleichtern.

Insgesamt ergibt sich aus dieser theoretischen Perspektive die These, dass nachhaltige Entwicklung vor allem dort gelingt, wo Märkte funktionieren können, wo Institutionen verlässliche Rahmenbedingungen schaffen und wo Individuen die Freiheit und die Mittel haben, unternehmerisch tätig zu werden. Daraus ergibt sich, dass erfolgreiche Entwicklung nicht allein eine Frage finanzieller Ressourcen ist, sondern genauso stark von den richtigen Rahmenbedingungen abhängt. Mehrere Faktoren lassen sich als zentrale Voraussetzungen für „gute Entwicklung" identifizieren. Der verlässliche Schutz von Eigentum, vertragliche Sicherheit und eine funktionierende Justiz sind Grundpfeiler wirtschaftlicher Aktivität. Nur wenn Unternehmen sicher sein können, dass Investitionen nicht willkürlich enteignet oder Gewinne nicht blockiert werden, entstehen langfristige Investitionsanreize. Entwicklungsländer profitieren in besonderem Maße von der Integration in den Welthandel. Der Zugang zu globalen Wertschöpfungsketten ermöglicht den Transfer von Technologie und Know-how sowie den Aufbau wettbewerbsfähiger Industrien. Erfolgreiche Entwicklungsmodelle wie Südkorea oder Vietnam zeigen, dass eine exportorientierte Wachstumsstrategie erheblich zur Armutsreduzierung beitragen kann. Märkte allein generieren noch kein Wachstum – entscheidend ist die Investitionsbereitschaft von Unternehmern. Kleine und mittlere Unternehmen (KMU) bilden in vielen Entwicklungsländern das Rückgrat der Beschäftigung. Sie benötigen Zugang zu Kapital, stabile Rahmenbedingungen und einen Abbau bürokratischer Hürden, um ihr Potenzial zu entfalten. Wo die Investitionsmöglichkeiten lokaler Unternehmer nicht ausreichen, um nachhaltig Entwicklung zu ermöglichen, muss ein besonderer Fokus darauf liegen, ausländische Direktinvestitionen anzureizen.

Entwicklungstheorien betonen neben Marktmechanismen auch die Bedeutung von Humankapital. Investitionen in Bildung, berufliche Ausbildung und Gesundheit sind notwendig, um eine produktive Arbeitskraft zu schaffen und Innovationsfähigkeit zu sichern. Ohne qualifizierte Arbeitskräfte können Märkte und Unternehmen ihre Produktivität nicht steigern. Schließlich hängt Entwicklung maßgeblich von Governance-Strukturen ab. Transparenz, Korruptionsbekämpfung und effiziente Bürokratien schaffen Vertrauen in staatliche Institutionen und reduzieren Transaktionskosten für Unternehmen. Ein starker, aber nicht übermäßig eingreifender Staat gilt als wesentlicher Rahmengeber für funktionierende Märkte. Zusammenfassend lässt sich sagen: „Gute Entwicklung" entsteht dort, wo Institutionen verlässlich sind, Märkte offen gestaltet werden, Unternehmertum gefördert wird, Menschen in ihre Fähigkeiten investieren können und Regierungen die richtigen Rahmenbedingungen setzen. Ohne diese Faktoren bleibt ökonomisches Wachstum fragil und ungleich verteilt.

„Gute Entwicklung" – was wollen wir erreichen?
Das Ziel guter Entwicklung in Entwicklungsländern ist, Bedingungen zu schaffen, unter denen Menschen ein selbstbestimmtes, sicheres und würdiges Leben führen können. Es geht nicht nur um Wirtschaftswachstum, sondern um eine ganzheitliche Verbesserung der Lebensverhältnisse. Im Zentrum stehen wirtschaftliche Ziele. Entwicklungsländer sollen ihre Abhängigkeit von Rohstoffexporten überwinden und diversifizierte Volkswirtschaften aufbauen, die Arbeitsplätze für breite Bevölkerungsschichten schaffen. Ziel ist es, dass jährlich Millionen junge Menschen, die neu auf den Arbeitsmarkt kom-

men, Perspektiven in produktiven, formellen Beschäftigungs-verhältnissen finden. Wirtschaftliche Stabilität bedeutet auch, dass Einkommen verlässlich sind, dass kleine und mittlere Unternehmen wachsen können und dass Handels- und Investitionsmöglichkeiten nachhaltig gestaltet sind.

Ein zweites Ziel ist die soziale Entwicklung. Dazu gehören Bildungssysteme, die allen Kindern Zugang ermöglichen und gleichzeitig Qualität sichern. Schulen und Universitäten müssen junge Menschen nicht nur mit Wissen, sondern mit Fähigkeiten für den Arbeitsmarkt, für Unternehmertum und für gesellschaftliche Teilhabe ausstatten. Ebenso zentral ist die Gesundheitsversorgung. Entwicklungsländer sollen Strukturen aufbauen, in denen niemand durch Krankheit ins Elend stürzt und in denen grundlegende medizinische Leistungen für alle erreichbar und bezahlbar sind. Armut soll abgebaut, soziale Sicherheit gestärkt und Ungleichheit verringert werden.

Drittens braucht es politische Ziele. Entwicklung ist nur dann dauerhaft möglich, wenn stabile, rechtsstaatliche und transparente Institutionen existieren. Dazu gehören Demokratie, freie Wahlen, unabhängige Gerichte, die Bekämpfung von Korruption und eine Verwaltung, die den Bürgerinnen und Bürgern dient. Entwicklungsländer sollen Gesellschaften werden, in denen Menschenrechte geachtet, Teilhabe ermöglicht und Konflikte friedlich gelöst werden.

Ein weiteres Ziel betrifft die ökologische Dimension. Entwicklung darf nicht dauerhaft auf Kosten der Umwelt geschehen. Ziel ist es, Ressourcen wie Wasser, Böden, Wälder und Energie nachhaltig zu nutzen. Dazu gehört die Förderung erneuerbarer Energien, die Anpassung an den Klimawandel und der Schutz der Biodiversität. Entwicklungsländer sollten Gesellschaften aufbauen, die nicht nur heute Wohlstand schaffen, sondern diesen auch für kommende Generationen sichern. Entwicklung bedeutet, dass Armut überwunden wird, Chancen für alle entstehen und Menschen frei von existenziellen Zwängen ihr Leben gestalten können.

Rolle externer Akteure

Auch wenn die entscheidenden Grundlagen für Entwicklung innerhalb der jeweiligen Länder geschaffen werden müssen, spielen externe Akteure eine wichtige unterstützende Rolle. Aus einer ökonomisch-liberalen Perspektive geht es dabei weniger um klassische Entwicklungshilfe im Sinne von Transfers, sondern vielmehr um die Schaffung von Rahmenbedingungen, die private Investitionen, Handel und Innovation fördern. Der Zugang zu internationalen Märkten ist für Entwicklungsländer zentral. Handelsabkommen, die den Export von Gütern und Dienstleistungen erleichtern, sowie der Abbau von Handelshemmnissen schaffen Wachstumschancen. Insbesondere regionale Handelsabkommen – etwa die Afrikanische Freihandelszone (AfCFTA) – können die Integration in globale Wertschöpfungsketten stärken und den Binnenmarkt vergrößern. Viele Ansätze sehen ausländische Investitionen (Foreign Direct Investment – FDI) als einen der wichtigsten Wachstumstreiber. Sie bringen nicht nur Kapital, sondern auch Technologie, Management-Know-how und Zugang zu internationalen Netzwerken. Damit FDI wirksam werden, benötigen Länder jedoch stabile rechtliche Rahmenbedingungen, Schutz vor Korruption und faire Wettbewerbsbedingungen.

Klassische Entwicklungshilfe stößt an Grenzen, da sie Abhängigkeiten schaffen und marktwidrige Anreize setzen kann. Stattdessen wird „Aid for Trade" oder die Förderung marktorientierter Reformprogramme befürwortet. Hierbei steht die Unterstützung von Investitionen in Infrastruktur, Handel und Unternehmertum im Vordergrund – also in Bereiche, die langfristig eigenständiges Wachstum ermöglichen. Externe Akteure können zudem durch Absicherungsmechanismen privates Kapital mobilisieren. Blended Finance, Investitionsgarantien und Kreditabsicherungen senken das Risiko für Unternehmen und öffnen so den Zugang zu Märkten, die ansonsten gemieden würden. Deutschland, die EU und multilaterale Entwicklungsbanken spielen hier eine zentrale Rolle. Externe Akteure sind somit keine Ersatzakteure für fehlende nationale Reformen, sondern Partner bei der Schaffung stabiler Rahmenbedingungen, die private Initiativen beflügeln. Ihre Aufgabe besteht darin, Hindernisse für Handel und Investitionen zu reduzieren, Kapitalflüsse zu erleichtern und Reformprozesse zu unterstützen – nicht darin, lokale Märkte zu ersetzen.

Best Practices und Fallbeispiele
Die Wirksamkeit marktwirtschaftlich orientierter Entwicklungsansätze lässt sich besonders gut an konkreten Länderkontexten illustrieren. Verschiedene Regionen haben gezeigt, dass Marktöffnung, institutionelle Reformen und Investitionen in Humankapital zu erheblichen Entwicklungserfolgen führen können – wenn sie konsequent umgesetzt werden.

Ostasien:
Exportorientierung als Wachstumsmotor. Länder wie Südkorea, Taiwan und später Vietnam haben bewiesen, dass die Integration in den Welthandel und eine konsequente Exportstrategie zu einem beispiellosen wirtschaftlichen Aufstieg führen können. Entscheidende Faktoren waren stabile Eigentumsrechte, Investitionen in Bildung und Infrastruktur sowie eine strategische Nutzung von Handelsvorteilen. Diese Länder verwandelten sich innerhalb weniger Jahrzehnte von Agrarökonomien in moderne Industriestaaten.

Afrika:
Beispiele für Stabilität und Reform. Auch auf dem afrikanischen Kontinent gibt es erfolgreiche Entwicklungsansätze. Botswana etwa konnte dank einer stabilen Demokratie, klarer Eigentumsrechte und eines vorsichtigen Umgangs mit Rohstofferlösen langfristiges Wachstum erzielen. Ruanda wird häufig als Beispiel für gute Regierungsführung, effiziente Bürokratie und gezielte Förderung von Investitionen genannt. Ghana wiederum profitierte von Marktöffnungen, einem stabileren politischen Umfeld und Investitionen in Bildung,

litt dann jedoch stark unter einer Kette wirtschaftspolitischer Fehlentscheidungen.

Lateinamerika:
Chancen und Grenzen der Liberalisierung. Chile gilt als Beispiel für erfolgreiche wirtschaftliche Reformen, die auf Marktöffnung, Handelsintegration und ein stabiles institutionelles Umfeld setzten. Das Land konnte Wachstum generieren und Armut stark reduzieren. Costa Rica wiederum etablierte sich durch politische Stabilität, Investitionen in Bildung und eine exportorientierte Wirtschaft als einer der erfolgreicheren Staaten der Region. Gleichzeitig zeigen Länder wie Argentinien, dass fehlende institutionelle Stabilität und Protektionismus wirtschaftlichen Fortschritt erheblich einschränken können – und treten jüngst zugleich den Beweis dafür an, wie stark marktwirtschaftliche Reformen Wachstum beflügeln können.

Die Fallbeispiele verdeutlichen, dass liberale Entwicklungsstrategien dann erfolgreich sind, wenn sie von soliden Institutionen, Investitionen in Humankapital und politischer Stabilität begleitet werden. Sie zeigen zugleich, dass Marktöffnung allein nicht genügt. Nur wenn Eigentumsrechte geschützt, Korruption eingedämmt und Menschen befähigt werden, ihre Potenziale zu entfalten, können Länder den Weg in nachhaltigen Wohlstand finden.

Herausforderungen und Kritik an der liberalen Perspektive
Obwohl die ökonomisch-liberale Sichtweise auf Entwicklung zahlreiche Erfolgsbeispiele vorweisen kann, ist sie nicht frei von Kritik und praktischen Herausforderungen. Gerade in Ländern mit schwachen Institutionen und sozialen Spannungen zeigt sich, dass marktorientierte Reformen nicht automatisch zu breitem Wohlstand führen (Stiglitz, 2002). Ein häufiger Einwand gegen liberale Entwicklungsstrategien ist die Gefahr wachsender sozialer Ungleichheiten. Marktöffnung und Handelsintegration können Wohlstand schaffen, doch profitieren oft zunächst ex-

portorientierte Sektoren oder städtische Eliten. Ohne flankierende Sozial- und Bildungspolitik besteht das Risiko, dass große Teile der Bevölkerung vom Fortschritt ausgeschlossen bleiben.

Eine exportgetriebene Wachstumsstrategie macht Entwicklungsländer anfällig für globale Nachfrage- und Preisschwankungen. Krisen wie die Asienkrise 1997 oder die Covid-19-Pandemie verdeutlichen, dass offene Märkte zwar Chancen bieten, aber auch erhebliche Risiken bergen. Länder mit einseitiger Exportstruktur können dadurch besonders verwundbar sein. Liberale Reformen setzen funktionierende Institutionen und politische Stabilität voraus. In vielen Entwicklungsländern blockieren jedoch Eliten mit engen Machtinteressen Reformen, die ihre eigenen Privilegien bedrohen würden. Korruption, Klientelismus und schwache Rechtsstaatlichkeit können marktorientierte Ansätze stark unterminieren. Schließlich besteht die Gefahr, erfolgreiche Fallbeispiele wie Südkorea oder Chile als universelles Entwicklungsmodell zu betrachten. Tatsächlich unterscheiden sich Länder erheblich hinsichtlich Ressourcen, Geschichte, Kultur und politischer Rahmenbedingungen. Ein unreflektiertes Übertragen solcher Strategien kann daher scheitern.

Handlungsempfehlungen für Politik und internationale Kooperation

Auf dieser Grundlage lassen sich konkrete Handlungsempfehlungen ableiten, wie Entwicklungsländer selbst, aber auch ihre internationalen Partner, bessere Rahmenbedingungen für nachhaltige Entwicklung schaffen können. Entwicklungshilfe sollte weniger in reine Transferzahlungen und mehr in die Schaffung marktwirtschaftlicher Strukturen fließen. Programme, die Unternehmertum und Investitionen fördern, Handelsinfrastruktur verbessern und Investitionsbedingungen stabilisieren, tragen langfristig eher zu eigenständiger Entwicklung bei als kurzfristige Hilfsprojekte. Daneben stehen an vorderer Stelle der Aufbau und die Sicherung von Rechtsstaatlichkeit, Eigentumsschutz und transparenter Verwaltung. Regierungen sollten

Justizsysteme unabhängiger machen, Korruption konsequent bekämpfen und verlässliche Vertragsdurchsetzung gewährleisten. Ohne funktionierende Institutionen verlieren selbst gut gemeinte Investitionsinitiativen ihre Wirkung.

Investitionen hängen wesentlich von Infrastruktur, Energieversorgung und einem berechenbaren regulatorischen Umfeld ab. Entwicklungsländer sollten den Ausbau von Verkehrs- und Digitalnetzen priorisieren und bürokratische Hürden für Unternehmensgründungen abbauen. Internationale Partner können hier gezielt unterstützen – etwa durch Investitionsgarantien oder Public-Private-Partnerships. Handelsabkommen und der Abbau von Zöllen erleichtern die Integration in globale Wertschöpfungsketten. Gleichzeitig ist die Stärkung regionaler Binnenmärkte entscheidend, um Skaleneffekte zu nutzen. Europa und andere Partner sollten ihre Handelspolitik so ausrichten, dass sie afrikanische Exporte erleichtert und Marktchancen eröffnet, anstatt sie durch protektionistische Maßnahmen einzuschränken.

Da kleine und mittlere Unternehmen den Großteil der Beschäftigung tragen, müssen sie leichteren Zugang zu Finanzierungen erhalten. Der Ausbau von lokalen Kapitalmärkten, Mikrofinanzangeboten und Risikokapitalfonds kann hier entscheidend sein. Internationale Akteure sollten stärker auf Blended Finance-Instrumente setzen, die privates Kapital mit öffentlichen Garantien kombinieren. Investitionen in Bildung und berufliche Ausbildung müssen systematisch mit wirtschaftlicher Liberalisierung verknüpft werden. Nur so können Gesellschaften den Bedarf an qualifizierten Arbeitskräften decken, der durch zunehmende Industrialisierung und technologische Transformation entsteht. Zusammengefasst sollten Politik und internationale Kooperation nicht darin bestehen, Märkte zu ersetzen, sondern sie zu ermöglichen. Die Schaffung von Investitionsanreizen, die Verbesserung von Standortbedingungen und die Unterstützung marktwirtschaftlicher Reformen können den entscheidenden Unterschied machen, ob Länder in Armut verharren oder den Weg zu nachhaltigem Wachstum einschlagen.

Fazit

Die Analyse zeigt, dass nachhaltige Entwicklung in Entwicklungsländern nicht durch externe Hilfsgelder oder staatliche Steuerung erreicht werden kann. Entscheidend sind vielmehr die Rahmenbedingungen, die es Individuen und Unternehmen ermöglichen, ihre Potenziale zu entfalten. Aus ökonomisch-liberaler Perspektive stehen dabei funktionierende Institutionen, offene Märkte und unternehmerische Initiative im Zentrum. Die Erfahrungen erfolgreicher Länder belegen, dass Wachstum und Wohlstand dort entstehen, wo Rechtsstaatlichkeit, Eigentumsschutz, Handel und Investitionen zusammenspielen und durch Investitionen in Bildung und Humankapital ergänzt werden. Zugleich wird deutlich, dass Marktmechanismen nicht automatisch allen zugutekommen. Ohne flankierende Maßnahmen zur Armutsbekämpfung, ohne Korruptionsbekämpfung und ohne politische Stabilität bleiben Reformen fragil.

Für internationale Partner – darunter Deutschland und Europa – ergibt sich daraus die Aufgabe, nicht Hilfsabhängigkeiten zu verlängern, sondern Investitionen, Handel und institutionelle Reformen zu fördern. Finanzierungs- und Garantieinstrumente, „Aid for Trade" und die Unterstützung regionaler Integration sind zentrale Hebel, um private Initiative freizusetzen und Arbeitsplätze zu schaffen. Kurz gesagt: Gute Entwicklung gelingt dort, wo Märkte funktionieren dürfen, wo Institutionen Vertrauen schaffen und wo Menschen die Freiheit und die Fähigkeiten haben, ihre Zukunft selbst in die Hand zu nehmen. Die liberale Perspektive liefert damit einen klaren Orientierungsrahmen – nicht als universelles Rezept, aber als entscheidenden Baustein für eine nachhaltige Entwicklungsstrategie.

17.3 Die 2030er – das afrikanische Jahrzehnt

Das kommende Jahrzehnt wird für Afrika zu einer entscheidenden Wegmarke. Abhängig von den politischen und wirtschaftlichen Entscheidungen, die Regierungen, Unternehmen und Gesellschaften jetzt treffen, wird sich zeigen, ob sich der Kontinent zu einem Motor globaler Dynamik entwickelt oder ob Krisen und Engpässe dominieren. Im Zentrum stehen vier Schlüsselfaktoren: die Bevölkerungsentwicklung, das wirtschaftliche Wachstum, die Innovationskraft sowie der Ausbau von Lebensstandard und Infrastruktur. Wie sich diese Faktoren entwickeln, wird weit über Afrikas Grenzen hinauswirken. Ein erfolgreiches Management des rasanten Bevölkerungswachstums könnte einen „demografischen Bonus" schaffen: eine junge, dynamische Erwerbsbevölkerung, die Innovation, Produktivität und Konsum ankurbeln kann (Signé, 2021a). Gelingt es dagegen nicht, genügend Arbeitsplätze und Perspektiven zu schaffen, drohen steigende Jugendarbeitslosigkeit, soziale Spannungen und verstärkte Migration.

Auch das Wirtschaftswachstum wird global spürbar sein. Afrika verfügt über enorme natürliche Ressourcen, eine wachsende Mittelschicht und einen der am schnellsten expandierenden digitalen Sektoren der Welt. Werden diese Potenziale in diversifizierte Wertschöpfungsketten übersetzt, entsteht ein Kontinent mit riesigen Absatzmärkten und starker Innovationskraft. Bleibt die Abhängigkeit von Rohstoffexporten jedoch bestehen, drohen neue Verwundbarkeiten gegenüber globalen Krisen. Der Ausbau von Infrastruktur und Lebensstandard ist ebenfalls entscheidend. Investitionen in Energie, Wasser, Transport, Gesundheit und Bildung können die Grundlage für Wohlstand und Stabilität schaffen. Fehlende Investitionen hingegen würden bestehende Ungleichheiten verschärfen und den gesellschaftlichen Zusammenhalt schwächen.

Je nachdem, wie diese Entwicklungen verlaufen, werden sich globale Konsequenzen ergeben. Afrikas Umgang mit Klima- und Umweltfragen beeinflusst unmittelbar den globalen Klimawandel – sowohl als Opfer extremer Wetterereignisse als auch als Akteur im Ausbau erneuerbarer Energien. Die Dynamik von Migration hängt eng mit der wirtschaftlichen und sozialen Lage auf dem Kontinent zusammen und wird Europas Gesellschaften und Arbeitsmärkte prägen. Auch die Weltwirtschaft insgesamt wird stärker von Afrikas Konjunktur abhängen, während Afrikas wachsende politische Bedeutung das internationale Klima zwischen Multilateralismus und Protektionismus mitgestalten wird. Welches der Szenarien eintritt, ist offen. Klar ist jedoch: Es hängt sowohl von Afrikas Eigeninitiative als auch von der Bereitschaft der internationalen Gemeinschaft ab, echte Partnerschaften auf Augenhöhe einzugehen. In jedem Fall werden die kommenden Jahre nicht nur das Bild Afrikas verändern, sondern auch tiefgreifende Auswirkungen auf Europa und die Weltordnung des 21. Jahrhunderts haben.

Es gibt auf den ersten Blick Dutzende Gründe, nicht in Afrika zu investieren. Fehlende Infrastruktur, unzureichende Gesundheitsversorgung, mangelnde Bildungsangebote, unsichere rechtliche Rahmenbedingungen, Korruption und politische Instabilitäten – all das wirkt abschreckend auf internationale Unternehmen. Und doch steht auf der anderen Seite ein gewichtiges Argument, das schwerer wiegt als alle Hindernisse: die enormen Chancen. Afrikas riesige Märkte, seine junge Bevölkerung, sein Rohstoffreichtum und seine Innovationskraft bieten Perspektiven, die in kaum einer anderen Region der Welt zu finden sind. Ohne Investitionen aus dem Ausland werden die bevorstehenden Weichenstellungen nicht in die richtige Richtung gehen. Kapital ist der Schlüssel, um die Potenziale Afrikas zu heben. Besonders dringend sind Investitionen in die Schaffung von Arbeitsplätzen und den Ausbau von Infrastruktur. Beides ist nicht nur ökonomisch notwendig, sondern auch politisch und sozial stabilisierend. Millionen junger Menschen brauchen Perspektiven – und nur die Ansiedlung von Unternehmen, Fabriken, Dienstleistungen und neuen Technologien kann sie schaffen. Die Frage ist daher: Wie können diese Investitionen ermöglicht werden? Unternehmen müssen beginnen, Afrika nicht primär als Risiko, sondern als Chance zu begreifen. Anstatt abzuwarten, bis sich die Rahmenbedingungen von allein verbessern, gilt es, entschlossen zu handeln und Investitionen zu wagen. Natürlich können private Investoren nicht alle Risiken allein tragen. Hier kommt die öffentliche Hand ins Spiel. Staatliche Garantien, Absicherungen oder die teilweise Übernahme von Risiken können Investitionen erleichtern. Entwicklungsbudgets, die bislang oft in klassische Hilfsprojekte fließen, sollten stärker genutzt werden, um Investitionen zu ermöglichen und Hebelwirkung zu entfalten. Denn viele Milliarden an Hilfsgeldern haben in der Vergangenheit nur begrenzte strukturelle Wirkungen entfaltet – während Investitionen in produktive Sektoren langfristige Multiplikatoreffekte schaffen.

Die Alternative wäre Stillstand. Doch Stillstand bedeutet in einem Afrika, das durch massives Bevölkerungswachstum, Klimawandel und soziale Spannungen geprägt ist, nicht Stagnation, sondern Rückschritt. Ohne Investitionen verschärfen sich die bestehenden Probleme. Mit Investitionen dagegen entsteht ein positiver Kreislauf. Neue Arbeitsplätze erhöhen Einkommen, verbessern Lebensstandards und schaffen Steuereinnahmen für den Staat. Damit können Schulen, Krankenhäuser, Energie- und Verkehrsinfrastruktur ausgebaut werden. Beamte erhalten verlässlichere Gehälter, wodurch Korruption eingedämmt werden kann. Schritt für Schritt verbessern sich die Rahmenbedingungen – und in diesem Prozess sinkt auch mittelfristig die Notwendigkeit staatlicher Risikoabsicherungen. Investitionen sind deshalb nicht nur eine ökonomische Option, sondern die Voraussetzung dafür, dass Afrika sein Potenzial entfalten kann. Nur wenn Kapital, Know-how und Unternehmergeist zusammenfinden, können die enormen

Herausforderungen des Kontinents in Chancen verwandelt werden – zum Nutzen Afrikas und der Welt. Die Frage, wie deutsche Unternehmen in Afrika erfolgreich investieren können, ist komplex und lässt sich nicht mit allgemeinen Appellen beantworten. Entscheidend ist vielmehr, ob Angebot und Nachfrage zusammenpassen und ob die Finanzierungsstrukturen tragfähig gestaltet werden können. Zwei Voraussetzungen sind dabei besonders wichtig.

Passende Projekte identifizieren

Damit Investitionen überhaupt zustande kommen, muss es Projekte geben, bei denen die Bedarfe afrikanischer Länder mit den Angeboten deutscher Unternehmen kompatibel sind. Andernfalls laufen Investitionsinitiativen ins Leere. Ein Beispiel ist der Agrarsektor. In Afrika besteht zweifellos ein großer Bedarf an Investitionen in die landwirtschaftliche Produktion, da Ernährungssicherheit, Produktivität und Verarbeitungskapazitäten dringend gestärkt werden müssen. Deutsche Unternehmen sind jedoch traditionell kaum bereit, selbst in landwirtschaftliche Produktionsbetriebe im Ausland einzusteigen. Wenn die Bundesregierung daher Veranstaltungen oder Programme anbietet, die deutsche Investoren für den Betrieb afrikanischer Agrarbetriebe gewinnen sollen, ist dies in den meisten Fällen von vornherein zum Scheitern verurteilt. Dass kaum ein Unternehmen aus Deutschland daran interessiert ist, in Afrika etwa einen Schlachthof zu bauen, eine Lebensmittelverarbeitungsfabrik oder auch nur Geld in einen Landwirtschaftsbetrieb zu stecken, bedeutet allerdings nicht, dass deutsche Unternehmen hier keine Rolle spielen können. Deutschland verfügt über eine Vielzahl von Unternehmen, die Saatgut, Düngemittel, Maschinen oder Technologien zur Effizienzsteigerung liefern können. Dafür braucht es jedoch afrikanische Partnerunternehmen, die zahlungskräftig genug sind, diese Produkte auch nachzufragen. Erst wenn es gelingt, die lokale Wertschöpfungskette so zu stärken, dass afrikanische Unternehmen als Käufer auftreten, können deutsche Anbieter erfolgreich tätig werden. Ähnliches gilt für den Bergbausektor. Deutschland hat nur sehr wenige Unternehmen, die bereit oder in der Lage sind, Minen in Afrika zu entwickeln und selbst zu betreiben. Die klassischen Investoren in diesem Bereich kommen aus anderen Ländern, etwa aus Kanada, Australien oder China. Deutsche Unternehmen sind hier in der Regel Zulieferer, beispielsweise für Maschinenbau oder Umwelttechnologie, nicht aber Betreiber und Investoren.

Umgekehrt gibt es zahlreiche hochspezialisierte deutsche High-Tech-Unternehmen, deren Produkte – etwa im Bereich Reinraumtechnologie oder komplexer Industrieanlagen – in Afrika derzeit kaum nachgefragt werden. Auch hier zeigt sich: Ohne realen Bedarf auf afrikanischer Seite bleiben die Chancen für deutsche Unternehmen gering. Die große Herausforderung besteht also darin, Schnittmengen zu finden. Projekte müssen definiert werden, bei denen ein echter Bedarf in Afrika besteht und zugleich deutsche Unternehmen über die passenden Investitionsinteressen verfügen. Ein Bereich, in dem dies zunehmend der Fall ist, sind erneuerbare Energien. Afrikanische Länder haben ein massives Interesse an Solar- und Windkraftanlagen sowie an Speichertechnologien. Deutsche Unternehmen wiederum verfügen über jahrzehntelange Erfahrung und hochentwickelte Technologien in diesem Feld und es bestehen zahlreiche mittelständische Unternehmen, die sich auch vorstellen können, in Wind- oder Solarparks in Afrika zu investieren. Hier entstehen natürliche Anknüpfungspunkte, die beide Seiten voranbringen können. Es ist nicht so einfach, wie es klingt, Schnittmengen zu identifizieren. Vielmehr ist hierzu eine detaillierte Kenntnis der deutschen Wirtschaft, ihrer Akteure und Geschäftsmodelle ebenso erforderlich wie eine genaue Analyse der wirtschaftlichen und regulatorischen Rahmenbedingungen in zahlreichen Sektoren der 54 afrikanischen Volkswirtschaften. Während Solaranlagen in Marokko von Interesse sein können, ist die Sonneneinstrahlung in Kamerun häufig zu gering, die Regulierung in Gabun zu unvorteilhaft für deutsche Unternehmen und die dominante Rolle von Staatsunternehmen in Äthiopien erdrückend. Diese notwendige umfangreiche Erfahrung ist bei vielen deutschen Mittelständlern nicht vorhanden.

Finanzierung sicherstellen

Selbst wenn ein passendes Projekt identifiziert ist, steht und fällt sein Erfolg mit der Finanzierung. Besonders in Subsahara-Afrika zeigen sich die größten Schnittmengen zwischen den Interessen deutscher Unternehmen und den Bedarfen afrikanischer Staaten im Bereich der Infrastruktur: Gesundheit, Bildung, Eisenbahnen, Energieversorgung oder digitale Netze. Solche Infrastrukturprojekte erfordern jedoch in der Regel Projektfinanzierungen, bei denen die Rückzahlung der Kredite aus den künftigen Einnahmen des Projekts selbst erfolgt. Damit diese Struktur funktioniert, braucht es verlässliche Vertragspartner – die sogenannten „Offtaker". In vielen Fällen sind dies staatliche Unternehmen, etwa Energieversorger oder Transportgesellschaften. Die Herausforderung: Viele dieser Offtaker verfügen über eine geringe Kreditwürdigkeit. Internationale Banken und Investoren sind deshalb oft nicht bereit, die notwendigen Finanzierungen zu stellen. Hier entscheidet sich, ob ein deutsches Infrastrukturinvestment Aussicht auf Erfolg hat. Nur wenn es gelingt, Finanzierungen so zu strukturieren, dass das Risiko abgesichert und die Rückzahlung gesichert erscheint, werden Unternehmen investieren. Dazu können staatliche Garantien der Bundesregierung, Absicherungen durch Entwicklungsbanken oder Kooperationen mit multilateralen Institutionen beitragen. Deutsche Unternehmen haben in diesem Bereich Potenzial, müssen jedoch eng mit internationalen Partnern zusammenarbeiten, um Projekte realisieren zu können.

Damit deutsche Unternehmen in Afrika erfolgreich investieren können, braucht es also zweierlei: erstens die Auswahl von Projekten, bei denen Angebot und Nachfrage zusammenpassen, und zweitens tragfähige Finanzierungsmodelle, die Risiken abfedern. Nur wenn beides zusammenkommt, können Investitionen entstehen, die für Unternehmen attraktiv sind und gleichzeitig im afrikanischen Jahrzehnt erfolgsentscheidend für die Entwicklung des Kontinents sein werden.

17.4 Deutschlands Beitrag zum afrikanischen Jahrzehnt

Die Diskussion über ein mögliches „afrikanisches Jahrzehnt" in den 2030er-Jahren wirft für Deutschland und Europa eine zentrale Frage auf: Welche Rolle können und sollten wir spielen, damit sich das optimistische Szenario einer dynamischen, stabilen und selbstbewussten Entwicklung Afrikas tatsächlich verwirklicht? Die Antwort darauf ist nicht nur eine Frage der Solidarität mit dem Nachbarkontinent, sondern liegt im ureigenen europäischen Interesse. Afrikas Erfolg ist eng mit den Zukunftsfragen Europas verknüpft. Ein stabiles, wachsendes und kooperatives Afrika kann entscheidend dazu beitragen, dass Europa seine eigenen Ziele in einer zunehmend fragmentierten Weltordnung erreicht. Umgekehrt würde ein Scheitern Afrikas schwerwiegende Folgen haben. Vor diesem Hintergrund untersucht dieser Beitrag, was Deutschland und Europa tun können, um das optimistische Szenario zu unterstützen und zugleich ihre eigenen Interessen bestmöglich zu wahren. Dabei wird deutlich: Die Umsetzung eines „afrikanischen Jahrzehnts" verlangt langfristige Investitionen, eine Partnerschaft auf Augenhöhe und eine klare strategische Ausrichtung europäischer Afrikapolitik.

Deutsche und europäische Interessen im Überblick

Damit das optimistische Szenario eines erfolgreichen „afrikanischen Jahrzehnts" Realität wird, müssen deutsche und europäische Interessen klar benannt und strategisch in die Partnerschaft mit Afrika eingebracht werden. Dabei zeigt sich, dass viele der zentralen Anliegen Europas und Deutschlands eng mit Afrikas Entwicklung verknüpft sind – von Sicherheit über Energie bis hin zu globaler Ordnungspolitik. Für Europa ist ein stabiles Afrika von unmittelbarer Bedeutung. Bürgerkriege, fragile Staaten oder terroristische Bewegungen wirken sich direkt auf die Sicherheit Europas aus – sei es durch Migrationsdruck, organisierte Kriminalität oder die Bedrohung durch transnationale Netzwerke. Deutschland und die EU haben daher ein grundlegendes Interesse an der Unterstützung afrikanischer Friedensprozesse, der Stärkung staatlicher Institutionen und einer intensiven Zusammenarbeit mit der Afrikanischen Union im Bereich Sicherheit.

Europas Industrie benötigt kritische Rohstoffe wie Kobalt, Lithium oder Seltene Erden, die in Afrika reichlich vorhanden sind. Zugleich bietet Afrikas Binnenmarkt der Zukunft enorme wirtschaftliche Chancen. Für Deutschland mit seiner exportorientierten Wirtschaft sind stabile Handelsbeziehungen und verlässliche Partnerschaften von strategischem Wert. Afrikas Potenzial für erneuerbare Energien macht den Kontinent zu einem unverzichtbaren Partner für Europas Energiewende. Insbesondere Projekte zur Produktion von grünem Wasserstoff – etwa in Mauretanien, Angola, Namibia oder Marokko – stehen im Einklang mit deutschen Interessen an Energiesicherheit und Dekarbonisierung. Gleichzeitig ist es im europäischen Interesse, dass Afrika bei Klimafolgen nicht allein gelassen, sondern durch Anpassungsmaßnahmen unterstützt wird (Signé, 2021b).

Deutschland und die EU treten traditionell für eine regelbasierte internationale Ordnung ein. Afrikas Rolle in den Vereinten Nationen, in der WTO oder künftig verstärkt in der G20 kann helfen, diese Ordnung zu stützen. Ein enger Schulterschluss mit Afrika stärkt die Position der multilateralen Kräfte gegenüber autoritären Modellen, die zunehmend an Einfluss gewinnen. Afrikas Aufstieg ist nicht nur eine Entwicklungsfrage, sondern eine strategische Zukunftsfrage für Deutschland und Europa. Je erfolgreicher Afrika seinen Weg geht, desto besser können zentrale europäische Interessen gesichert werden.

Handlungsfelder für Deutschland und Europa

Ein funktionierender afrikanischer Binnenmarkt ist für die Entwicklung des Kontinents entscheidend. Deutschland und die EU sollten nicht nur Investitionen in Infrastruktur und Digitalisierung fördern, sondern auch Zugang zum europäischen Markt erleichtern – etwa durch den Abbau von Handelshemmnissen und eine Vereinfachung von Ursprungsregeln. Deutschland sollte deshalb eine EU-AU-Freihandelszone aktiv mitgestalten. Afrikas Energiepotenziale können die Grundlage für eine echte Win-win-Partnerschaft bilden. Deutsche Unternehmen sollten stärker in Projekte zu erneuerbaren Energien und grünem Wasserstoff eingebunden werden. Langfristige Finanzierungsinstrumente und Investitionsgarantien können es gerade dem deutschen Mittelstand erleichtern, auf dem Kontinent tätig zu werden und so einen Beitrag zu dessen wirtschaftlicher Entwicklung zu leisten. Deutschland sollte gezielt Industrie-Cluster in Afrika fördern, die Arbeitsplätze schaffen und lokale Wertschöpfung ermöglichen, statt nur Energieexporte zu fokussieren.

Die Schaffung von Arbeitsplätzen ist der zentrale Schlüssel, um Afrikas demografisches Potenzial in Wohlstand zu verwandeln. Hierfür sind private Investitionen entscheidend, nicht öffentliche Entwicklungsgelder. Deutschland sollte seine Stärken – etwa das Modell der dualen Ausbildung – mit gezielten Programmen in afrikanischen Partnerländern verankern und durch Mittelstands- und Startup-Förderung flankieren. Besonders wichtig ist, jungen Afrikanerinnen und Afrikanern Zukunftsperspektiven vor Ort zu eröffnen. Ohne funktionierende Institutionen bleiben Investitionen riskant. Deutschland sollte daher weiterhin Programme zur Korruptionsbekämpfung, Rechtsstaatlichkeit und politischer Reform unterstützen – zugleich aber stärker als bisher wirtschaftliche und politische

Konditionalität miteinander verknüpfen. Regelbasierte Strukturen und Marktöffnung wirken nur dann, wenn politische Institutionen verlässlich sind (Acemoglu & Robinson, 2012).

Chancen für eine echte EU-AU-Partnerschaft

Ein „afrikanisches Jahrzehnt" kann nur dann Realität werden, wenn Europa und Afrika ihre Beziehungen auf eine neue Grundlage stellen. Statt reiner Entwicklungszusammenarbeit braucht es eine strategische Partnerschaft auf Augenhöhe – zwischen der Europäischen Union und der Afrikanischen Union. Diese Partnerschaft bietet sowohl Afrika als auch Europa große Chancen. Klassische Entwicklungshilfe allein reicht nicht aus, um nachhaltige Perspektiven zu schaffen. Entscheidend ist vielmehr, private Investitionen zu fördern. Europa sollte afrikanischen Partnerländern den Zugang zu Investitionskapital, Technologien und Märkten erleichtern. Dies erfordert neue Finanzierungsinstrumente, verlässliche Investitionsgarantien und eine stärkere Einbindung kleiner und mittelständischer Unternehmen. Eine EU-AU-Partnerschaft, die diesen Rahmen schafft, würde langfristig Arbeitsplätze und Wohlstand fördern – und damit die Grundlage für politische Stabilität legen.

Afrika darf nicht in erster Linie als Empfänger von Hilfsprogrammen gesehen werden, sondern als Handelspartner. Europa sollte sich klar dazu bekennen, Handelshemmnisse abzubauen. Damit würde Afrika besser in globale Wertschöpfungsketten integriert und Europa könnte im Wettbewerb mit China oder den USA punkten. Eine enge Partnerschaft eröffnet die Möglichkeit, Afrika zum strategischen Energiepartner Europas zu machen. Dabei geht es nicht nur um den Import von grünem Wasserstoff oder Solarstrom, sondern auch um die Entwicklung lokaler Industrie-Cluster, die Wertschöpfung vor Ort schaffen. Afrikas junge Bevölkerung erhält Perspektiven, während Europa seine Energiewende absichern kann. Schließlich könnte eine verstärkte EU-AU-Kooperation auch ein politisches Signal senden. Europa und Afrika gemeinsam als Stützen einer regelbasierten internationalen Ordnung. Indem die EU afrikanische Staaten in multilateralen Foren – von der G20 über die WTO bis hin zur UNO – unterstützt, stärkt sie nicht nur die Handlungsfähigkeit Afrikas, sondern gewinnt auch selbst an globalem Gewicht.

Risiken und Hindernisse

So verheißungsvoll die Chancen einer vertieften EU-AU-Partnerschaft auch sind, zahlreiche Risiken und Hindernisse könnten das optimistische Szenario eines „afrikanischen Jahrzehnts" gefährden. Sie betreffen sowohl innere Herausforderungen auf dem afrikanischen Kontinent als auch strukturelle Defizite in Europas Afrika-Politik. Private Investitionen benötigen stabile politische Rahmenbedingungen und langfristige Garantien. Viele Projekte deutscher und europäischer Unternehmen scheitern derzeit am fehlenden Zugang zu Finanzierungen oder an kurzfristigen Förderzyklen. Ohne neue Instrumente wie Investitionsfonds, Bürgschaften oder abgesicherte Kreditlinien bleiben die ambitionierten Pläne Theorie. China, Russland, die Türkei, Indien und andere Akteure haben in den vergangenen Jahren massiv an Einfluss in Afrika gewonnen. Europa muss sich diesem Wettbewerb stellen, ohne in eine rein defensive Haltung zu verfallen. Fehlende europäische Koordination, ein belehrender Habitus Europas oder zögerliches Handeln könnten dazu führen, dass Afrika sich stärker an alternative Partner bindet.

Auch innerhalb der EU bestehen erhebliche Hürden. Unterschiedliche nationale Interessen, fragmentierte Strategien und ein oft langsames Entscheidungsgefüge erschweren eine kohärente Afrika-Politik. Wenn die EU nicht in der Lage ist, gemeinsame Prioritäten zu setzen und mit einer Stimme aufzutreten, droht das Potenzial einer Partnerschaft ungenutzt zu bleiben. Viele afrikanische Staaten kämpfen nach wie vor mit schwachen Institutionen, Korruption und ungelösten Konflikten. Selbst massive Investitionen können ins Leere laufen, wenn es an politischer Stabilität, Rechtsstaatlichkeit und Planungssicherheit mangelt. Für europäische Unternehmen bleibt dies eines der größten Investitionshemmnisse, das unter Umständen durch staatliche Garantien und Absicherungen abgemildert werden könnte. Trotz guter Absichten wird europäisches Engagement in Afrika oft kritisch gesehen – als Fortsetzung alter Abhängigkeitsmuster. Wenn Europa seine Partnerschaften nicht konsequent auf Augenhöhe gestaltet, droht Misstrauen. Erfolgreiche Kooperation setzt daher einen Kulturwandel voraus: weniger Belehrung, mehr echter Austausch.

Handlungsempfehlungen für Deutschland

Damit das optimistische Szenario eines „afrikanischen Jahrzehnts" Realität werden kann, muss Deutschland im europäischen Rahmen eigene Akzente setzen und seine Stärken gezielt einbringen. Dies erfordert ein strategisches Vorgehen, das wirtschaftliche Interessen mit entwicklungspolitischer Verantwortung verbindet. Deutschland sollte sich auf Politikbereiche konzentrieren, in denen es über besondere Kompetenzen verfügt: die duale Ausbildung, erneuerbare Energien, Infrastruktur und verarbeitende Industrie gehören dazu. Diese Felder entsprechen nicht nur afrikanischen Entwicklungsbedarfen, sondern decken sich auch mit deutschen Interessen an Fachkräften, Energiesicherheit und Stabilität.

Deutschland sollte bestehende Instrumente wie Investitionsgarantien, Hermesbürgschaften und den Entwicklungsinvestitionsfonds deutlich ausbauen und vereinfachen. Ergänzend könnten bilaterale Business Councils zwischen Deutschland und den jeweiligen Partnerländern die Vernetzung von Mittelständlern und afrikanischen Unternehmen fördern. Um Vertrauen aufzubauen und Wirkung zu zeigen, sollte Deutschland in einigen Partnerländern gezielt Leuchtturmprojekte realisieren – etwa Wasserstoffprojekte mit Namibia, Bildungsinvestitionen in Nigeria oder Digitalisierungsvorhaben in Kenia. Solche Projekte können zeigen, dass Partnerschaft konkrete Ergebnisse liefert, und so Multiplikatoreffekte erzeugen. Deutschland steht vor einem massiven Fachkräftemangel. Kontrollierte Arbeitsmigration und Ausbildungskooperationen können Teil einer Win-win-Strategie sein. Deutschland sollte legale Zuwanderungskanäle für qualifizierte Arbeitskräfte aus Afrika schaffen – kombiniert mit Rückkehr- und Weiterbildungsprogrammen, die auch afrikanischen Arbeitsmärkten zugutekommen.

Deutschland sollte Afrika in multilateralen Foren stärker einbinden, etwa durch die Unterstützung eines ständigen afrikanischen Sitzes im UN-Sicherheitsrat oder eine stärkere Rolle der Afrikanischen Union in der G20. Damit würde Berlin nicht nur afrikapolitische Eigenständigkeit stärken, sondern auch die regelbasierte internationale Ordnung stabilisieren. Schließlich ist es entscheidend, dass Deutschland seine Initiativen in einen kohärenten europäischen Rahmen einbettet. Nur wenn Berlin mit Paris, Brüssel und anderen Partnern abgestimmt handelt, kann die EU gegenüber China, Russland oder den USA als glaubwürdiger Partner auftreten. Zusammengefasst bedeutet dies: Deutschland sollte wirtschaftliche Dynamik fördern, institutionelle Strukturen stärken und Migration aktiv gestalten – im Interesse Afrikas wie im eigenen. Damit ließe sich ein entscheidender Beitrag dazu leisten, dass die 2030er-Jahre tatsächlich zum „afrikanischen Jahrzehnt" werden.

Fazit: Ein gemeinsames Projekt

Das „afrikanische Jahrzehnt" ist keine ferne Vision, sondern eine realistische Möglichkeit – wenn Afrika, Europa und Deutschland entschlossen handeln. Für Europa und insbesondere für Deutschland ist Afrikas Erfolg mehr als eine moralische Frage – es ist ein strategisches Eigeninteresse. Wer Afrikas Potenzial ignoriert, riskiert, dass Krisen und Abhängigkeiten die europäische Handlungsfähigkeit untergraben. Die gute Nachricht lautet: Europa und Afrika können gewinnen, wenn sie den Weg einer echten Partnerschaft beschreiten. Das bedeutet Abkehr von paternalistischen Entwicklungsmustern, Konzentration auf Investitionen, Bildung und Beschäftigung, sowie die Schaffung klarer wirtschaftlicher und politischer Rahmenbedingungen. Vorschläge zur Förderung privater Investitionen oder zum Ausbau von Handelsbeziehungen, aber auch zu gemeinsamen Energie- und Migrationsstrategien zeigen, wie konkrete Win-win-Situationen entstehen können.

Das „afrikanische Jahrzehnt" ist damit auch ein europäisches Jahrzehnt – denn Afrikas Fortschritt und Europas Zukunft sind untrennbar miteinander verbunden. Deutschland kann hierbei eine Schlüsselrolle spielen: als Motor für Investitionen, als Vermittler in der EU, als Partner bei Ausbildung und Energie. Gelingt es, diesen Weg konsequent zu gehen, könnte die Partnerschaft zwischen Europa und Afrika zum Vorbild multilateraler Zusammenarbeit im 21. Jahrhundert werden.

17.5 Ohne Moos nix los – Risikokapital ist entscheidend

Afrikas wirtschaftliche Entwicklung in den kommenden Jahrzehnten wird maßgeblich davon abhängen, ob es gelingt, ausreichend Investitionen in produktive Sektoren wie Infrastruktur, Energie, Landwirtschaft, Industrie und digitale Dienstleistungen zu lenken. Allein der jährliche Finanzierungsbedarf für Afrikas Entwicklungs- und Klimaziele wird von der Afrikanischen Entwicklungsbank und den Vereinten Nationen auf mehrere Hundert Milliarden US-Dollar geschätzt – ein Volumen, das mit öffentlichen Haushaltsmitteln oder klassischer Entwicklungshilfe bei weitem nicht zu decken ist. Damit rücken Finanzierungs- und Garantieinstrumente ins Zentrum der Debatte. Sie schaffen die Grundlage dafür, dass privates Kapital – von internationalen Konzernen bis hin zu mittelständischen Unternehmen – in afrikanische Märkte fließt. Durch Risikoabsicherung, Mischfinanzierung und langfristige Kredite werden Investitionen ermöglicht, die sonst nicht zustande kämen. Für afrikanische Staaten bedeutet dies die Chance, dringend benötigte Infrastrukturprojekte umzusetzen, kleine und mittlere Unternehmen zu fördern und Millionen neuer Arbeitsplätze zu schaffen. Für Deutschland und Europa ist die Frage der Finanzierung ebenfalls von strategischer Bedeutung. Einerseits geht es darum, Märkte für die eigene Exportwirtschaft zu öffnen und die Versorgung mit Rohstoffen und Energieträgern abzusichern. Andererseits spielt die Förderung von Arbeitsplätzen und wirtschaftlicher Perspektiven in Afrika eine zentrale Rolle, um Migrationsdruck zu mindern und politische Stabilität zu stärken. In diesem Sinne sind Finanzierungs- und Garantieinstrumente mehr als nur technische Mechanismen. Sie sind ein Schlüssel, um das optimistische Szenario eines „afrikanischen Jahrzehnts" Realität werden zu lassen – mit Vorteilen für beide Seiten.

Status quo: Finanzierungssituation in Afrika
Afrika steht vor einem massiven Investitionsbedarf, der die Möglichkeiten öffentlicher Haushalte und klassischer Entwicklungshilfe bei weitem übersteigt. Nach Schätzungen der Afrikanischen Entwicklungsbank liegt die Finanzierungslücke allein im Infrastrukturbereich bei jährlich rund 100 bis 170 Mrd. US-Dollar. Hinzu kommen hohe Investitionsanforderungen für Bildung, Gesundheit, Landwirtschaft, Digitalisierung und insbesondere für den Übergang zu nachhaltiger Energieversorgung. Gleichzeitig ist der Zugang zu Kapital für viele afrikanische Länder und Unternehmen stark eingeschränkt. Hohe Staatsverschuldung, schwankende Währungen und eine oft als unsicher wahrgenommene politische Lage führen dazu, dass Investoren Zurückhaltung üben. Viele afrikanische Staaten müssen auf internationalen Finanzmärkten höhere Zinsen zahlen als andere Schwellenländer, was den finanziellen Handlungsspielraum zusätzlich einschränkt. Private Unternehmen – insbesondere kleine und mittlere Betriebe – leiden unter mangelndem Zugang zu Krediten, fehlenden Sicherheiten und geringen Eigenkapitalreserven.

Diese Situation wird durch strukturelle Abhängigkeiten verschärft. In den vergangenen zwei Jahrzehnten ist China zum größten bilateralen Kreditgeber vieler afrikanischer Staaten geworden, während multilaterale Entwicklungsbanken wie die Weltbank oder die Afrikanische Entwicklungsbank weiterhin zentrale, aber begrenzte Finanzierungsquellen darstellen. Europäische und deutsche Finanzierungsangebote sind zwar vorhanden, bleiben jedoch im Vergleich relativ klein und oft durch komplexe Verfahren schwer zugänglich, in vielen Fällen auch nicht geeignet, um die tatsächlichen Risiken abzusichern, die einer privaten Finanzierung entgegenstehen. Das Ergebnis ist ein paradoxes Bild. Auf der einen Seite verfügt Afrika über enorme Wachstumschancen – eine junge Bevölkerung, reiche natürliche Ressourcen, Potenzial für erneuerbare Energien und einen entstehenden kontinentalen Binnenmarkt. Auf der anderen Seite verhindert der Mangel an Finanzierungsoptionen, dass diese Chancen ausgeschöpft werden. Die derzeitige Finanzierungssituation stellt somit eine der größten Barrieren für nachhaltiges Wachstum und die Schaffung von Arbeitsplätzen auf dem Kontinent dar.

Finanzierungs- und Garantieinstrumente im Überblick

Um Investitionen in Afrika zu ermöglichen und Risiken für private Akteure abzufedern, haben sich in den vergangenen Jahren unterschiedliche Finanzierungs- und Garantieinstrumente etabliert. Sie lassen sich grob in vier Kategorien einteilen: multilaterale, europäische, nationale (deutsche) sowie private Instrumente.

Multilaterale Instrumente.

Internationale Entwicklungsbanken spielen eine zentrale Rolle bei der Finanzierung afrikanischer Projekte. Die Afrikanische Entwicklungsbank (AfDB) bietet Kredite, Eigenkapitalbeteiligungen und Garantien, die sowohl Staaten als auch Unternehmen zugutekommen. Auch die International Finance Corporation (IFC), ein Arm der Weltbankgruppe, stellt Finanzierung für private Investitionen bereit und trägt Risiken mit. Diese Institutionen gelten als wichtige Hebel, da sie oft in der Lage sind, große Projekte im Bereich Infrastruktur, Energie und Industrie zu finanzieren. Gerade für deutsche Mittelständler sind die Verfahren aber oftmals zu komplex und für kleinere Vorhaben zu aufwendig.

Europäische Instrumente.
Mit dem European Fund for Sustainable Development Plus (EFSD+) hat die EU ein Garantieinstrument geschaffen, das im Rahmen der *Global Gateway*-Strategie eingesetzt werden soll. Ziel ist es, privates Kapital in strategisch wichtige Sektoren wie Energie, Verkehr oder Digitalisierung zu lenken. Ergänzt wird dies durch Programme wie die Europäische Investitionsbank (EIB), die Kredite und Bürgschaften für afrikanische Projekte bereitstellt. Bislang kommen diese Instrumente aber noch kaum zum Einsatz. Sie gelten als bürokratisch und sind in der Regel fast nur für Dax-Konzerne einzusetzen – wenn überhaupt.

Deutsche Instrumente.
Deutschland verfügt über mehrere spezifische Förder- und Garantieinstrumente für Afrika. Zu nennen sind die Investitionsgarantien der Bundesregierung, die deutsche Unternehmen vor politischen Risiken wie Enteignung oder Devisentransferproblemen schützen. Daneben bestehen die Programme AfricaConnect und AfricaGrow, die über die KfW und DEG (Deutsche Investitions- und Entwicklungsgesellschaft) Zugang zu Krediten und Eigenkapital für deutsche Mittelständler und afrikanische KMU ermöglichen. Ergänzend gibt es die klassischen Hermes-Bürgschaften, die Exporte absichern. Bei vielen Mittelständlern gelten diese Instrumente jedoch als zu teuer, komplex zu beantragen und als oftmals bürokratisch und risikoavers.

Private Finanzierungsmechanismen.
Neben staatlichen und multilateralen Angeboten gewinnen auch private Finanzierungsformen an Bedeutung. Dazu ge-

hören *Impact Investing*, das neben Rendite auch soziale und ökologische Ziele verfolgt, sowie *Venture Capital*-Fonds, die sich auf afrikanische Startups konzentrieren. Auch Diaspora Bonds, die Kapital von im Ausland lebenden Afrikanern mobilisieren, sind ein wachsendes Feld. All diese Instrumente sind jedoch insbesondere seit dem Krisenjahr 2020 im Zuge des globalen Rückgangs von Risikokapitalinvestitionen für Projekte in Afrika deutlich schwieriger zu erreichen.

Diese Vielfalt an Instrumenten zeigt, dass es bereits zahlreiche Ansätze gibt, Investitionen in Afrika zu fördern. Allerdings werden die Potenziale bislang nicht voll ausgeschöpft – viele Instrumente sind für kleinere Unternehmen schwer zugänglich, oft wenig koordiniert und konzentrieren sich stark auf Großprojekte.

Bedeutung für Investitionen und Beschäftigung

Finanzierungs- und Garantieinstrumente sind nicht nur technische Hilfsmittel, sondern ein entscheidender Hebel, um private Investitionen in Afrika zu ermöglichen. Ihr zentraler Vorteil liegt darin, dass sie Risiken abfedern und damit Kapitalströme freisetzen, die ohne entsprechende Absicherung ausbleiben würden.

Risikominimierung als Schlüsselfaktor

Viele Investoren schrecken vor politischen Risiken, rechtlicher Unsicherheit oder Währungsinstabilität zurück. Investitionsgarantien – etwa die der deutschen Bundesregierung oder die Absicherungen durch die Afrikanische Entwicklungsbank – können diese Hürden abmildern. Dadurch wird der Markteintritt für Unternehmen kalkulierbarer. Besonders für den Mittelstand, der weder die Größe noch die Risikoreserven multinationaler Konzerne hat, sind solche Garantien oft die Voraussetzung, um überhaupt in afrikanischen Ländern tätig zu werden.

Hebelwirkung öffentlicher Mittel

Garantien und Mischfinanzierungen (Blended Finance) haben den Vorteil, dass sie mit relativ geringen öffentlichen Mitteln große Mengen privaten Kapitals mobilisieren können. Studien der Weltbank zeigen, dass jeder durch Garantien abgesicherte Euro im Schnitt zwischen drei und sieben Euro an privaten Investitionen freisetzt. Auf diese Weise lassen sich Entwicklungsprojekte in großem Umfang skalieren – von Infrastruktur bis zu innovativen Startups.

Arbeitsplätze und lokale Wertschöpfung

Investitionen, die durch Finanzierungs- und Garantieinstrumente ermöglicht werden, wirken sich direkt auf die Schaffung von Arbeitsplätzen aus. Besonders wenn sie in arbeitsintensive Sektoren wie Landwirtschaft, Bauwesen oder die digitale Wirtschaft fließen, können sie einen nachhaltigen Beschäftigungseffekt erzeugen. Ein Beispiel sind Solarparks in Nord- und Westafrika, die durch internationale Garantien finanziert wurden und nicht nur saubere Energie liefern, sondern auch tausende lokale Jobs schaffen.

Positive Rückkopplungen für Entwicklung

Mehr Investitionen bedeuten nicht nur direkte Arbeitsplätze, sondern auch höhere Steuereinnahmen für afrikanische Staaten, bessere Infrastruktur und eine Stärkung lokaler Unternehmen durch Wissenstransfer. Dadurch entsteht ein Kreislauf, der langfristig zu mehr Produktivität, Wohlstand und Stabilität führt.

Kurz gesagt: Ohne Finanzierungs- und Garantieinstrumente bleiben viele Investitionsprojekte reine Vision. Mit ihnen hingegen lassen sich konkrete Beschäftigungseffekte erzielen, die entscheidend dafür sind, dass Afrikas demografisches Wachstum nicht zur Belastung, sondern zu einem Motor für Wohlstand wird.

Defizite und Herausforderungen

Trotz ihrer zentralen Bedeutung stoßen die bestehenden Finanzierungs- und Garantieinstrumente in Afrika bislang an deutliche Grenzen. Viele Investitionspotenziale bleiben ungenutzt, weil die Instrumente entweder nicht ausreichend skaliert sind oder für bestimmte Zielgruppen schwer zugänglich bleiben.

Begrenzte Reichweite und Volumen

Der jährliche Investitionsbedarf in Afrika übersteigt die aktuell bereitgestellten Mittel bei Weitem. Selbst (theoretisch) ambitionierte Programme wie der EU-Fonds EFSD+ oder Deutschlands Investitionsgarantien können nur einen Bruchteil des Finanzierungsbedarfs abdecken. Dies führt dazu, dass große Teile des afrikanischen Mittelstands und zahlreiche Infrastrukturprojekte unfinanziert bleiben.

Komplexität der Verfahren

Ein häufig geäußerter Kritikpunkt von Unternehmen – insbesondere kleinen und mittleren Betrieben – betrifft die bürokratischen Hürden. Antragstellung und Prüfung dauern oft Monate, sind mit hohen Transaktionskosten verbunden und erfordern rechtliche sowie finanzielle Expertise, die vielen KMU fehlt. Das schreckt Investoren ab und benachteiligt afrikanische Startups oder kleinere lokale Unternehmen.

Fokus auf Großprojekte

Viele der bestehenden Finanzierungsangebote richten sich primär an große Infrastruktur- oder Energieprojekte. Kleine und mittlere Unternehmen, die jedoch den größten Teil der Beschäftigung in Afrika tragen, haben es schwer, von diesen Programmen zu profitieren. Damit bleibt ein entscheidender Hebel für nachhaltige Arbeitsplatzschaffung unterausgeschöpft.

Mangelnde Koordination

Zwischen multilateralen, europäischen und nationalen Instrumenten fehlt es häufig an Abstimmung. Unternehmen beklagen, dass es keinen zentralen Ansprechpartner gibt und unterschiedliche Förderlogiken nebeneinanderstehen. Das erschwert die Orientierung und führt dazu, dass Mittel teilweise ineffizient eingesetzt werden.

Risiken der Verschuldung
Schließlich birgt die Finanzierung über Kredite auch die Gefahr einer wachsenden Verschuldung afrikanischer Staaten. Wenn Kredite nicht in produktive Investitionen fließen oder durch ungünstige Vertragsbedingungen belastet sind, können sie langfristig Stabilität gefährden.

Zusammenfassend lässt sich sagen: Die bestehenden Instrumente sind ein wichtiges Fundament, doch ihre Reichweite, Zugänglichkeit und Wirkung sind bislang begrenzt. Um das volle Potenzial für Investitionen und Beschäftigung zu entfalten, sind Reformen und Innovationen notwendig.

Verbesserungsvorschläge
Angesichts der bestehenden Defizite haben Wirtschaftsexperten, Unternehmerverbände und Politik zahlreiche Vorschläge entwickelt, um die Wirksamkeit von Finanzierungs- und Garantieinstrumenten zu erhöhen und damit Investitionen und Beschäftigung in Afrika nachhaltig zu fördern. Entscheidend ist eine Ausweitung und Vereinfachung deutscher Investitionsgarantien. Viele Unternehmen berichten, dass die Verfahren zu langwierig und zu komplex seien – insbesondere für den Mittelstand. Notwendig ist daher eine stärkere Entbürokratisierung sowie eine Ausweitung der Garantien auf mehr afrikanische Länder. Zudem wird vorgeschlagen, wirtschaftliche Risiken, etwa die Zahlungsfähigkeit lokaler Abnehmer und lokale Währungsrisiken in das Absicherungsspektrum aufzunehmen. Es brauche europäisch koordinierte Investitionsfonds, die in der Lage sind, auch große Infrastrukturprojekte zu stemmen und gleichzeitig Mittelstand und KMU einzubeziehen. Denkbar wäre etwa der Aufbau eines EU-AU-Investitionsfonds, der Kapitalbündelung und gemeinsame strategische Steuerung ermöglicht. Denkbar wäre auch die Einrichtung eines europäischen

One-Stop-Shops für Afrikainvestitionen, um Unternehmen den Zugang zu Förderungen zu erleichtern. Darüber hinaus wird eine stärkere Förderung von Eigenkapitalinstrumenten – etwa Venture Capital und Beteiligungsfonds – gefordert anstelle der bisherigen Dominanz von Krediten. Nur so könnten afrikanische Startups und innovative Unternehmen Zugang zu Kapital erhalten. Ein weiterer Vorschlag ist die Entwicklung eines gemeinsamen europäischen Garantieinstruments, das fragmentierte nationale Ansätze bündelt und somit Skaleneffekte erzeugt. Insgesamt zeichnen die Vorschläge ein klares Bild: Damit Finanzierungs- und Garantieinstrumente ihr Potenzial voll entfalten, müssen sie einfacher, breiter und strategischer ausgestaltet werden. Vor allem die stärkere Einbindung des Privatsektors und die Schaffung von Rahmenbedingungen für kleinere Unternehmen sind entscheidend, um Investitionen in reale Arbeitsplätze zu übersetzen.

Ausblick: Rolle von Finanzierung und Garantien für das „afrikanische Jahrzehnt"

Die kommenden Jahrzehnte entscheiden darüber, ob Afrika sein Potenzial in wirtschaftliche Stärke und gesellschaftliche Stabilität umwandeln kann. Dabei sind Finanzierungs- und Garantieinstrumente keine Randthemen, sondern ein zentrales Element dieser Transformation. Sie wirken als Katalysatoren, die privates Kapital in Sektoren lenken können, die für Afrikas Entwicklung und Beschäftigung entscheidend sind. Wenn es gelingt, die bestehenden Instrumente zu reformieren und zu erweitern, könnten sie zu einem Motor für das „afrikanische Jahrzehnt" werden. Garantie- und Mischfinanzierungen ermöglichen nicht nur den Bau von Straßen, Häfen, Kraftwerken und digitalen Netzen, sondern auch die Förderung von Klein- und Mittelbetrieben, die das Rückgrat afrikanischer Arbeitsmärkte darstellen. Gerade in Zeiten, in denen jährlich Millionen junge Afrikaner auf den Arbeitsmarkt drängen, kann eine funktionierende Investitionsarchitektur den Unterschied zwischen einem demografischen Risiko und einem demografischen Bonus ausmachen.

Für Europa und Deutschland eröffnet sich dabei eine Winwin-Perspektive. Investitionen in Afrika schaffen nicht nur lokale Arbeitsplätze, sondern auch Absatzmärkte für europäische Produkte, sichern langfristig den Zugang zu Rohstoffen und Energie und stabilisieren die Nachbarschaft Europas. In geopolitischer Hinsicht kann ein starkes Afrika zudem als Partner bei der Verteidigung multilateraler Strukturen und regelbasierter Ordnung auftreten – in einer Welt, die zunehmend von Blockbildungen geprägt ist. Allerdings ist der Weg dorthin nur realistisch, wenn Europa und Deutschland bereit sind, ihre Instrumente entschlossen auszubauen, stärker zu koordinieren und sich als langfristige Partner Afrikas zu verstehen. Die Alternative wäre, dass andere Akteure – etwa China, die Golfstaaten oder Russland – das Vakuum füllen und Europas Einfluss weiter schrumpft. Das „afrikanische Jahrzehnt" wird also nicht von selbst entstehen. Es hängt maßgeblich davon ab, ob die internationale Gemeinschaft – und insbesondere Europa – bereit ist, die richtigen finanziellen Weichen zu stellen und Risiken mitzutragen. Gelingt dies, könnten Finanzierungs- und Garantieinstrumente zu einem der wichtigsten Schlüssel werden, um Afrikas Aufstieg zu beschleunigen und die Partnerschaft zwischen beiden Kontinenten auf eine neue Stufe zu heben.

Fazit

Finanzierungs- und Garantieinstrumente sind weit mehr als technische Werkzeuge – sie sind ein strategischer Hebel für Afrikas wirtschaftliche Entwicklung und damit für die Stabilität und Zukunftsgestaltung des gesamten Kontinents. Ohne wirksame Absicherung und Zugang zu Kapital bleiben Investitionen, Innovationen und Beschäftigung weit hinter ihrem Potenzial zurück. Mit ihnen jedoch lassen sich private Gelder mobilisieren, die öffentliche Mittel vervielfachen und direkt in Infrastruktur, Unternehmen und Arbeitsplätze übersetzen. Für Afrika bedeutet dies die Chance, den demografischen Wandel als Stärke zu nutzen und Millionen neue Jobs zu schaffen. Für Deutschland und Europa eröffnet es Märkte, Partnerschaften und politische

Stabilität in der unmittelbaren Nachbarschaft – eine klassische Win-win-Konstellation. Doch das volle Potenzial entfalten die Instrumente nur, wenn sie reformiert werden: weniger Bürokratie, stärkere Einbindung von KMU, mehr Eigenkapitalinstrumente, bessere Koordination zwischen europäischen und nationalen Ansätzen. Am Ende steht eine einfache Erkenntnis: Wenn Deutschland und Europa dazu beitragen, dass Investitionen in Afrika ermöglicht und abgesichert werden, sichern sie nicht nur die Zukunft eines Nachbarkontinents, sondern auch die eigene wirtschaftliche und politische Handlungsfähigkeit. Finanzierungsgarantien sind damit kein Nischenthema, sondern ein Schlüssel für das „afrikanische Jahrzehnt".

17.6 Was die politischen Parteien zu Afrika sagen

Die Frage, ob die Handlungsempfehlungen für ein erfolgreiches „afrikanisches Jahrzehnt" tatsächlich in der Politik aufgegriffen werden, zeigt ein gemischtes Bild: Einerseits wächst in Berlin und Brüssel das Bewusstsein für Afrikas strategische Bedeutung, andererseits bleibt die Umsetzung oft hinter den Ambitionen zurück.

> **Parteipolitische Positionen in Deutschland zum Thema:**
>
> Die CDU/CSU betont traditionell die sicherheitspolitische Dimension, fordert mehr Engagement im Sahel und setzt auf private Investitionen sowie den Ausbau von Handelsbeziehungen.
>
> Die SPD legt den Schwerpunkt stärker auf soziale Gerechtigkeit, Entwicklungszusammenarbeit und Partnerschaften zur Schaffung von Arbeitsplätzen. In der Regierung verfolgte sie zudem konkrete Projekte wie den Ausbau von Wasserstoffkooperationen.
>
> Bündnis 90/Die Grünen sehen in Afrika vor allem einen Schlüsselpartner für die Klima- und Energiewende. Ihre Posi-

tion deckt sich mit Empfehlungen zu erneuerbaren Energien und Klimaanpassung. Gleichzeitig betonen sie Fragen von Governance, Demokratie und Menschenrechten.

Die FDP spricht sich klar für marktwirtschaftliche Ansätze und die Förderung des Mittelstands in Afrika aus.

Die AfD verfolgt eine ablehnende Haltung gegenüber verstärkten Engagements in Afrika. Ihr Fokus liegt auf Abgrenzung und Reduzierung von Migration, ohne positive strategische Perspektive.

Die Linke fordert eine Abkehr von „neokolonialer" Politik und setzt eher auf Schuldenerlasse, „faire" Handelsbedingungen und die Stärkung zivilgesellschaftlicher Strukturen.

Die EU hat auf dem *EU-AU-Gipfel 2022* eine gemeinsame „Vision 2030" verabschiedet, in der viele der diskutierten Handlungsfelder auftauchen: Handel, Energiepartnerschaften (grüner Wasserstoff, Solar, Wind) und stärkere Investitionsförderung (Global-Gateway-Initiative mit 150 Mrd. € für Afrika). Damit sind erste Schritte umgesetzt, auch wenn die Projekte oft noch in der Planungsphase stecken. In Deutschland gibt es seit 2017 den „Marshallplan mit Afrika", der mittlerweile weiterentwickelt wurde. Hinzu kommen Compact-with-Africa-Initiativen der G20, an denen Deutschland federführend beteiligt ist. Auch Hermes-Bürgschaften für Afrika-Investitionen wurden zuletzt erweitert. Darüber hinaus sind noch wenige konkrete Schritte erfolgt. Politisch sind viele der Handlungsempfehlungen inzwischen anerkannt: mehr Investitionen, Handel, Energie- und Klimakooperationen sowie institutionelle Stärkung. Unterschiede bestehen bei den Parteien jedoch in Gewichtung und Umsetzung. Während Union und FDP stärker ökonomisch argumentieren, setzen SPD und Grüne auf Klima, soziale Entwicklung und Governance. Entscheidend wird sein, ob die Bundesregierung ihre Ansätze in eine kohärente europäische Strategie einbettet – und ob Europa tatsächlich den Wettbewerb mit China und anderen Akteuren annimmt (Tab. 17.1).

Tab. 17.1 Parteipolitische Positionen zur Afrika-Politik. (Quellen: CDU/CSU, 2025; SPD, 2025; Bündnis 90/Die Grünen, 2025; FDP, 2024; Die Linke, 2025; AfD, 2025)

Partei	Schwerpunkte in der Afrika-politik	Haltung zu Investitionen & Handel	Haltung zu Klima & Energie	Haltung zu Migration	Haltung zu Governance & Menschenrechten	Bezug zu Handlungsempfehlungen
CDU/CSU	Sicherheit, Wirtschaft, Migration	Förderung von privaten Investitionen, Unterstützung AfCFTA	Unterstützt Energiekooperationen, aber Schwerpunkt auf Rohstoffsicherung	Migrationskontrolle und Schaffung von Perspektiven vor Ort	Betont Stabilität, weniger stark Demokratieagenda	Entspricht stark den Vorschlägen
SPD	Soziale Entwicklung, Arbeit, Bildung	Kombination aus öffentlicher Entwicklungszusammenarbeit und Investitionsförderung	Starker Fokus auf Energie- & Klimapartnerschaften (z. B. Wasserstoff)	Legale Migration und „Fachkräftepartnerschaften"	Demokratie, Menschenrechte im Zentrum	Nimmt viele Vorschläge (Jobs, Energie) auf
Grüne	Klima, Menschenrechte, Demokratie	Unterstützung fairer Handelsbeziehungen, Vorsicht bei reinem Rohstofffokus	Zentraler Schwerpunkt: Erneuerbare Energien, grüne Transformation	Offen für gesteuerte Arbeitsmigration, Ablehnung restriktiver Abschottung	Sehr stark: Governance, Rechtsstaatlichkeit, Genderfragen	Deckt v. a. Empfehlungen zu Klima, Governance, Menschenrechten

Tab. 17.1 (Fortsetzung)

Partei	Schwerpunkte in der Afrikapolitik	Haltung zu Investitionen & Handel	Haltung zu Klima & Energie	Haltung zu Migration	Haltung zu Governance & Menschenrechten	Bezug zu Handlungsempfehlungen
FDP	Wirtschaft, Innovation, Migration	Stark pro-Investition, will Marktzugang erleichtern, Mittelstandsförderung	Unterstützt Wasserstoff- & Energieprojekte, technologieoffen	Offen für gesteuerte Fachkräftezuwanderung	Fokus auf Marktmechanismen, weniger normative Themen	Entspricht stark den Empfehlungen
Linke	Gerechtigkeit, Solidarität	Kritisch gegenüber Freihandel, plädiert für Schuldenerlasse, faire Handelsbedingungen	Unterstützt Klimakooperation, aber mit Schwerpunkt auf Klimagerechtigkeit	Offen für legale Migration, Ablehnung restriktiver Abschottung	Sehr stark: Antikoloniale Perspektive, Zivilgesellschaft	Weicht ab: stärker auf Umverteilung, weniger Investitionslogik
AfD	Migration, Sicherheit	Keine klare Afrika-Wirtschaftsstrategie, eher restriktiv	Kaum Interesse an Energie- oder Klimapartnerschaften	Fokus auf Abwehr, keine legale Migration	Kein Fokus auf Governance	Steht im Widerspruch zu Empfehlungen

18

Die afrikanische Perspektive

Die internationale Entwicklungsdebatte war lange Zeit von westlichen Akteuren geprägt – von Gebern, internationalen Organisationen und Entwicklungsinstitutionen, die mit finanziellen Transfers, technischen Programmen und politischen Reformempfehlungen in afrikanische Gesellschaften hineinwirkten. In diesem Diskurs stand Afrika meist als „Empfänger" im Zentrum, während die entscheidenden Narrative und Prioritäten in Europa, Nordamerika oder von multilateralen Institutionen formuliert wurden (Easterly, 2006; Moyo, 2009). Seit Beginn des 21. Jahrhunderts ist jedoch ein deutlicher Wandel erkennbar. Afrikanische Regierungen, Unternehmer und Intellektuelle fordern verstärkt Eigenverantwortung, Selbstbestimmung und Partnerschaft auf Augenhöhe. Anstelle von Entwicklungshilfe rücken Themen wie Investitionen, Handel, Industrialisierung und regionale Integration in den Vordergrund. Dieser Perspektivwechsel zeigt sich besonders in den strategischen Visionen der Afrikanischen Union (AU), etwa

in der Agenda 2063, die unter dem Titel „*The Africa We Want*"
eine eigenständige Entwicklungsperspektive formuliert (African Union, 2015).

Führende afrikanische Stimmen betonen, dass die Zukunft
des Kontinents weniger von Hilfsströmen als von nachhaltigen
Investitionen, Unternehmertum und Infrastrukturprojekten
abhängen wird. Paul Kagame, Präsident Ruandas, brachte dies
pointiert auf den Punkt, als er erklärte: „Africa does not need
aid, it needs investment" (zit. in Kappel, 2018). In ähnlicher
Weise argumentieren Unternehmer wie Strive Masiyiwa oder
Ökonominnen wie Ngozi Okonjo-Iweala, dass Afrika nur
dann Wohlstand und Arbeitsplätze schaffen könne, wenn Kapital, Technologie und Märkte erschlossen würden – nicht,
wenn Abhängigkeiten von kurzfristigen Hilfsprogrammen bestehen bleiben (Okonjo-Iweala, 2018; Masiyiwa, 2020). Diese
Verschiebung verweist auf eine zentrale Leitfrage, die dieses
Kapitel trägt: Was möchte Afrika selbst, wenn es um Entwicklung geht? Während traditionelle Entwicklungsmodelle
auf Hilfe, Armutsbekämpfung und externe Steuerung setzten,
formuliert Afrika zunehmend eine investitions- und marktorientierte Agenda, die Selbstbestimmung, wirtschaftliche
Eigenständigkeit und globale Partnerschaft ins Zentrum rückt.

18.1 Afrikanische Selbstwahrnehmung und Zukunftsvisionen

In den vergangenen Jahrzehnten hat sich die afrikanische
Selbstwahrnehmung in Bezug auf Entwicklung grundlegend
gewandelt. Während in der zweiten Hälfte des 20. Jahrhunderts
postkoloniale Abhängigkeiten und internationale Hilfsprogramme dominierten, tritt heute zunehmend eine proaktive,
selbstbewusste Agenda hervor. Diese findet ihren institutionellen Ausdruck insbesondere in den Strategiedokumenten und
Programmen der Afrikanischen Union (AU).

Zentral ist hierbei die *Agenda 2063. The Africa We Want*, die im Jahr 2015 verabschiedet wurde. Sie formuliert eine langfristige Vision eines „wohlhabenden und integrierten Kontinents, der von seinen eigenen Bürgern getragen wird und eine dynamische Kraft in der globalen Arena darstellt" (African Union, 2015, S. 2). Agenda 2063 legt sieben „Aspirations" fest, darunter wirtschaftliche Transformation, gute Regierungsführung, regionale Integration sowie die Stärkung Afrikas als globaler Akteur. Sie signalisiert damit klar, dass Afrika nicht länger Objekt internationaler Entwicklungsstrategien sein will, sondern Subjekt seiner eigenen Modernisierung.

Ein Schlüsselelement dieser Vision ist die Afrikanische Kontinentale Freihandelszone (AfCFTA), die 2018 gegründet wurde. Mit ihr entsteht ein Binnenmarkt von mehr als 1,4 Mrd. Menschen und einem kombinierten BIP von über 3 Billionen US-Dollar (Lukonga et al., 2020). Afrikanische Politiker und Wirtschaftsexperten sehen darin einen Meilenstein auf dem Weg zur wirtschaftlichen Eigenständigkeit. Der Abbau interner Handelshemmnisse soll nicht nur die Wettbewerbsfähigkeit afrikanischer Unternehmen stärken, sondern auch die Abhängigkeit von externen Märkten verringern (Signé, 2021). Darüber hinaus betonen afrikanische Persönlichkeiten zunehmend die Bedeutung von Eigenverantwortung. Ngozi Okonjo-Iweala (2018) argumentiert, dass „Afrikas Zukunft in Afrikas Händen liegt" und verweist auf die Notwendigkeit, Reformen, institutionelle Stärkung und Investitionen nicht von außen aufzuerlegen, sondern von innen heraus zu gestalten. In ähnlicher Weise fordert der ehemalige senegalesische Präsident Macky Sall eine Entwicklungspolitik, die „die afrikanischen Prioritäten ernst nimmt und lokale Akteure in den Mittelpunkt stellt" (zit. in Kappel, 2020). Damit wird deutlich: Afrikanische Visionen für die Zukunft basieren nicht primär auf dem Ausbau von Hilfsstrukturen, sondern auf wirtschaftlicher Transformation, regionaler Integration und politischer Selbstbestimmung. Diese

Agenda unterscheidet sich in ihrer Tonlage fundamental von früheren Entwicklungsnarrativen, in denen Afrika häufig als „Hilfsempfänger" dargestellt wurde. Heute positioniert sich der Kontinent zunehmend als Gestalter seiner eigenen Entwicklung und als Partner auf Augenhöhe in der globalen Ordnung.

18.2 Investitionen statt Almosen – Afrikanische Positionen zu Entwicklungshilfe

Die Haltung afrikanischer Führungspersönlichkeiten gegenüber klassischer Entwicklungshilfe hat sich in den vergangenen zwei Jahrzehnten zunehmend kritisch entwickelt. Viele Politiker, Unternehmer und Intellektuelle verweisen darauf, dass Hilfsgelder häufig Abhängigkeiten verstärken, die Eigenverantwortung untergraben und marktwidrige Anreize setzen (Moyo, 2009). Stattdessen fordern sie Investitionen in Infrastruktur, Produktion und Unternehmertum, die nachhaltiges Wachstum und Beschäftigung fördern. Ein prominentes Beispiel für diese Kritik ist Dambisa Moyo, die in ihrem Buch *Dead Aid* argumentiert, dass jahrzehntelange Hilfszahlungen weder zu nachhaltigem Wachstum noch zu stabilen Institutionen geführt haben, sondern in vielen Fällen Korruption und Misswirtschaft begünstigten (Moyo, 2009). Diese Sichtweise findet auch in politischen Kreisen Resonanz. So betonte der ruandische Präsident Paul Kagame, dass Afrika „Investitionen und Handel, nicht Hilfe" brauche, um Armut zu überwinden und Wohlstand zu schaffen (Kagame, 2016, zit. in Kappel, 2018). Auch afrikanische Unternehmer stellen die Bedeutung von Kapitalzuflüssen und Märkten gegenüber Hilfsprogrammen in den Vordergrund. Strive Masiyiwa, Gründer von Econet Wireless, verweist regelmäßig darauf, dass „Arbeitsplätze nicht durch Hilfszahlungen, sondern durch Investitionen entstehen" (Masiyiwa, 2020). Diese Perspektive unterstreicht die Notwendigkeit einer lebendigen

Privatwirtschaft als Motor für Entwicklung. Gleichzeitig gibt es Stimmen, die eine Neuausrichtung von Entwicklungshilfe fordern, anstatt sie vollständig zu verwerfen. So argumentiert Ngozi Okonjo-Iweala, ehemalige Finanzministerin Nigerias und heutige WTO-Generaldirektorin, dass Hilfe dann sinnvoll sei, wenn sie handels- und investitionsfördernd eingesetzt werde – etwa durch Infrastrukturfinanzierung, Unterstützung bei institutionellen Reformen oder in Form von „Aid for Trade"-Programmen (Okonjo-Iweala, 2018). Insgesamt lässt sich festhalten, dass die afrikanische Perspektive heute weniger auf Almosen, sondern auf Partnerschaften und Investitionen setzt. Hilfe soll – wenn überhaupt – in Bereichen wirken, die langfristige Entwicklungschancen eröffnen, nicht aber kurzfristige Abhängigkeiten schaffen. Damit verschiebt sich der normative Rahmen. Afrikas Entscheidungsträger fordern zunehmend eine gleichberechtigte wirtschaftliche Kooperation, in der Kapitalzuflüsse, Handel und Unternehmertum an die Stelle klassischer Entwicklungshilfe treten.

18.3 Wirtschaftliche Prioritäten aus afrikanischer Sicht

Afrikanische Politiker, Wirtschaftsexperten und Unternehmer betonen zunehmend, dass die wirtschaftliche Entwicklung des Kontinents auf einer klaren Priorisierung von Schlüsselbereichen beruhen muss. Im Zentrum stehen vor allem Infrastruktur, regionale Integration, Industrialisierung und Humankapitalentwicklung. Diese Dimensionen gelten als Grundvoraussetzung für die Schaffung von Arbeitsplätzen, die Steigerung der Wettbewerbsfähigkeit und die Verwirklichung der Vision einer eigenständigen afrikanischen Wirtschaftsordnung.

Infrastruktur als Grundlage für Wachstum
Energieversorgung, Transportnetze und digitale Infrastruktur zählen zu den am häufigsten genannten Prioritäten. Der afrika-

nische Entwicklungsplan *Programme for Infrastructure Development in Africa* (*PIDA*) geht davon aus, dass Infrastrukturdefizite das afrikanische Wachstum um bis zu zwei Prozentpunkte jährlich schmälern (African Union, 2012). Politiker wie der mittlerweile verstorbene frühere nigerianische Präsident Muhammadu Buhari haben wiederholt betont, dass ohne massive Investitionen in Strom, Straßen und Häfen kein nachhaltiges Industriewachstum möglich sei (Buhari, 2019).

Regionale Integration und AfCFTA

Mit der Afrikanischen Kontinentalen Freihandelszone (AfCFTA) verfolgen die Mitgliedsstaaten ein Projekt, das Binnenhandel und Produktionsnetzwerke stärken soll. Studien gehen davon aus, dass die vollständige Umsetzung der AfCFTA das innerafrikanische Handelsvolumen um über 50 % steigern könnte (Maliszewska et al., 2020). Afrikanische Entscheidungsträger betonen, dass nur durch die Schaffung eines großen Binnenmarkts Skaleneffekte entstehen können, die Investitionen attraktiver machen und die Wettbewerbsfähigkeit afrikanischer Unternehmen im globalen Maßstab stärken (Signé, 2021).

Industrialisierung und Wertschöpfung

Ein weiteres zentrales Anliegen ist die stärkere Verarbeitung von Rohstoffen innerhalb Afrikas, um die Abhängigkeit vom Export unverarbeiteter Güter zu verringern. Länder wie Äthiopien oder Marokko setzen dabei auf Industrieparks und Sonderwirtschaftszonen, um Arbeitsplätze zu schaffen und technologische Kapazitäten aufzubauen (Haraguchi et al., 2019). Die Afrikanische Union spricht in diesem Zusammenhang von der Notwendigkeit einer „neuen Industrialisierungsstrategie" (AU, 2015).

Humankapital und Innovation

Neben Infrastruktur und Industrialisierung gilt die Förderung von Bildung, Forschung und Unternehmertum als entscheidend. Der Anteil der jungen Bevölkerung Afrikas eröffnet ein erhebliches Potenzial, das jedoch nur durch gezielte Investitionen in Ausbildung und digitale Kompetenzen ausgeschöpft werden kann (Elder et al., 2020). Unternehmer wie Strive Masiyiwa weisen darauf hin, dass „Afrikas größter Reichtum nicht Öl oder Diamanten, sondern seine jungen Menschen" seien (Masiyiwa, 2020).

Zusammenfassend lässt sich festhalten, dass aus afrikanischer Sicht wirtschaftliche Transformation nicht auf kurzfristigen Zuflüssen externer Hilfe beruhen kann, sondern auf Investitionen in Infrastruktur, Integration, Industrialisierung und Humankapital. Diese Prioritäten markieren die Eckpunkte einer Entwicklungsagenda, die den Kontinent langfristig in die Lage versetzen soll, Wohlstand aus eigener Kraft zu generieren.

18.4 Afrikas Forderungen an Europa und die Welt

Afrikanische Regierungen und Wirtschaftsvertreter treten zunehmend selbstbewusst mit klaren Forderungen an die internationale Gemeinschaft heran. Im Zentrum steht die Erwartung, dass externe Akteure nicht länger primär in Form von Hilfe agieren, sondern als gleichberechtigte Partner in Handel, Investitionen und globaler Politik auftreten. Diese Haltung zeigt sich sowohl in offiziellen Dokumenten wie der Agenda 2063 als auch in Reden afrikanischer Spitzenpolitiker.

Zugang zu globalen Märkten
Eine zentrale Forderung ist der Abbau von Handelsbarrieren, die den Export afrikanischer Produkte erschweren. Europäische Agrarsubventionen oder hohe Zollschranken für verarbeitete Güter gelten aus afrikanischer Sicht als massive Wettbewerbsnachteile (Matthews, 2016). Präsident Nana Akufo-Addo aus Ghana betonte wiederholt, dass Afrika „keine Almosen, sondern einen fairen Zugang zu den Märkten" brauche (Akufo-Addo, 2018).

Förderung von Investitionen statt klassischer Hilfe
Afrikanische Politiker fordern verstärkt, dass westliche Staaten und multilaterale Institutionen Rahmenbedingungen schaffen, die private Investitionen erleichtern. Dazu zählen Investitionsgarantien, Risikoteilungsinstrumente und die Förderung von Public-Private-Partnerships. In ihrer gemeinsamen Erklärung betonten die Afrikanische Union und die Europäische Union 2022 die Bedeutung von „Mobilisierung privaten Kapitals" für nachhaltige Entwicklung.

Reform internationaler Finanzinstitutionen
Mehrere afrikanische Staatschefs, darunter Cyril Ramaphosa (Südafrika) und Macky Sall (Senegal), fordern eine Reform von Weltbank und IWF, um afrikanischen Staaten mehr Mitsprache zu geben und die Konditionalität von Krediten besser an afrikanische Entwicklungsprioritäten anzupassen (Sall & Ramaphosa, 2022). Auch in der Welthandelsorganisation drängen afrikanische Staaten auf stärkere Berücksichtigung ihrer Interessen, etwa bei Fragen des Agrarhandels oder des Technologietransfers (WTO, 2022).

Klimagerechtigkeit und grüner Wandel
Ein weiteres Kernanliegen ist die Forderung nach Klimagerechtigkeit. Afrikanische Länder argumentieren, dass sie historisch nur einen geringen Anteil an globalen Emissionen haben, aber stark von den Folgen des Klimawandels betroffen sind (UNECA, 2021b). Deshalb fordern sie finanzielle Unterstützung für Klimaanpassung, Investitionen in erneuerbare Energien und zugleich die Anerkennung ihres Rechts auf eine Phase industrieller Entwicklung.

Zusammenfassend lässt sich sagen, dass Afrikas Forderungen an die Weltgemeinschaft auf Marktwirtschaft, Partnerschaft und Gleichberechtigung zielen. An die Stelle einer asymmetrischen Geber-Empfänger-Beziehung soll eine Kooperation treten, die Afrikas Potenziale nutzt und die strukturellen Hindernisse seiner wirtschaftlichen Entwicklung abbaut.

18.5 Chancen und Risiken der investitionsgetriebenen Agenda

Die Fokussierung auf Investitionen als zentrale Entwicklungsstrategie bietet für Afrika erhebliche Chancen, ist jedoch nicht frei von Risiken. Afrikanische Politiker, Wissenschaftler und Unternehmer sehen in einer investitionsgetriebenen Agenda den Schlüssel zu nachhaltigem Wachstum, Arbeitsplatzschaffung und globaler Wettbewerbsfähigkeit. Gleichzeitig warnen Kritiker vor neuen Abhängigkeiten, sozialen Ungleichheiten und ökologischen Belastungen, die entstehen können, wenn Investitionen nicht durch geeignete institutionelle Rahmenbedingungen begleitet werden. Der größte Vorteil liegt in der Schaffung von Arbeitsplätzen, insbesondere für die junge Bevölkerung Afrikas. Investitionen in Industrie, Dienstleistungen und neue Technologien gelten daher als unverzichtbar, um die sogenannte *demographic dividend* zu nutzen (Elder et al. 2020b). Darüber hinaus ermöglichen Investitionen in Infrastruktur und Energieversorgung die Integration Afrikas in globale Wertschöpfungsketten und stärken die regionale Wettbewerbsfähigkeit (Lukonga et al., 2020).

Gleichzeitig besteht die Gefahr, dass Investitionen neue Abhängigkeiten schaffen – etwa von einzelnen externen Partnern wie China, das seit den 2000er-Jahren massiv in afrikanische Infrastruktur investiert (Brautigam, 2020). Kritiker warnen vor einer möglichen „Debt Trap", wenn Kredite für große Projekte nicht durch ausreichend Wachstum gedeckt werden können. Zudem zeigt sich, dass Investitionen nicht automatisch zu breitem Wachstum führen. Ohne flankierende Sozial- und Bildungspolitik profitieren häufig nur städtische Eliten, während ländliche Regionen zurückbleiben (Mkandawire, 2015). Ein weiterer kritischer Punkt betrifft die ökologische Nachhaltigkeit. Investitionen in rohstoffbasierte Industrien oder fossile Energien können kurzfristig Wachstum erzeugen, gleichzeitig jedoch die Klima- und Umweltziele Afrikas konterkarieren.

Die afrikanische Zivilgesellschaft fordert daher teilweise, dass Investitionen mit sozial-ökologischen Standards verbunden sein müssen, um negative Begleiterscheinungen zu vermeiden.

Schließlich hängt die Wirksamkeit von Investitionen entscheidend von institutionellen Faktoren ab: Rechtsstaatlichkeit, Korruptionsbekämpfung und verlässliche Eigentumsrechte gelten als Grundvoraussetzungen für die Entfaltung positiver Effekte (North, 1990; Acemoglu & Robinson, 2012). Fehlen diese Bedingungen, besteht das Risiko, dass Kapitalflüsse ineffizient genutzt oder von politischen Eliten vereinnahmt werden. Insgesamt lässt sich festhalten: Die investitionsgetriebene Agenda eröffnet Afrika die Chance auf eine wirtschaftliche Transformation aus eigener Kraft. Dem wird allenfalls vereinzelt entgegengehalten, sie müsse durch solide Institutionen, inklusives Wachstum und ökologische Nachhaltigkeit flankiert werden.

18.6 Die Rolle der Diaspora

Die afrikanische Diaspora ist heute eine der größten Gemeinschaften der Welt. Rund 170 Mio. Afrikaner leben außerhalb ihres Herkunftslandes, vor allem in Europa, Nordamerika, dem Nahen Osten und zunehmend auch in anderen afrikanischen Staaten. Ihre Bedeutung für die wirtschaftliche und gesellschaftliche Entwicklung Afrikas ist enorm – und wächst stetig. Am sichtbarsten wird ihr Einfluss in den finanziellen Rücküberweisungen. Nach Angaben der Weltbank überwiesen Mitglieder der Diaspora 2022 über 95 Mrd. US-Dollar nach Afrika. Diese Summe übertrifft die gesamte offizielle Entwicklungshilfe deutlich und liegt in vielen Jahren sogar über den ausländischen Direktinvestitionen. Nigeria, Ägypten, Ghana und Kenia gehören zu den größten Empfängern. Das Geld wird häufig für den Konsum, den Bau von Häusern oder die Unterstützung von Familien genutzt – es trägt unmittelbar dazu bei, Armut zu lindern und das tägliche Leben zu stabilisieren.

Doch die Bedeutung der Diaspora geht weit über Geldtransfers hinaus. Viele Mitglieder investieren gezielt in Unternehmen, insbesondere in Startups oder kleine und mittlere Betriebe. Sie gründen Firmen, bringen Kapital ins Land und schaffen neue Arbeitsplätze. In der Tech-Szene spielen Diaspora-Rückkehrer eine entscheidende Rolle. In Lagos, Nairobi oder Kigali sind zahlreiche Startups von Afrikanern gegründet worden, die in Europa oder den USA studiert und gearbeitet haben und ihr Know-how sowie ihre Netzwerke zurückbringen. Neben dem Kapitaltransfer ist der Wissenstransfer daher ein zentrales Element. Ärzte, Ingenieure, IT-Spezialisten oder Manager bringen Fähigkeiten ein, die in vielen afrikanischen Ländern dringend gebraucht werden. Die Diaspora hat aber auch politischen Einfluss. Sie tritt in Gastländern als Lobby für die Interessen Afrikas auf, unterstützt Demokratiebewegungen oder beteiligt sich aktiv an Wahlprozessen in ihren Herkunftsländern. In Ghana oder Nigeria haben Rückkehrer aus der Diaspora immer wieder wichtige politische Rollen übernommen. Auch kulturell wirkt die Diaspora: Schriftsteller, Künstler oder Musiker prägen Afrikas Image nach außen, hinterfragen Klischees und tragen dazu bei, dass Afrika nicht mehr nur mit Armut und Krisen assoziiert wird, sondern auch mit Kreativität, Dynamik und Innovation.

Viele prominente Vertreter der Diaspora äußern sich kritisch zur klassischen Entwicklungshilfe. Die nigerianische Schriftstellerin Chimamanda Ngozi Adichie warnt vor der „einzigen Geschichte" über Afrika – dem Bild eines hilfsbedürftigen Kontinents, der passiv von Hilfe abhängt. Sie fordert stattdessen, afrikanische Stimmen und Perspektiven stärker einzubeziehen und Entwicklung aus afrikanischer Eigenlogik heraus zu denken. Entwicklung dürfe nicht von außen definiert werden, sondern müsse aus den Bedürfnissen und Stärken der Menschen vor Ort erwachsen. Der sudanesische Unternehmer Mo Ibrahim, Gründer des Mo Ibrahim Prize for African Leadership, betont vor allem den politischen Aspekt. Für ihn ist klar, dass Entwicklungshilfe ohne funktionierende Institutionen ins Leere läuft. Nur wenn es Rechtsstaatlichkeit, Transparenz und Rechenschaftspflicht gibt, können Gelder effektiv genutzt werden. Ibrahim kritisiert, dass Hilfsgelder oft von Geberinteressen geprägt sind und Abhängigkeiten verfestigen. Stattdessen fordert er, dass afrikanische Regierungen ihren Bürgern verpflichtet sein müssen – nicht internationalen Organisationen. Der ivorische Finanzexperte Tidjane Thiam, ehemaliger Chef der Credit Suisse, hebt die Bedeutung von Kapitalzugang hervor. Afrika habe kein Defizit an Ideen, betont er, sondern ein Defizit an Finanzierungsmöglichkeiten. Oft scheitern junge Unternehmer nicht an fehlender Kreativität, sondern an fehlendem Zugang zu Krediten, Investoren und Märkten. Die Diaspora könne hier eine entscheidende Rolle spielen, indem sie nicht nur Rücküberweisungen schickt, sondern als Investor auftritt, Netzwerke öffnet und Finanzinfrastrukturen stärkt. Auch Akinwumi Adesina, ehemaliger Präsident der Afrikanischen Entwicklungsbank, teilt diese Sicht. Er bezeichnet die Diaspora als „größte Entwicklungsfinanzierungsquelle" des Kontinents. Remittances, so seine Forderung, müssten stärker in produktive Sektoren wie Landwirtschaft, Infrastruktur oder Technologie gelenkt werden. Nur wenn das Geld langfristige Strukturen aufbaut, kann es nachhaltige Entwicklung ermöglichen.

Was sich durch diese Stimmen zieht, ist ein gemeinsamer Wunsch. Afrika soll sich aus der Rolle des Hilfsempfängers befreien und zu einem selbstbewussten, gleichberechtigten Partner werden. Die Diaspora fordert weniger Abhängigkeit von Hilfsgeldern und mehr Eigenverantwortung, bessere Rahmenbedingungen für Investitionen, funktionierende Institutionen und eine klare Förderung von Jugend, Frauen und Innovation. Entwicklung soll nicht länger von außen verordnet, sondern von innen heraus gestaltet werden – mit der Diaspora als Brücke zwischen Afrika und der Welt.

18.7 Stimmen aus der Praxis

Die Debatte über Afrikas Entwicklungsagenda wird nicht allein in Berichten internationaler Organisationen verhandelt, sondern entscheidend durch Stimmen afrikanischer Führungspersönlichkeiten, Unternehmer und Denker geprägt. In Reden und Essays betonen sie die Notwendigkeit, die Entwicklung des Kontinents selbstbestimmt und durch Investitionen voranzubringen. So erklärte der ghanaische Präsident Nana Akufo-Addo bei einem Besuch in Paris: „We can no longer continue to make policy for ourselves in our countries and, at the same time, want to depend on handouts. This is not sustainable" (Akufo-Addo, 2017). Seine Worte machen deutlich, dass die Abkehr von dauerhafter Abhängigkeit ein zentrales Leitmotiv afrikanischer Politik geworden ist. Die senegalesische Ökonomin und ehemalige UN-Beraterin Ndidi Nwuneli hob hervor: „Africa's future will be driven by our ability to innovate locally and scale regionally" (Nwuneli, 2019). Sie verweist damit auf die Schlüsselrolle von regionaler Integration und lokaler Wertschöpfung. Auch die Stimme aus der Zivilgesellschaft ist unüberhörbar. Der ugandische Unternehmer Ashish J. Thakkar, Gründer der Mara Group, betonte: „The best way to transform Africa is to empower African businesses to thrive and compete globally" (Thakkar, 2015). Sein Standpunkt macht klar, dass nachhaltige Beschäftigung und Wohlstand aus Unternehmertum entstehen. Der ehemalige südafrikanische Präsident Thabo Mbeki sprach bereits in seiner berühmten „African Renaissance"-Rede davon, dass der Kontinent „seine eigene Zukunft in die Hand nehmen muss" (Mbeki, 1998). Diese Forderung nach Eigenverantwortung hallt bis heute in den Worten vieler Entscheidungsträger wider. Zusammen zeigen diese Stimmen: Afrikas Entwicklungsagenda ist nicht das Produkt externer Blaupausen, sondern das Ergebnis einer wachsenden Bewegung afrikanischer Politiker, Unternehmer und Intellektueller, die Handel, Investitionen, Eigeninitiative und Innovation in den Mittelpunkt stellen.

19

Schlusswort

Wenn ich auf meine vielen Jahre der Begegnungen mit Afrika zurückblicke, dann sehe ich zweierlei: Zum einen den Kontinent der Herausforderungen – Armut, instabile Staaten, unzureichende Gesundheitssysteme, wachsende Schuldenlast. Zum anderen aber den Kontinent der Chancen – voller Energie, voller junger Menschen, voller Ideen. Und immer wieder frage ich mich: Warum nehmen wir in Europa fast ausschließlich die Probleme wahr, während wir die Möglichkeiten, die direkt vor unserer Tür liegen, so oft übersehen?

Eines ist klar geworden: Mit den Rezepten der Vergangenheit kommen wir nicht weiter. Klassische Entwicklungshilfe hat in vielen Fällen mehr Abhängigkeiten geschaffen als Lösungen. Milliarden an Hilfsgeldern haben oft korrupte Strukturen gefestigt, Eigeninitiative gebremst und ganze Gesellschaften in eine Erwartungshaltung gedrängt, dass Fortschritt nur von außen kommt. Afrikanische Stimmen fordern deshalb schon seit Jahren zu Recht: „Trade, not aid." Was Afrika braucht, ist nicht

© Der/die Autor(en), exklusiv lizenziert an
Springer Fachmedien Wiesbaden GmbH, ein Teil von Springer Nature 2026
S. Liebing, *Das afrikanische Jahrzehnt*, https://doi.org/10.1007/978-3-658-50092-4_19

Mitleid – sondern Respekt, Partnerschaft und wirtschaftliche Zusammenarbeit. Ein liberales Verständnis von Eigenverantwortung und Freiheit gilt auch hier: Wohlstand entsteht nicht durch Subventionen und Almosen, sondern durch Unternehmertum, Märkte und Chancen.

Die wichtigsten Erkenntnisse lassen sich so zusammenfassen:

Ohne Afrika keine Lösung globaler Herausforderungen. Ob Klimaschutz, Ernährungssicherheit, Migration oder Fachkräftemangel – ohne Kooperation mit Afrika wird Europa keine Antworten finden.

Entwicklungshilfe muss sich neu erfinden. Statt endloser Projekte mit fragwürdigem Nutzen brauchen wir Investitionen in funktionierende Märkte, Rechtsstaatlichkeit, Bildung und Infrastruktur.

Unternehmertum ist der Schlüssel. Afrikas junge Generation hat Ideen und Mut, sie braucht Zugang zu Kapital, Technologie und Märkten. Startups, Landwirtschaft, erneuerbare Energien oder digitale Dienstleistungen können Millionen Arbeitsplätze schaffen – wenn wir die richtigen Rahmenbedingungen setzen.

Handel statt Abhängigkeit. Handelsabkommen, offene Märkte und der Abbau von Zöllen und Subventionen sind weit wirksamer als Hilfszahlungen. Afrika braucht Zugang zu europäischen Märkten, nicht nur europäische Spendengelder.

Eigenverantwortung fördern. Afrikanische Regierungen stehen in der Pflicht: Korruption bekämpfen, Institutionen stärken, in Bildung investieren. Nur wenn sie die eigenen Voraussetzungen schaffen, können Partnerschaften fruchten.

Für Politik, Wirtschaft und Gesellschaft in Europa heißt das:

Weniger paternalistische Entwicklungspläne, mehr echte Partnerschaften.
Unterstützung dort, wo afrikanische Regierungen Verantwortung übernehmen und Reformen anstoßen.

Mut zur Investition in Afrika – nicht aus Wohltätigkeit, sondern als Geschäft auf Augenhöhe.
Unternehmen können Gewinne erzielen und zugleich Jobs und Perspektiven schaffen.

Wir müssen unser Bild von Afrika verändern.
Nicht mehr das Bild des hilfsbedürftigen Kontinents, sondern das eines Nachbarn mit Potenzial und eigener Stärke.

Afrika ist kein „Hilfsfall". Afrika ist ein Partner.
Ein Nachbar, ohne den wir unsere Zukunft nicht gestalten können.

Das kommende Jahrzehnt wird zum afrikanischen Jahrzehnt werden. Auf dem Kontinent werden wichtige Zukunftsfragen entschieden. Deutschland und Europa kann dazu beitragen, dass sich die Dinge in die richtige Richtung entwickeln. Dazu ist entschlossenes politisches Handeln notwendig. Politische Entscheidungen, die wesentlich darauf abzielen müssen, Investitionen in Afrika zu ermöglichen und zu erleichtern. Dazu gehört vor allem ein Umdenken in der Entwicklungspolitik. Aber auch eine Umleitung von Entwicklungsgeldern in die Finanzierung neuer Vorhaben. Wenn das gelingt, haben wir die Chance, gemeinsam mit unseren Nachbarn in Afrika eine spannende Entwicklung zu gestalten. Gelingt es nicht, weil Afrika sich in wichtigen Fragen in die falsche Richtung entwickelt oder weil wir in Europa uns nicht trauen, mutige Entscheidungen zu treffen und grundlegend neue Wege einzuschlagen, werden wir die Auswirkungen direkt zu spüren bekommen.

Ich bin überzeugt: Das kommende Jahrzehnt wird das afrikanische Jahrzehnt. Die einzige offene Frage ist, ob wir in Europa Zuschauer bleiben – oder ob wir den Mut haben, diese Zukunft mitzugestalten.

Literaturverzeichnis

Acemoglu, D., & Robinson, J. A. (2012). *Why nations fail: the origins of power, prosperity, and poverty*. New York: Crown Publishers.

Adi, H., & Sherwood, M. (2003). *Pan-African History: Political Figures from Africa and the Diaspora since 1787*. London: Routledge.

African Union (AU) (2015). Agenda 2063: The Africa We Want. Addis Ababa: African Union Commission. https://au.int/agenda2063. Zugegriffen: 23. Sept. 2025.

African Union (AU) (2012). *Programme for Infrastructure Development in Africa (PIDA)*. Addis Ababa: AU Commission.

African Union Commission, & International Organization for Migration (2019). Labour migration statistics in Africa: Guide on concepts, definitions and data sources. Addis Ababa/Geneva: AU & IOM. https://publications.iom.int/books/labour-migration-statistics-africa. Zugegriffen: 23. Sept. 2025.

Aker, J. C., & Mbiti, I. M. (2010). Mobile phones and economic development in Africa. *Journal of Economic Perspectives*, *24*(3), 207–232. https://doi.org/10.1257/jep.24.3.207.

Akufo-Addo, N. (2017). Press conference with President Emmanuel Macron, Accra, Ghana. Présidence de la République Française. https://www.elysee.fr (Erstellt: 11.12.). Zugegriffen: 15. Okt. 2025.

Akufo-Addo, N. (2018). *Rede beim African Union-EU Summit, Abidjan*

Alesina, A., & Dollar, D. (2000). Who gives foreign aid to whom and why? *Journal of Economic Growth*, *5*(1), 33–63.

Alternative für Deutschland (AfD) (2025). Zeit für Deutschland. Wahlprogramm der Alternative für Deutschland zur Bundestagswahl 2025 [Programmtext]. https://www.bundestagswahl-bw.de/wahlprogramm-afd. Zugegriffen: 23. Sept. 2025.

Anderson, M. B. (1999). *Do no harm: how aid can support peace – or war*. Lynne Rienner.

© Der/die Autor(en), exklusiv lizenziert an
Springer Fachmedien Wiesbaden GmbH, ein Teil von Springer Nature 2026
S. Liebing, *Das afrikanische Jahrzehnt*, https://doi.org/10.1007/978-3-658-50092-4_20

Anyangwe, S. C. E., & Mtonga, C. (2007). Inequities in the global health workforce: The greatest impediment to health in sub-Saharan Africa. *International Journal of Environmental Research and Public Health*, 4(2), 93–100. https://doi.org/10.3390/ijerph2007040002.

Bain, R. E. S., Johnston, R., Mitis, F., Chatterley, C., Slaymaker, T., & Bartram, J. (2021). *Progress on Household Drinking Water, Sanitation and Hygiene 2000–2020: Five years into the SDGs*. New York: United Nations Children's Fund (UNICEF) and World Health Organization (WHO). https://washdata.org

Banerjee, A. V., Duflo, E., & Kremer, M. (2019). *Experimental approach to alleviating global poverty*. Nobel Prize Lecture.

Beegle, K., Christiaensen, L., Dabalen, A., & Gaddis, I. (2024). *Poverty and Shared Prosperity 2024: Reversals of Fortune*. Washington, DC: World Bank. https://www.worldbank.org, abgerufen am 15.10.2025

Benavot, A. (2015). *Education for all 2000–2015: achievements and challenges*. Paris: UNESCO. EFA Global Monitoring Report Team

Birol, F., & Afrane-Okese, Y. (2022). *Africa Energy Outlook 2022*. Paris: International Energy Agency. https://www.iea.org/reports/africa-energy-outlook-2022, abgerufen am 15.10.2025

Brautigam, D. (2020). *Will Africa Feed China?* (2. Aufl.). Oxford: Oxford University Press.

Bugg-Levine, A., & Emerson, J. (2011). Impact investing: transforming how we make money while making a difference. *Innovations*, 6(3), 9–18.

Buhari, M. (2019). *Rede beim Africa Investment Forum, Lagos*

Bundesministerium für Umwelt, Naturschutz, nukleare Sicherheit und Verbraucherschutz (BMUV) (2021). *Klimaschutzgesetz 2021*. Berlin: BMUV. https://www.bmuv.de/themen/klimaschutz-anpassung/klimaschutz/klimaschutzgesetz, abgerufen am 23.09.2025

Bündnis 90/Die Grünen. (2025). Zusammen wachsen. Regierungsprogramm zur Bundestagswahl 2025 [Programmtext]. Bündnis 90/Die Grünen. https://www.gruene.de/artikel/zusammen-wachsen. Zugegriffen: 23. Sept. 2025.

Burnside, C., & Dollar, D. (2000). Aid, policies, and growth. *American Economic Review*, 90(4), 847–868.

Calderon, C., Zeufack, A. G., Kambou, G., Djiofack, C. Z., Kubota, M., Korman, V., & Canales, C. C. (2020). *Africa's pulse, No. 21, spring 2020: An analysis of issues shaping Africa's economic future*. Washington, DC: World Bank. https://hdl.handle.net/10986/33541, abgerufen am 15.10.2025

CDU, & CSU (2025). Politikwechsel für Deutschland. Wahlprogramm von CDU und CSU zur Bundestagswahl 2025 [PDF]. CDU/CSU. https://www.cdu.de/app/uploads/2025/01/km_btw_2025_wahlprogramm_langfassung_ansicht.pdf. Zugegriffen: 23. Sept. 2025.

Cheeseman, N. (2018). *Institutions and Democracy in Africa: How the Rules of the Game Shape Political Developments*. Cambridge: Cambridge University Press.

Chenery, H. B., & Strout, A. (1966). Foreign assistance and economic development. *American Economic Review, 56*(4), 679–733.

Clemens, M. (2004). *The long walk to school: international education goals in historical perspective*. Center for Global Development Working Paper.

Collier, P. (2007). *The Bottom Billion*. Oxford University Press.

Collier, P., & Dollar, D. (2002). Aid allocation and poverty reduction. *European Economic Review, 46*(8), 1475–1500.

Conceição, P. (2020). *Human development report 2020: The next frontier Human development and the Anthropocene*. New York: United Nations Development Programme.

Cozzi, L., Gould, T., & Wanner, B. (2022). *Africa energy outlook 2022*. Paris: International Energy Agency. https://www.iea.org/reports/africa-energy-outlook-2022, abgerufen am 23.09.2025

Dabalen, A. L., & Calderon, C. (2020). *Africa's Pulse, No. 22: An Analysis of Issues Shaping Africa's Economic Future*. Washington, DC: World Bank.

Dabalen, A. L., & Calderon, C. (2024). *Africa's Pulse, No. 30: An Analysis of Issues Shaping Africa's Economic Future*. Washington, DC: World Bank. https://documents.worldbank.org/, abgerufen am 15.10.1976

De, S., Kim, E. J., Ratha, D., Seshan, G. K., & Yameogo, N. D. (2024). *Migration and remittances: Recent developments and outlook*. Washington, DC: World Bank. https://documents.worldbank.org/curated/en/099743108132442498, abgerufen am 15.10.2025

Deaton, A. (2013). *The Great Escape: Health, wealth, and the origins of inequality*. Princeton University Press.

Devarajan, S., Dollar, D., & Holmgren, T. (Hrsg.). (2001). *Aid and reform in Africa*. World Bank.

Die Linke (2025). Wahlprogramm der Partei Die Linke zur Bundestagswahl 2025 [PDF]. Die Linke. https://www.die-linke.de/fileadmin/user_upload/Wahlprogramm_Langfassung_Linke-BTW25_01.pdf. Zugegriffen: 23. Sept. 2025.

Djankov, S., Montalvo, J. G., & Reynal-Querol, M. (2008). The curse of aid. *Journal of Economic Growth*, *13*(3), 169–194.

Doucouliagos, H., & Paldam, M. (2011). The ineffectiveness of development aid on growth: An update. *European Journal of Political Economy*, *27*(2), 399–404.

Easterly, W. (2006). *The white man's burden: why the west's efforts to aid the rest have done so much ill and so little good*. New York: Penguin.

Easterly, W. (2009). Can the West save Africa? *Journal of Economic Literature*, *47*(2), 373–447.

Easterly, W., Levine, R., & Roodman, D. (2004). Aid, policies, and growth: comment. *American Economic Review*, *94*(3), 774–780.

El-Ashram, A., Fay, M., Hallegatte, S., & Roome, J. (2020). *Scaling up renewable energy deployment in Africa*. Washington, DC: World Bank. https://documents.worldbank.org, abgerufen am 15.10.2025

Elder, S., et al. (2020). *Global employment trends for youth 2020: Technology and the future of jobs*. Geneva: International Labour Organization. https://www.ilo.org/global/publications/books/WCMS_737648, abgerufen am 23.09.2025

Escobar, A. (1995). *Encountering Development: The making and unmaking of the Third World*. Princeton University Press.

European Commission (2019). *The European Green Deal*. Brussels: European Commission. https://eur-lex.europa.eu/legal-content/EN/TXT/?uri=CELEX:52019DC0640, abgerufen am 23.09.2025

European Commission (2020). *Communication on a New Pact on Migration and Asylum*. Brussels: European Commission. https://eur-lex.europa.eu/legal-content/EN/TXT/?uri=CELEX:52020DC0609, abgerufen am 23.09.2025

Eurostat (2023). *Migration and Migrant Population Statistics*. Luxembourg: Eurostat. https://ec.europa.eu/eurostat/statistics-explained/index.php?title=Migration_and_migrant_population_statistics, abgerufen am 23.09.2025

Ferguson, J. (1994). *The Anti-Politics Machine: development, depoliticization, and bureaucratic power in Lesotho*. University of Minnesota Press.

Ferroukhi, R., Hawila, D., El-Katiri, L., & El-Ashram, A. (2022). *Renewable energy market analysis: Africa and its regions*. Abu Dhabi: International Renewable Energy Agency. https://www.irena.org/publications, abgerufen am 23.09.2025

Foster, V., & Briceño-Garmendia, C. (Hrsg.). (2010). *Africa's Infrastructure: A Time for Transformation*. Washington, DC: World Bank. https://doi.org/10.1596/978-0-8213-8041-3.

Frank, A. G. (1966). The development of underdevelopment. *Monthly Review, 18*(4), 17–31.

Freie Demokratische Partei (FDP) (2024). Alles lässt sich ändern. Wahlprogramm der Freien Demokraten zur Bundestagswahl 2025 [PDF]. FDP. https://www.fdp.de/sites/default/files/2024-12/fdp-wahlprogramm_2025.pdf. Zugegriffen: 23. Sept. 2025.

von Grebmer, K., Bernstein, J., Wiemers, M., Achadi, E. L., & de Haen, H. (2024). *The State of Food Security and Nutrition in the World 2024: Repurposing Food and Agricultural Policies to Make Healthy Diets More Affordable*. Rome: Food and Agriculture Organization of the United Nations. https://www.fao.org/publications, abgerufen am 15.10.2025

Griffith-Jones, S., & Ocampo, J. A. (2018). *The Future of National Development Banks*. Oxford: Oxford University Press.

Haraguchi, N., & UNIDO Research Team (2019). *Industrial development report 2020: Industrializing in the digital age*. Vienna: United Nations Industrial Development Organization.

Herbst, J. (2000). *States and power in Africa: comparative lessons in authority and control*. Princeton: Princeton University Press.

Honig, D., & Weaver, C. (2022). A digital revolution in aid transparency? *World Development, 156*, 105901.

Intergovernmental Panel on Climate Change (IPCC) (2021). *Climate Change 2021: The Physical Science Basis. Contribution of*

Working Group I to the Sixth Assessment Report of the Intergovernmental Panel on Climate Change. Cambridge: Cambridge University Press. https://www.ipcc.ch/report/ar6/wg1, abgerufen am 23.09.2025

International Organization for Migration (2022). *Missing migrants project*. Geneva: IOM. https://missingmigrants.iom.int, abgerufen am 23.09.2025

Jahan, S. (2016). *Human development report 2016: Human development for everyone*. New York: United Nations Development Programme.

Jedwab, R., & Storeygard, A. (2021). The average and heterogeneous effects of transportation investments: Evidence from sub-Saharan Africa 1960–2010. *Journal of the European Economic Association*, *19*(4), 2268–2313. https://doi.org/10.1093/jeea/jvab016.

Kagame, P. (2016). *Rede beim World Economic Forum, Davos*

Kappel, R. (2018). *Afrikas Entwicklung: Chancen und Risiken*. GIGA Focus Afrika, 3/2018. Hamburg: GIGA.

Kappel, R. (2020). *Afrikas Kontinentale Freihandelszone – Chancen und Grenzen*. GIGA Focus Afrika, 4/2020. Hamburg: GIGA.

Knack, S. (2001). Aid dependence and the quality of governance: A cross-country empirical analysis. *Southern Economic Journal*, *68*(2), 310–329.

Knack, S. (2013). *Building or undermining governance? Conditional cash transfers in Latin America*. World Bank Policy Research Working Paper.

Knack, S., & Rahman, A. (2007). Donor fragmentation and bureaucratic quality in aid recipients. *Journal of Development Economics*, *83*(1), 176–197.

Laborde, D., Martin, W., Vos, R., & Torero, M. (2023). *The Ukraine Conflict and Global Food Security: Impacts on Africa and Beyond*. Washington, DC: International Food Policy Research Institute (IFPRI). https://www.ifpri.org, abgerufen am 15.10.2025

Löffler, K., Schmidt, P., & El-Katiri, L. (2022). *Global hydrogen trade to meet the 1.5°C climate goal: Part II – Technology review of hydrogen carriers*. Abu Dhabi: International Renewable Energy Agency. https://www.irena.org/publications, abgerufen am 23.09.2025

Lukonga, I., et al. (2020). *Assessing regional integration in Africa IX: Next steps for the African Continental Free Trade Area (AfCFTA)*. Addis Ababa: United Nations Economic Commission for Africa.

Maliszewska, M., Mattoo, A., & Van der Mensbrugghe, D. (2020). *The African Continental Free Trade Area: Economic and distributional effects*. Washington, DC: World Bank. https://documents.worldbank.org/en/publication/documents-reports/documentdetail/787971591828688168, abgerufen am 15.10.2025

Masiyiwa, S. (2020). Investing in Africa's future: Entrepreneurs, innovation and capital. *African Business Magazine, 7/2020.*, firstpage.

Matthews, A. (2016). Agricultural trade policy and the EU's Common Agricultural Policy. In J. Swinnen (Hrsg.), *The political economy of agricultural and food policies* (S. 145–170). London: Palgrave Macmillan.

Mbeki, T. (1998). *Statement of Deputy President Thabo Mbeki at the United Nations University: "The African Renaissance, South Africa and the World"*. Tokyo: United Nations University.

McAuliffe, M., & Triandafyllidou, A. (Hrsg.). (2021). *World migration report 2022*. Geneva: International Organization for Migration. https://worldmigrationreport.iom.int/wmr-2022, abgerufen am 23.09.2025

Menozzi, C., Spoorenberg, T., & Bassarsky, L. (2024). World Population Prospects 2024: Insights from World Population Prospects 2024 (Policy Brief). United Nations, Department of Economic and Social Affairs, Population Division. https://www.un.org/development/desa/pd/. Zugegriffen: 15. Okt. 2025.

Mkandawire, T. (2015). Neopatrimonialism and the political economy of economic performance in Africa: Critical reflections. *World Politics, 67*(3), 563–612.

Moreira da Silva, J. (Hrsg.). (2021). *Development co-operation report 2021*. Paris: OECD Publishing.

Moreno, E., & Research Team, U.-H. (2020). *World cities report 2020: The value of sustainable urbanization*. Nairobi: United Nations Human Settlements Programme.

Moyo, D. (2009). *Dead Aid: Why Aid Is Not Working and How There Is a Better Way for Africa*. New York: Farrar, Straus and Giroux.

Müller, S., & Schneider, T. (2022). *Energieverbrauch und CO_2-Emissionen im Gebäudesektor*. Dessau-Roßlau: Umweltbundesamt.

Ncube, M., Lufumpa, C., & Kayizzi-Mugerwa, S. (2011). *The middle of the pyramid: dynamics of the middle class in Africa*. Tunis: African Development Bank.

North, D. C. (1990). *Institutions, institutional change and economic performance*. Cambridge: Cambridge University Press.

Nwuneli, N. (2019). Scaling Social Innovation in Africa. *Stanford Social Innovation Review.*, volume, firstpage. Abgerufen von https://ssir.org, abgerufen am 15.10.2025.

OECD (2005). *Paris Declaration on Aid Effectiveness*. OECD.

OECD (2008). *Accra Agenda for Action*. High Level Forum on Aid Effectiveness. https://www.oecd.org/dac/effectiveness/Accra%20Agenda%20for%20Action%20(AAA).pdf, abgerufen am 04.12.2025.

OECD (2011). *Busan Partnership for Effective Development Co-operation*. Fourth High Level Forum on Aid Effectiveness. https://www.oecd.org/dac/effectiveness/Busan%20Partnership.pdf, abgerufen am 04.12.2025.

Okonjo-Iweala, N. (2018). Africa's future is in its own hands. *Foreign Affairs*, 97(3), 43–52.

Pakenham, T. (1991). *The Scramble for Africa: White Man's Conquest of the Dark Continent from 1876 to 1912*. New York: Avon Books.

Rajan, R., & Subramanian, A. (2008). Aid and growth: What does the cross-country evidence really show? *Review of Economics and Statistics*, 90(4), 643–665.

Repucci, S., & Slipowitz, A. (2024). *Freedom in the world 2024: the mounting damage of disinformation*. Washington, DC: Freedom House. https://freedomhouse.org, abgerufen am 15.10.2025

Rist, G. (2008). *The history of development*. Zed Books.

Rodney, W. (1972). *How europe underdeveloped Africa*. London: Bogle-L'Ouverture Publications.

Rodrik, D. (2007). *One economics, many recipes: globalization, institutions, and economic growth*. Princeton: Princeton University Press.

Rosenstein-Rodan, P. N. (1943). Problems of industrialisation of Eastern and South-Eastern Europe. *The Economic Journal*, 53(210/211), 202–211.

Roxburgh, C., Dörr, N., Leke, A., Lund, S., van Wamelen, A., White, O., & Smit, S. (2016). *Lions on the move II: realizing the potential of africa's economies*. McKinsey Global Institute.

Sachs, J. (2005). *The end of poverty*. Penguin.

Sall, M., & Ramaphosa, C. (2022). *Reform of international financial institutions is urgent. Joint statement*. AU-EU Summit 2022, Brüssel.

Shubin, V., & Pavlova, I. (2020). *Russia and Africa: historical legacy and new opportunities*. Moscow: Institute for African Studies, Russian Academy of Sciences.

Sidibé, M., et al. (2019). *Global AIDS Update 2019*. Geneva: UNAIDS.

Signé, L. (2021). *Unlocking africa's business potential: trends, opportunities, risks, and strategies*. Brookings Institution Press: Washington, DC.

Signé, L. (2021b). *Africa's strategic role in the global order: opportunities and challenges for the continent's rise*. Brookings Institution: Washington, DC.

Signé, L. (2022). *Africa's role in the future of multilateralism*. Brookings Institution: Washington, DC.

SPD (2025). Regierungsprogramm der SPD für die Bundestagswahl 2025. Ein neuer Aufschwung für Deutschland [PDF]. https://mehr.spd.de/custom-static-assets/documents/Regierungsprogramm.pdf. Zugegriffen: 23. Sept. 2025.

Steffen, B., Egli, F., Pahle, M., & Schmidt, T. S. (2018). Navigating the clean energy transition in the power sector: the role of flexibility and technological change. *Energy Policy, 117*, 279–289. https://doi.org/10.1016/j.enpol.2018.02.024.

Stiglitz, J. E. (2002). *Globalization and Its Discontents*. New York: W. W. Norton.

Taylor, I. (2021). *Africa rising? BRICS – diversifying dependency*. Oxford: James Currey.

Thakkar, A. (2015). The best way to transform Africa is to empower African businesses. Interview in: CNN Marketplace Africa, 21. März 2015. https://edition.cnn.com. Zugegriffen: 23. Sept. 2025.

UN (2015). *Transforming our world: The 2030 Agenda for Sustainable Development*. United Nations.

United Nations Economic Commission for Africa (UNECA) (2021). *Economic Report on Africa 2021: Addressing Climate Change Challenges in Africa*. Addis Ababa: UNECA.

United Nations High Commissioner for Refugees (2023). *Global Trends: Forced Displacement in 2022*. Geneva: UNHCR. https://www.unhcr.org/global-trends-report-2022, abgerufen am 23.09.2025

Wilmoth, J. (2022). *World population prospects 2022: Summary of results*. New York: United Nations, Department of Economic and Social Affairs.

World Bank (2021). *World development indicators: CO_2 emissions (metric tons per capita) [Data set]*. Washington, DC: World Bank. https://data.worldbank.org/indicator/EN.ATM.CO2E. PC, abgerufen am 23.09.2025

World Trade Organization (2022). *Trade profiles: Africa*. Geneva: WTO.

GPSR Compliance
The European Union's (EU) General Product Safety Regulation (GPSR) is a set
of rules that requires consumer products to be safe and our obligations to
ensure this.

If you have any concerns about our products, you can contact us on

ProductSafety@springernature.com

In case Publisher is established outside the EU, the EU authorized
representative is:

Springer Nature Customer Service Center GmbH
Europaplatz 3
69115 Heidelberg, Germany